桐柏仙域志

赵子廉 著

本书顾问 张高澄

中央编译出版社

图书在版编目(CIP)数据

桐柏仙域志/赵子廉著.
—北京：中央编译出版社，2012.9
ISBN 978-7-5117-1490-9

Ⅰ.①桐…
Ⅱ.①赵…
Ⅲ.①道教史-天台县
Ⅳ.①B959.2

中国版本图书馆CIP数据核字(2012)第189467号

桐柏仙域志

出 版 人	刘明清
责任编辑	董　巍
责任印制	尹　珺
出版发行	中央编译出版社
地　　址	北京西城区车公庄大街乙5号鸿儒大厦B座(100044)
电　　话	(010)52612345(总编室)　　(010)52612363(编辑室)
	(010)66161011(团购部)　　(010)52612332(网络销售)
	(010)66130345(发行部)　　(010)66509618(读者服务部)
网　　址	www.cctphome.com
经　　销	全国新华书店
印　　刷	北京瑞哲印刷厂
开　　本	787毫米×1092毫米　1/16
字　　数	210千字
印　　张	17
版　　次	2012年9月第1版第1次印刷
定　　价	58.00元

本社常年法律顾问：北京市吴銮赵阎律师事务所律师　闫军　梁勤
凡有印装质量问题，本社负责调换，电话：(010)66509618

目　录

一、引言 ··· 1

二、人物传略 ·· 2

　（一）神话传说时期 ···································· 2

　　黄帝 ·· 2

　　王子晋 ·· 3

　（二）草创与发展时期 ································· 5

　　本时期有史为据的主要高道 ·························· 6

　　　葛玄 ·· 6

　　　郑隐 ·· 11

　　　刘翊 ·· 11

　　　魏夫人 ·· 11

　　　班孟 ·· 12

　　　葛洪 ·· 12

　　　许迈 ·· 13

　　　许逊 ·· 14

　　　沈约 ·· 14

　　　陶弘景 ·· 16

本时期有史为据的苍山名士 …… 17
　孙绰 …… 17
　王羲之 …… 19
　支遁 …… 20
　谢灵运 …… 20
（三）鼎盛时期 …… 21
本时期有史为据的主要道士 …… 23
　徐则 …… 23
　王远知 …… 24
　叶法善 …… 25
　司马承祯 …… 26
　贺知章 …… 34
　吴筠 …… 34
　谢自然 …… 35
　田虚应 …… 36
　冯惟良 …… 36
　徐灵府 …… 36
　陈寡言 …… 37
　夏侯隐 …… 38
　应夷节 …… 38
　叶藏质 …… 39
　王可交 …… 40
　刘处静 …… 40
　王文果 …… 41
　刘方瀛 …… 41
　杜光庭 …… 41
　左元泽 …… 42

闾丘方远 ………………………………… 43

柳泌 ……………………………………… 43

吕洞宾 …………………………………… 45

厉归真 …………………………………… 47

朱霄外 …………………………………… 47

王松年 …………………………………… 48

许碏 ……………………………………… 48

本时期留下诗文的莅山名士 ………… 49

李峤 ……………………………………… 49

宋之问 …………………………………… 49

沈佺期 …………………………………… 50

孟浩然 …………………………………… 51

李白 ……………………………………… 55

贾长源 …………………………………… 58

钱起 ……………………………………… 58

杨衡 ……………………………………… 59

章八元 …………………………………… 60

顾况 ……………………………………… 60

释灵一 …………………………………… 60

刘禹锡 …………………………………… 61

元稹 ……………………………………… 62

李绅 ……………………………………… 62

张佑 ……………………………………… 63

白居易 …………………………………… 65

施肩吾 …………………………………… 66

许浑 ……………………………………… 66

释皎然 …………………………………… 67

郑薰	67
任蕃	68
皮日休	68
陆龟蒙	69
崔道融	70
姚鹄	71
高骈	71
释贯休	71
郑巢	72
刘昭禹	72
曹松	73
卢士衡	74
方干	74
周朴	75

(四) 再度繁荣时期 …………………………… 76
　本时期有史为据的主要道士 ………………… 78

张无梦	78
孟玄岳	80
张契真	80
陈景元	81
毛洞元	81
张伯端	82
附：石泰	92
附：薛道光	92
杨和	92
皇甫坦	92
王存中	93

祝通元 ………………………………… 93
　　石庆端 ………………………………… 93
　　彭文昌 ………………………………… 93
　　厉永年 ………………………………… 93
　　石葆璋 ………………………………… 93
　　唐知章 ………………………………… 93
　　陈楠 …………………………………… 94
　　白玉蟾 ………………………………… 94
　　张云友 ………………………………… 98
　　王茂端 ………………………………… 98
　　王契真 ………………………………… 99
　　徐自明 ………………………………… 99
　　邝守宁 ………………………………… 99
桐柏观提举 ………………………………… 100
　　曾几 …………………………………… 100
　　曹勋 …………………………………… 101
　　陆游 …………………………………… 104
　　朱熹 …………………………………… 106
　　赵师渊 ………………………………… 107
本时期留下诗文的苍山名士 ……………… 108
　　李昉 …………………………………… 108
　　孙何 …………………………………… 108
　　夏竦 …………………………………… 109
　　苏轼 …………………………………… 111
　　章得象 ………………………………… 111
　　李建中 ………………………………… 112
　　释遵式 ………………………………… 113

元积中 …………………………………………………… 113

赵抃 ……………………………………………………… 113

元居中 …………………………………………………… 114

葛闳 ……………………………………………………… 114

罗适 ……………………………………………………… 115

王范 ……………………………………………………… 115

余爽 ……………………………………………………… 116

李孟 ……………………………………………………… 117

洪适 ……………………………………………………… 118

杨偰 ……………………………………………………… 119

唐仲友 …………………………………………………… 119

刘旦 ……………………………………………………… 121

高似孙 …………………………………………………… 121

长吉 ……………………………………………………… 123

顾硕 ……………………………………………………… 123

赵师秀 …………………………………………………… 123

王文简 …………………………………………………… 124

袁甫 ……………………………………………………… 124

胡融 ……………………………………………………… 125

释允袤 …………………………………………………… 126

(五) 走向衰落时期 ………………………………………… 127

本时期有史为据的主要道士 ………………………………… 128

王中立 …………………………………………………… 128

周正中 …………………………………………………… 129

祝通玄 …………………………………………………… 129

张惟一 …………………………………………………… 129

张雨 ……………………………………………………… 129

张彦辅 ································· 130

　　张元中 ································· 130

　　曹法师 ································· 130

　　卢益修 ································· 130

　本时期留下诗文的茌山名士 ············· 130

　　陈孚 ··································· 130

　　孔天彻 ································· 130

　　张铁 ··································· 131

　　袁桷 ··································· 131

　　赵凤仪 ································· 133

　　贡师泰 ································· 134

　　张可久 ································· 134

　　曹文晦 ································· 135

　　别罗沙 ································· 135

　　杨维桢 ································· 136

（六）艰难竭蹶时期 ······················· 138

　本时期有史为据的主要道士 ············· 139

　　金静观 ································· 139

　　鲍了静 ································· 139

　　张无我 ································· 140

　　沈顿空 ································· 140

　　赵复阳 ································· 140

　　吴彦钦 ································· 140

　　黄虚堂 ································· 141

　　伍冲虚 ································· 141

　本时期留下诗文的茌山名士 ············· 141

　　刘基 ··································· 141

王冕 …………………………………………………… 142

丁鹤年 ………………………………………………… 143

丁彦俊 ………………………………………………… 143

徐一夔 ………………………………………………… 144

吴昊 …………………………………………………… 145

叶盨 …………………………………………………… 146

揭轨 …………………………………………………… 147

范理 …………………………………………………… 147

释宗泐 ………………………………………………… 147

王明汲 ………………………………………………… 148

王廷表 ………………………………………………… 148

潘渊 …………………………………………………… 149

陈绂 …………………………………………………… 149

贾诗 …………………………………………………… 150

陈临民 ………………………………………………… 150

蔡宗尧 ………………………………………………… 150

方暲 …………………………………………………… 151

程资 …………………………………………………… 151

高天逸 ………………………………………………… 151

王士性 ………………………………………………… 152

释传灯 ………………………………………………… 153

陶望龄 ………………………………………………… 154

陈函辉 ………………………………………………… 154

戴澳 …………………………………………………… 155

王思任 ………………………………………………… 156

李天秩 ………………………………………………… 159

颜允珏 ………………………………………………… 159

张廷臣 ································· 161
戴唐献 ································· 162
叶臣遇 ································· 162
盛仲龙 ································· 162
释小白 ································· 163
徐宏祖 ································· 163
魏耕 ·································· 164
薛应旗 ································· 165
张文郁 ································· 166
叶良佩 ································· 166

（七）昙花一现时期 ····················· 168
本时期有史为据的主要道士 ··············· 169
褚九如 ································· 169
孙守一 ································· 169
童清和 ································· 169
范青云 ································· 170
高东篱 ································· 172
沈轻云 ································· 173
闵懒云 ································· 173
方一定 ································· 174
叶明仓 ································· 174

本时期留下诗文的苍山名士 ··············· 175
张玄俊 ································· 175
张元声 ································· 175
蒋薰 ·································· 176
洪若皋 ································· 177
冯苏 ·································· 177

叶书 …… 181
陈王谟 …… 182
卢天骥 …… 182
许岳英 …… 183
汪沄 …… 183
仇兆鳌 …… 187
张联元 …… 187
王焘 …… 190
许君征 …… 190
梁文煊 …… 191
胡云客 …… 192
潘耒 …… 192
张鏻 …… 195
法海 …… 196
陈溥 …… 196
王平 …… 196
陈沆 …… 197
陈象曦 …… 197
齐周华 …… 198
齐召南 …… 200
齐世觉 …… 204
胡作肃 …… 204
魏源 …… 205
阮元 …… 205
洪亮吉 …… 207

(八) 由奄奄一息到枯木逢春时期 …………………… 208
　本时期的主要道士 ……………………………………… 208
　　林至霞 ……………………………………………… 208
　　袁理静 ……………………………………………… 209
　　叶宗滨 ……………………………………………… 209
　　伍中堂 ……………………………………………… 210
　　闻理朴 ……………………………………………… 210
　　伍诚鼎 ……………………………………………… 211
　　李信辉 ……………………………………………… 211
　　谢希纯 ……………………………………………… 212
　　叶秋梅 ……………………………………………… 213
　　葛怀英 ……………………………………………… 215
　　梁炳贤 ……………………………………………… 215
　本时期莅山名士 ………………………………………… 216
　　康有为 ……………………………………………… 216
　　郁达夫 ……………………………………………… 216
　　干人俊 ……………………………………………… 219
　　潘天寿 ……………………………………………… 221

三、桐柏的宫观庵院 …………………………………… 222
　(一) 桐柏观 ……………………………………………… 222
　(二) 法轮院 ……………………………………………… 232
　(三) 鸣鹤观 ……………………………………………… 233
　(四) 福圣观 ……………………………………………… 236
　(五) 丹霞洞 ……………………………………………… 238
　(六) 瀑布寺 ……………………………………………… 239
　(七) 洞天宫 ……………………………………………… 239

（八）玄明宫 ……………………………………… 240

（九）道元院（后）……………………………… 241

（十）紫霄山居 …………………………………… 242

（十一）栖瑶隐居 ………………………………… 242

（十二）道元院（前）…………………………… 243

（十三）纯素宫 …………………………………… 243

（十四）香琳峰石室 ……………………………… 244

（十五）法莲院 …………………………………… 244

（十六）善利广济真人祠 ………………………… 245

（十七）圣寿院 …………………………………… 246

（十八）琼台观 …………………………………… 247

（十九）桐柏仙踪坊 ……………………………… 248

（二十）善利亭 …………………………………… 248

（二十一）清圣祠 ………………………………… 248

（二二）仁靖宫 …………………………………… 252

（二三）卧云庵 …………………………………… 252

代后记 ……………………………………………… 253

一、引言

　　南朝·陈·顾野王《舆地志》载："天台山一名桐柏，众岳之最秀者也。"唐·崔尚《桐柏观碑记》称："天台也，桐柏也，释谓之天台，真谓之桐柏，此两者同体而异名。"足见早时"桐柏"这一概念等同于"天台山"或"天台"。然本书所指的"桐柏"，却是狭义的"桐柏"，限于余爽所描写的"九峰回合抱琼田"的道场灵境。

　　本书主要介绍桐柏崇道观，兼及仙坛院、法轮院、福圣观、洞天宫等的沧桑兴衰。

　　桐柏是一处丛山耸翠、碧水晶莹的神仙洞府，也是《云笈七签》里所说的72福地之一的灵墟。陶弘景《真诰》誉之为"三灾不至，洪波不登，实不死之福乡，养生之灵境"。

　　桐柏是道教南宗祖庭，对发展源远流长的道教理论和强身益寿的丹功学说都有过很大的贡献。

　　桐柏灵境的开发与成熟历史，明·王思任在他的《游天台山记》里说是"肇于周，灵于晋，盛于唐，扩于梁、宋"。但从天台的地方史志资料分析，却是草创于三国，兴盛于唐代，繁荣于北宋，再兴于清初。不过，根据神话传说，早在公元前26世纪以前这里已经是仙家的金庭洞天，且已扬名四海了。

二、人物传略

（一）神话传说时期

——黄帝至周、秦各代

桐柏仙山早在五帝（黄帝、颛顼、帝喾、尧、舜）时期，已是"神仙"修炼与栖息的地方。不过《道藏》所录这些史事，人物神化，情节虚诞，只能说是神话传说而已。

黄　帝　中国道教之发展过程源远流长，它的学术思想萌芽于黄帝之时。通常所说道家或道教那种清静无为的治世方法或炼丹妙诀为"黄老之术"的"黄老"，指的就是黄帝与老子。《史记·五帝本纪》："黄帝者，少典之子，姓公孙，名轩辕……有土德之瑞，故号黄帝。"

《庄子·在宥》谓，黄帝曾问道于当时已千岁以上的广成子。广成子指点："无视无听，抱神以静，形将自正。必静必清，无劳女（汝）形，无摇女（汝）精，乃可以长生。目无所见，耳无所闻，心无所知，女神将守形，形乃长生。"《庄子·知北游》记黄帝讲道时说的话："无私无虑始知道，无处无服始安道，无从无道始得道……为道者日损，损之又损，以至于无为。"《庄子·大宗师》又谓："夫道，有情有性，无为无形……黄帝得之，以登云天。"

后世道书奉黄帝为"古仙人"，称黄帝与老子同为道教的始祖。

《神仙体道通鉴》载："黄帝尝往天台山受金液神丹。"依据这个传说，桐柏早在黄帝时候就有道家在此活动了。

王子晋 据《历世真仙体道通鉴》载："王君名晋，字子乔，亦名乔，字子晋。周灵王有子三十八个，子晋太子也。生而神异，幼而好道。虽燕居宫掖，往往不食。端默之际，累有神仙降之，虽左右之人弗知也。"又《神仙谱系》谓："太子王乔……后得天台山浮丘公降授道要，修'石精金光藏景录神'之法。"《真诰》载："桐柏真人右弼主领五岳司侍帝晨王子乔。……上真司命南岳夫人言：有一人甚少整顿，建芙蓉冠朱衣带剑，未曾见也，意疑是桐柏山真人王子乔。多论金庭山中事。"《列仙传》载："王子晋好吹笙作凤鸣……〔周灵王二十二年（公元前550）〕被〔浮丘公赐以灵药〕接引上嵩山，修炼30年，乘鹤仙去，受书为桐柏真人。"又《道藏》谓："〔王子晋上嵩山后数年之七月七日〕乘白鹤谢时人，升天而去。远近观之，咸曰：'王子登仙。'升天为右弼，主领五岳司侍帝晨，号桐柏真人，理金庭洞天。"大中祥符《天台图经》载："周灵王太子晋主金庭治桐柏。"后代道家又说他号"天台山主，掌吴越水旱"。因他是天台山土地之主神，故天台山各寺观将他奉为护伽蓝神，留下了许多神异传说：石梁桥头喝退意欲过桥的高僧昙猷；普降甘霖于民间等。

据《天台王氏宗谱》载："周灵王太子王子晋，为治水直谏被废为庶人。其子宗敬为司徒，时人号曰王家，遂以为氏。"王氏子孙遍布全国。据《天台桥上王氏宗谱》载，王羲之是王乔的后裔，天台桥上王氏又是王羲之的后裔。

晋大都督陆机写过一首《王子乔赞》诗：

> 遗形灵岳，顾景忘归。
> 乘云倏忽，飘飘紫微。

南朝梁考城（今河南兰考）人醴陵侯江淹有《王子乔赞》诗：

> 王乔好轻举，不待炼银丹。
> 控鹤上窈窕，学凤对巑岏。
> 山无一春草，谷有千年兰。
> 云衣不踯躅，龙驾何时还。

历代人主给王子晋层层加封：五代时，封其为"元弼真君"；宋徽宗政和三年，封其为"元应真人"，掌吴越水旱；宋高宗绍兴十年，加号"善利广济真人"。天台道徒尊奉他为"桐柏山第一代祖师"。

为纪念这位神化了的传奇王子，前人在桐柏山上建造了许多亭台坛院。时至今日，这些建筑物及其遗址，已成为颇有历史价值的人文景观。

吴赤乌二年（239），葛玄为王子晋在玉泉峰（玉泉峰又名鹤峰，《方外志》："九折山在县西十六里十六都……旧传王乔控鹤于此，因又名鹤峰。"这也是后来命名鸣鹤观的历史根据。）建造了边长四丈八尺，甃以青砖的石砌一级方坛，名王真君坛。坛西建有朝斗坛，该坛后被州、县地方官及当地群众用作大旱年份祈雨禳灾的祭坛。唐中宗李显时，在真君坛东建了一座太子庵小庙，庙内悬有铜钟，上刻"唐景龙二年（708）铸"字样（后移置真君殿）。开元初年，玄宗诏命在玉泉之北，即真君坛东南20步处创建王真君殿，塑真君仪像祀之。又在殿之左右增建厢房。后将真君殿前后左右的建筑统称为仙坛院（宋代又改仙坛院为妙乐院，清光绪廿一年〈1895〉县丞张如潮等捐银重建后改称鸣鹤观）。开元初又在真君坛东南山冈筑吹笙台，说王子晋曾在此处月夜吹笙，声似凤鸣。许明经君征题过一首诗：

> 昔闻王子晋，吹笙在此台。
> 鹤飞去不返，明月夜还来。

坛西南悬崖处，建造了一座飞檐凌霄、崔嵬峥嵘、下临万仞的上真亭。登高亭扶危栏虚远眺平陵，胸襟豁然，大有飘飘欲仙之趣。坛北30步处，建有瀛峰室，亦祀真君像。真君殿南建有醴泉井一口，其矿泉水可以疗疾。真君殿东南，又凿有八角井一口。殿东20步处又建有八角坛一座。宋高宗建炎四年（1130）林松公建于桐柏岭头的普利亭（亭右有一石臼，注泉水于其中虽久旱不干。拱卫大夫、前高丽国信使韩衍为作记）与建于仙人迹旁的元应真人祠也是为了纪念这位王真人。

（二）草创与发展时期

——汉、三国、晋、南北朝各代

道家学术思想胚胎自黄帝、唐、虞，孕育于夏、商、周、秦、汉，到东汉产生了道教组织。道教的出现是上下各方面人们的需要：统治者企图以之安定社会秩序，巩固统治权力；部分知识分子为排除精神苦恼，祈求健康长寿；挣扎于苦水中的下层人民，渴望摆脱苦难，以求安生。因而各方将治世、长寿与求生的希望寄托于神秘的道教上。

道教，宗黄老之学，崇大道之理，扬大道之义，布仁义之化；尊黄帝为始祖，老子为道祖，奉元始天尊为最高之神。

道教组织一出现，很快就传到了天台山。天台桐柏向来被方外人士视为神仙所居的洞天福地，也是道士修行的好地方。

本时期有史为据的主要高道

据《真诰》所载，早在东汉桓帝时（147—167）就有个圉（今河南杞县）人名夏馥字子治的，生性耿直且疾恶如仇，因而不容于宦官，遂被构陷，乃变姓埋名到处流浪。其间曾云游至桐柏山，受黄水云浆于山中王真人。但夏馥、王真人云云，难免有雾里看花、朦胧隐约之感。有文字依据并史实可信的，最早到天台山修炼的道士是葛玄。

葛　玄　据《三洞群仙录》、《仙境宫观》、《赤城志》等史志记载：葛玄字孝先，人称紫仙道士。生于东汉桓帝延熹七年（164）。本籍琅琊，后迁丹阳。葛玄自幼好学，博览群书；尤喜道家著作，慕神仙之术和炼气保形真诀。汉灵帝光和元年（178）就来到了天台山。他一踏进天台山，看到如此清幽秀美的环境，高兴得"不亦乐乎"，写下了一首《登天台山》诗：

> 高高山上山，山中白云间。
> 瀑布低头看，青天举手攀。
> 石梁横海外，风笛落人间。
> 不见红尘客，时时鹤往还。

接着，遇上了道术高明的左仙翁元放，受《太清丹经》三卷、

《九鼎丹经》一卷、《金液丹经》一卷、《三元真一妙经》、《白虎七变经》等仙经和炼气保形、治病劾鬼诸秘法。行持三年,广积功效。

据《历世真仙体道通鉴》所载神话传说,汉灵帝光和二年(179)正月朔,太上老君敕侍经仙郎王思镇、太极真人徐来勒(字则。据《两浙名贤外录》载,来勒本治括苍山,后得道上升,至东汉为太极真人,总司水旱罪福之籍)等三仙人,"披九光之韫",同降于后日的桐柏观南一里,亦即后来的桐柏观洞门北一里,王真君坛北偏东二里处,授葛玄《灵宝经》、《正一劝戒法轮妙经》和《洞元》、《大同》等36卷仙经以及《上清斋法》和《三箓七品斋法》。《灵宝纪略》中也有记载:"有琅琊葛玄字孝先者,入天台山学道,精思遐彻,未周一年,感通太上,遣三真人下降,以《灵宝经》授之。"(这也是葛玄之所以成为灵宝派始祖的渊源。)《云笈七签》谓:"老君降真于师,仙公受文于天台。"吴大帝赤乌元年(238),为纪念三真降经圣迹,葛玄在此按太极图形用砖石杂砌方32丈高一级的仙坛一座,名之为降真坛(亦名降真台)。坛西南下石上隶书"诰使徐公醮坛授仙公经"的刻记。坛筑成后,葛玄又在旁立庵居住,并在此义注《法轮经》。坛前挖有池塘一口,名降真塘。盛夏六月,清清水面上,浮动着团团簇簇红绿相间的芙蓉。

葛玄经多年精心研摩、专意修持后,终于修炼成功,掌握辟谷、金丹服食之道,分形万化之术,灵感应变之法。得道后,曾一度外出云游天柱、罗浮诸圣迹。沿途弘扬灵宝道法,留下不少丹井、丹灶。之后,人呼葛仙翁或太极左仙翁而不名。后代还逐步将他神化,说他能腾云驾雾。陶弘景《太极左仙翁葛公之碑》载:"公驰涉川岳,龙虎卫从。"说他出入是龙虎护卫的。

吴主孙权好道,风闻葛仙翁道术高绝,就在赤乌二年(239)召请仙翁去建业问道。在论谈道术中,孙权得益不少,不由大喜过望,遂下诏建造桐柏观,命葛仙翁居之。同年,又为葛玄出资在玉泉峰建造了一座王真君坛奉祀王乔。在瀑布岩下(今桐柏岭脚村地方)建造了一所天台观,葛玄亲书古今大字之冠的"天台之观"飞白观额。

葛仙翁道既成,遐迩闻名,四方道徒,闻风而至,亲受秘诀的多至500余人,被仙度的达800之多,形成《诸真宗派系谱》中的"葛真宗天台派"一系。

据《云笈七签》载:郑思远(即郑隐)晚事葛孝先,受《正一法文》、《三星内文》、《五岳真形图》、《洞玄五符》等。吴大帝赤乌七年(244),葛玄在桐柏立坛授道,对弟子郑隐道:"吾昔受左元放先生,今付与汝。"并嘱郑隐说,待他仙逝后,将《上清》、《三洞》、《灵宝》诸经箓付阁造宗坛及家门弟子流传。是年八月望日,仙翁召集身边的道徒说:"吾不得作大药,今当尸解。"他先令人穿戴好衣冠,端坐室内,众弟子焚香环立。传说此时大风骤起,声势凌厉。大风过去,众闻半天仙乐悠扬。大家抬头一看,见彩旗旌幢蔽天,仙翁稳坐八景琅舆,仙童玉女左右卫迎,在百鹤缭绕中冉冉飞升。这就是道教中所说的"白日升天"。时住世80高龄。

又据清邑人张延琛《天台山新志稿》载有葛仙翁白日升天时,给仰头相送乡亲降付开悟诗三首的传说。全文如下:

葛玄字孝先,生而秀颖,天才超轶,名振江左,州郡辟为掾,固辞。乃入赤城山,精思学道。赤乌七年八月十五日,白日升天。弟子乡朋,攀恋不已。于是仙公驻驾空中,赋五言歌诗,降付乡朋,普令歌诵,开悟方来。诗云:

> 真人昔遗教,愍念孤痴子。
> 嬖邪不信道,祸乱由斯起。
> 身随朝露晞,悔恨何有已。

罪大不可掩，流毒将谁理。
冥冥未出期，劫尽方当止。
转轮贫贱家，仍复为役使。
四体或不完，躄躃行乞市。
不知积罪报，怨天神不恃。
天道常无为，宏宏由善始。
吾今获轻举，修行立功尔。
三界尽稽首，从容紫宫里。
停驾虚元中，人生若流水。
临别属素翰，粗标灵妙纪。
我今便升天，悯念诸儒英。
大道体虚无，寂寂中有精。
视之若冥昧，窈窕中昭明。
莫言道虚诞，所患不至诚。
奚不登名山，诵是洞真经。
一讽而一咏，元音彻太清。
太上辉金容，众仙齐应声。
十方散香花，燔烟栴檀馨。
皇娥奏九韶，鸾凤相和鸣。
龙驾翳空迎，华盖曜杳冥。
翛闲劫仞台，帝释歘降庭。
八王奉丹液，挹瀬身腾轻。
逍遥有无间，流朗绝形名。
神童夹侍侧，自然朝万灵。
飘飘八景舆，游衍白玉京。
七祖升福堂，先亡悉超生。
王侯能笃信，必为天下贞。

大人体至德，一切蒙其成。
　　散诞游山水，吐纳灵彩渊。
　　炼气同希夷，静咏道德篇。
　　至心宗元一，冥感今乃宣。
　　飞驾御九龙，飘飘乘紫烟。
　　华景曜空衢，红云拥帝前。
　　暂迁蓬莱宫，倏忽已宾天。
　　伟伟乳真会，渺渺凌重元。
　　体固无重劫，金颜随自鲜。
　　欢乐太上景，悲念一切顽。
　　谁能离死坏，结是冥中缘。
　　悠悠成至道，无有入无间。
　　微妙良难测，智者谓我贤。
　　若能宏众妙，轻举升神仙。

　　葛玄"白日升天"的传说虽属神话，但也反映了葛仙翁在道教中的地位。

　　葛仙翁殁后一百多年，葛洪的从孙葛巢甫创道教灵宝派，将仙翁奉为该派祖师。

　　葛仙翁飞升后被任命为"太上玉京太极左宫仙翁"。宋徽宗崇宁三年（1104），被赵佶加封为"冲应真人"。宋理宗淳祐六年（1246），又被赵昀加封"冲应孚佑真君"。

　　世传葛仙翁在天台的炼丹灶、炼丹井有许多处，除桐柏观、法轮院外，金炉峰、丹霞洞、啸天龙、赤城山以及华顶山等处都有。

　　葛玄著有《清静经》（即《太上老君说常清静经》）一卷，《胎息术》一卷。

　　葛仙翁是桐柏仙坛的开山祖师。

郑 隐 郑隐，字思远。少壮之年为书生，通达五经，善律历、音律，对天文、河洛、占卜、推步、九宫、三奇无所不通。晚年好道。吴大帝赤乌七年（244），来天台桐柏宫山师事葛玄，受《上清》、《三洞》、《灵宝》诸经箓。葛玄升天后，初隐庐江马迹山，在山仁及鸟兽。饲养有两只华南虎，每当郑隐出门时，二虎紧跟相从，并为负衣服、药品、书籍。晋惠帝太安元年（302），转隐至霍山，旋又归隐于天台山相邻的括苍山。著名炼丹家葛洪是他的嫡传弟子。

刘 翊 据《汉书》与陶弘景《真诰》载，刘翊，字子相（一作"子翔"），颖阴人。少好道而家世大富，常周施穷困，好行阴德。尝行于汝南界中，碰到了远奔老师之丧而车坏牛困、急得搓手顿足的陈留张季礼。他说："君慎终赴义，行宜速达。"自己立即下车与之掉换，乘羸马而去，连自己的姓名、地址也不告诉，后来还拒绝人家归还车乘。刘翊救穷恤死已非一人一事，众口皆碑。后至新都长安，受任计掾，皇帝说他心善，转拜郎中，升迁陈留太守。途经阳平碰到马皇先生，马皇告诉他："子仁感天地，阴德神鬼，太子将嘉子之用情矣，使我来授汝以长生之道。"刘翊说："少好长生，幸遇神仙，乞愿赐给！"马皇因将刘翊领入天台桐柏山中，授以隐地八术，服五星之华法。

魏夫人 魏夫人名华存，字贤安，北魏任城（今山东济宁）人。生于魏齐王嘉平三年（251），卒于晋明帝太宁二年（324）。幼好道，志慕神仙。另居一园，攻读《老》《庄》、《春秋》、三《传》、五《经》、百《子》。欲求冲举，常服胡麻饭、茯苓丸，吐纳气液，摄生夷静。及长（24岁），勉强嫁南阳太保公掾刘幼彦。后幼彦为修武县令，随夫至县舍，但执意闭斋别寝。谨修道法。据《魏夫人内传》称，别寝百日之冬季夜半，忽有清虚真人王褒等四真人骤降于室。夫人拜乞长生度世之术。寺童君曰："此清虚真人者，尔之师也，当受业焉。"遂受"神真之道"。景林真人授以《黄庭经》并对她说："尔应为紫虚元君上真司命封南岳夫人也。"尝栖衡山仰天峰白云潭。圣君命仙伯牙叔平授夫人青琼之板，丹绿为文，位为南岳夫人，使治天台大霍山。《南岳小录》载："赤城山下，别有洞台，方二百里，魏夫人所居。"夫人，即陶弘景《真诰》所谓的"南真"。南真曾作《玄感》诗：

> 玄感妙象外，和声自相招。
> 灵云郁紫辰，风扇绿车召。
> 上真宴琼台，邀为地仙标。
> 所期贵远迈，故能秀颖翘。
> 玩彼入素翰，道成初不辽。
> 人事胡可豫，使尔形气销。

仙游日，托剑化形而去。《云笈七签》中还载有南真升天后，又于东晋兴宁二年（364）率众仙下降凡尘，以《上清大洞真经》等31卷授予弟子杨羲，于是开创上清派的传说。所以南真被后人尊为道教上清派第一代宗师。

班　孟　据《二洞珠囊》与《天台山全志》载，有个名班孟的女子，能含墨喷纸而成文字，能升空与人言语。平日只饮酒饵丹，年数百岁鹤发童颜，后入天台山修炼。

葛　洪　郑隐的传人葛洪是葛仙翁的侄孙。据《玄品录》记载，葛洪，字稚川，自号抱朴子，人称小仙翁。晋丹阳人。生于晋太康五年（284）。曾任将兵都尉，以军功迁伏波将军。东晋元帝年间，晋爵关内侯。后官至谘议参军。

葛洪出身于江南士族之家，大父官至吏部尚书，父亲为邵陵太守。但在他十三岁那年父亲病死后即家道中落，穷得连写字的纸笔也全靠自己上山砍柴下山卖柴去换来。葛洪十几岁时，除攻读《孝经》、《论语》、《诗》、《易》等儒家经典外，又学习神仙导养之法。据他自己说，他"少好方术，负步请问，不惮险远。每有异闻，则以为喜。虽见毁笑，不以为戚"。司马睿为相闻其贤，引为掾。惠帝太安二年（303）任将兵都尉，迁伏波将军。东晋初年封关内侯，食句容县二百户。咸和初任州主簿，迁咨议参军。后从葛玄的弟子郑隐学习炼丹秘术，受《三皇内文》、《枕中五行记》及金丹之经。锐意服食养性，修习玄静。

据《海岳名言》记载，他曾寻踪其从祖葛玄到桐柏，并在此结庐建灶烧制金丹，修炼了不少时日。后去广州罗浮山炼丹。晋兴宁二年（364）坐化于该山，举尸入棺时，轻如空衣。

著作颇丰，有言神仙、炼丹、服气、养神之术的《抱朴子》115篇，《神仙》、《良吏》、《隐逸》、《集异》等传各10卷，《金匮药方》100卷，《肘后备急方》4卷。《抱朴子》是其道术研究的经验总结。他在该书中提出了"成仙"的理论创见："欲求仙者，要当以忠孝、和顺、仁信为本。""欲求长生者，必欲积善立功，慈心于物，恕己及人，仁逮昆虫，乐人之吉，愍人之苦，赒人之急，救人之穷；手不伤生，口不劝祸；见人之得如己之得，见人之失如己之失；不自贵，不自誉；不嫉妒胜己，不佞谄阴贼。如此乃为有德。受福于天，所作必成，求仙可冀也。"该书稿曾藏于桐柏山多时。

葛洪是道教历史上由符箓经咒为人治病转向"修身炼药，学长生之术"的奠基人，是一位承前启后的著名炼丹家。

许　迈　许迈，一名映，字叔元，句容（今属江苏）人。据《初学记》载："晋永和二年更名元，字远游。"少恬静。长大后，不愿走做官仕途，却慕修道成仙。据《方外志要》载："许迈服术黄精，感太乙真人。定箓茅君授上法。后移赤城，遇王世隆，受解束反行之道。服玉液，朝脑精，三年之中，面有童颜。后度世东宫，为地仙中品。"常与王羲之一道跋山涉水，寻岩穴，访高道。两人曾到过桐柏山，在桐柏山住了许多时间，学习黄老养生之法。永和元年（345），在临安西山行辟谷服气，一气千余息，轰动一方。永和二年入住临安西山，登岩茹芝，眇尔自得。王羲之高其为人，为之立传。著书12篇，论神仙之事。

许　逊　许逊，字敬之，南昌人。生于吴大帝赤乌二年（239）。据《神仙通鉴》载，他年轻时以狩猎为生。一日，在山上射着一只母鹿，那母鹿倒地时堕了胎，鹿崽挣扎着无法站立，母鹿艰难地抬头给它舔了胞衣后死去。许逊看到此情此景，不由得怆然感悟，立即折弩而归，决意不再杀生。接着，从豫章大洞君吴猛学神仙修炼之术，得三清法要神方秘诀。晋太康初（280），乡举孝廉，起为旌阳县令。在任大施利济。元康元年（291），"八王"乱起，弃官归隐。后遇黄堂谌母，拜其为师，获得神明五雷诸法术。许逊老年时，曾偕王羲之、许迈同游桐柏观，瞻仰葛玄遗迹。东晋孝武帝宁康二年（374）八月十五日，"合家飞升，鸡犬悉去"。当地人在许逊故宅为他立祠祭祀。后逢每年的八月十五日，四乡百姓潮涌而来聚会于此，请道士为设黄箓大斋登坛作礼三日三夜，规模盛大。许逊被后来创立的净明道尊为祖师。宋徽宗封其为"至道玄应神功妙济真君"。俗呼"旌阳真君"。

沈　约　官至尚书令的南北朝文学家沈约，字休文，武康（今浙江省德清县）人。生于宋文帝元嘉十八年（441），卒于梁武帝天监十二年（513）。沈约聪明过人，笃志好学，博通群籍。历任宋、齐二代，后助梁武帝登位，任尚书仆射，封昌县侯，后官至尚书令。卒仕隐。据他自撰的《桐柏山金庭观碑记》（该碑立于齐东昏侯永元三年，即公元501年）载，他在齐明帝萧鸾永泰元年（498）来到天台桐柏山，依岩结庵，名号"桐柏山金庭观"亦称"金庭洞天",住下专心修炼。《天台山全志》也说征虏将军沈约一干人,在南齐永泰元年弃官乞为道士,不远千里来桐柏修炼。沈约的到来,无疑为桐柏增添了几分光彩。

沈约《桐柏山金庭观碑记》全文如下:

生灵为贵,有识斯同。道天元极,终天莫反。故仙学之秘,上圣攸尊。启玉笈之幽文,贻金坛之妙诀。驻景蒙谷,还光正枝。吐吸烟霞,变炼丹液。出没无方,升降自己。下栖洞室,上宾辟帝。睹灵岳之骤启,见沧波之屡竭;望九州而骏驱,指蓬莱而永骛。芝盖三重,驾螭龙之蜿蜒;云车万乘,载旗旆之逶迤。此盖栖灵五岳,未暨夫三清者也。

若夫上元奥远,言象斯绝,金简玉字之书,元霜绛雪之宝,俗士所不能窥,学徒所不敢轻慕。且禁誓严重,志业艰辛,自非天禀上才,未易可拟。自维凡劣,识鉴鲜方,徒抱出俗之愿,而无致远之力。早尚幽栖,屏弃情景,留爱岩壑,托分鱼鸟,途愈远而靡倦,年既老而不衰。

高宗明皇帝以二圣之德,结宗元之念,忘其菲薄,曲赐提引。末自夏祄,固乞还山,权憩汝南县境,固非息心之地。圣之缵历,复蒙絷维。永泰元年,方遂初愿,远出天台,定居兹岭,所憩之山,实惟桐柏。实灵圣之下都,五县之余地。仰出星河,上参倒影,高崖万沓,邃涧千回;因高建坛,凭岩考室。饬降神之宇,置朝礼之地。桐柏所在,厥号金庭。事炳灵图,因以名馆。圣上曲降,幽情留信。弥密置道士十人,用祈恳志于之(是)都,望霄客于云路。仰宣国灵,介兹景福,德无不至。幽荒屈膝,戎貊稽颡;息鼓辍烽,守在海外。因此自勉,兼遂微诚,日夕勤勖,自强不已。翘新属念,晚卧晨兴。餐正阳于亭午,念孔神于中夜。将三芝而延伫,飞九丹而宴息。乘凫轻举,留鸟忘归。以兹丹颖,表之无

极。天日在上,日鉴非远;铭石灵馆,以旌厥心。其辞曰:

道无不在,若存若亡;于惟上学,理妙群方;用之日损,言则非常;倏焉灵化,羽变霓裳;九重峣屼,三山璀璨;日为车马,芝成宫观;虹于拂月,龙辀渐汉;万春方华,千里始旦。伊维菲薄,窃慕隐沧;寻师请道,结友问津。东探震泽,西游汉滨;依稀灵眷,仿佛幽人。帝明纪历,惟皇纂位;属心升湖,脱屣神器。降命凡底,仰祈灵秘;瞻彼高山,兴言覆篑。启基桐柏,厥号金庭。乔峰回峭,擘汉分星。临云置埤,驾岳开棂。磵涂寒产,林圻葱青。谁谓应远,神道微密。庆集宫闱,祥流罕毕。其久如地,其恒如日;寿同南山,与天无卒。更生变练。外示天功。小君飞传。密与神通。因资假力,轻与腾空。庶凭喜诱,永济微躬。

沈约一生著作颇丰,主要有《晋书》、《宋书》、《齐纪》、《四声谱》、《迩言》等行世。明人辑有《沈隐侯集》。

陶弘景 据《南史》、《赤城志》、《玄品录》载,南朝齐梁时期的道教思想家、医学家、炼丹家陶弘景,字通明,号华阳隐居,秣陵(今南京)人。生于南朝宋孝建二年(456)。他对阴阳、五行、地理、医药都有研究,且有成就。他是道教上清派的代表人物。

陶弘景十岁开始读葛洪的《神仙传》,"昼夜研寻,便有养生之志"。十五岁作《寻山志》,开始反映他倾慕隐逸生活。十七岁才学闻名江左。曾仕齐为六品"奉朝请",后(年36岁)挂朝服于神武门而去。据《神仙列传》载:齐武帝永明九年(491)(也有人说是梁武帝天监七年至十一年),不远千里慕名来桐柏修炼,"得真人遗迹十余卷"。在桐柏修炼期间,足迹遍及天台各主要宫观道院,充分了解并掌握桐柏山高道、神仙授受真诀、道教修养方法,以为自身修炼之用;同时,也为撰写《真诰》、《导引养生图》等积累了丰富的素材。齐永明十一年开始，陶弘景隐居到茅山，先后长达44年。期间，萧衍常与之游，彼此情好。及萧衍即位梁主，欲引为左右手，屡以手敕招之，弘景始终没有答应；但国家每有吉凶征讨大事，必先进山向他征求意见。时人称他是"山中宰相"。在政坛上，他是个负有时代重望的人物，但始终致力于修道炼仙。

在道教教义上，陶弘景主张佛道双修；在养生学方面，主张存神服气，认为修炼应从养神炼形入手。强调养神当"少思寡欲"，"游心虚静，息虑无为"，调节喜怒情绪，防止劳神伤心；炼形当"饮食有节，起居有度"，避免过度辛劳和放纵淫乐，辅以导引、行气之术，方得延年益寿。他的修炼成效比较显著。《南史·隐逸传》载："弘景善辟谷导引之法，自隐处40余年，年逾八十而壮容。"南朝梁大同二年（536）仙逝。谥"贞白先生"。

陶弘景著作等身，多达七八十种，可惜多已失传，今仅存《真诰》、《登真隐诀》、《真灵位业图》、《养性延命录》、《本草集注》、《陶氏效验方》、《补缺肘后百一方》、《药总诀》、《太清诸丹集要》、《合丹药诸法式节度》、《服饵方》、《服云母诸石药消化三十六水法》、《炼化杂术》、《集金丹黄白方》等。这些著作是后来天台道藏的重要内容之一。

陶弘景为道教上清派的第九代传人。

本时期有史为据的莅山名士

葛仙翁在桐柏建立仙坛以后，金庭洞天的仙境很快名噪神州。桐柏仙境既然扬名海内，许多好道之士纷纷相约登山访真。

孙　绰　孙绰，字兴公，太原中都（今山西省平遥市）人。生于晋愍帝建兴二年（314），卒于东晋简文帝咸安元年（371）。少与兄统渡江，居于会稽，筑室东山（位于上虞县县南靠近嵊州三界镇地方），游放山水十余年，作《遂初赋》以寄其志。游伴有王羲之、谢安、许询、李充、支遁、许迈等。博学善为文。始任著作佐郎，袭封长乐侯。后为征西将军庾亮请为参军；补章安令，征拜太学博士，迁尚书郎；扬州刺史殷浩以为建威长史；会稽内史王羲之引为右军长史；转永嘉太守，迁散骑常侍，领著作郎。绰少以文才垂称，于时文士绰为其冠。游天台山后作《游天台山赋》辞致甚工。初成，以示友人范荣期："卿试掷地，当作金石声也。"此赋以游为线索，贯串自然景物，移步换景，千姿百态扑面而至。历来咸以描写赤城、桐柏的"赤城霞起以建标，瀑布飞流以界道"为千古佳句。著有赋集《孙绰集》二卷，文集《孙廷尉集》一卷。

《游天台山赋》

天台山者，盖山岳之神秀者也。涉海则有方丈、蓬莱，登陆则有四明、天台，皆玄圣之所游化，灵仙之所窟宅。夫其峻极之状，嘉祥之美，穷山海之瑰富，尽人神之壮丽矣。所以不列于五岳，缺载于常典者，岂不以所立冥奥，其路幽迥，或倒景于重溟，或匿峰于千岭，始经魑魅之途，卒践无人之境。举世罕能登陟，王者莫由禋祀，故事绝于常篇，名标于奇纪。然图像之兴，岂虚也哉。非夫遗世玩道，绝粒茹芝者，乌能轻举而宅之；非夫远寄冥搜笃信通神者，何肯遥想而存之。余所以驰神运思，昼咏宵兴，俯仰之间若已再升者也。方解缨络，永托兹岭。不任吟想之至，聊奋藻以散怀。

太虚辽廓而无阂，运自然之妙有，融而为川渎，结而为山阜。嗟台岳之所奇挺，实神明之所扶持。荫牛宿以曜峰，托灵越以正基。结根弥于华岱，直指高于九疑。应配天于唐典，齐峻极于周诗。邈彼绝域，幽邃窈窕。近智以守见而不之，之者以路绝而莫晓。哂夏虫之疑冰，整轻翮而思矫。理无隐而不彰，启二奇以示兆。赤城霞起以建标，瀑布飞流以界道。睹灵验而遂徂，忽乎吾之将行。仍羽人于丹丘,寻不死之福庭。苟台岭之可攀,亦何羡于层城。释域中之常恋,畅超然之高情。被毛褐之森森,振金策之铃铃。披荒榛之蒙茏,陟峭崿之峥嵘。济楢溪而直进,落五界而迅征。跨穹隆之悬磴,临万丈之绝冥。践莓苔之滑石,搏壁立之翠屏。揽樛木之长萝,援葛藟之飞茎。虽一冒于垂堂,乃永存乎长生。必契诚于幽昧,履重险而逾平。既克隮于九折,路威夷而修通。恣心目之寥朗,任缓步之从容。藉萋萋之纤草,荫落落之长松。觌翔鸾之裔裔,听鸣凤之锵锵。过灵溪而一濯,疏烦想于心胸。荡遗尘于旋流,发五盖之游蒙。追羲农之绝轨,蹑二老之玄踪。陟降信宿,迄于仙都。双阙云竦以夹路,琼台中天而悬居。朱阙玲珑于林间,玉堂阴映于高隅。彤云斐亹以翼棂,曒日炯晃于绮疏。八桂森挺以凌霜,五芝含秀而晨敷。惠风伫芳于阳林,醴泉涌溜于阴渠。建木灭景于千寻,琪树璀璨而垂珠。王乔控鹤以冲天,应真飞锡以蹑虚。骋神变之挥霍,忽出有而入无。于是游览既周,体静心闲,害马已去,世事都捐,投刃宥虚,目牛无全。凝思幽岩,朗咏长川。尔乃羲和亭午,游气高褰。法鼓琅以振响,众香馥以扬烟。肆觐天宗,爰集通仙。挹以玄玉之膏,漱以华池之泉。散以象外之说,畅以无生之篇。悟遣有之不尽,觉涉无之有间。泯色空以合迹,忽即有而得玄。释二名之同出,消一无于三幡。恣语乐以终日,等寂默于不言。浑万象以冥观,兀同体于自然。

王羲之 汉字书圣王羲之,字逸少,琅琊临沂(今属山东省)人,后迁居会稽(今绍兴)。生于晋元帝太兴四年(321),卒于孝武帝太元四年(379)。曾任右军将军,会稽内史。因之人称"王右军"。王羲之自少年起就喜欢书法。曾慕名来天台华顶山拜师白云先生。白云先生授以"永字八法"。羲之态度非常认真执著,临池学书,池水尽黑。华顶山上至今还有"王羲之墨池"遗迹。

羲之虽非道士，但其祖上历来信奉道教，故从小就倾心于道教与道学的研究，长大以后也曾与道士相来往。如37岁那年，他到一位道士家里作客，看见一群白云似的鹅向他游来，他喜不自禁地伸手去摸了一下，提出要购买一只。道士趁机要挟他，说如果能为他写一部《黄庭经》就将鹅送给他。王羲之为了得到心爱的鹅，真的为道士写了60行的一部《黄庭经》。放下笔，即眉开眼笑地"笼鹅而归"。《晋书·王羲之传》："雅好服食养性，不乐在京师，初渡浙江，便有终焉之志……孙绰、李充、许询、支遁等皆以文义冠世，并筑室东土，与羲之同好。尝与同志宴集于会稽山阴之兰亭……又与道士许迈共修服食。采药石不远千里。"

　　王羲之在随灵墟（即今华顶山麓天封村）白云先生学习书法时，多次偕许迈、许逊等游学桐柏山，得益非浅。

　　支　遁　支遁，字道林，别称支硎，人称"支公"或"林公"。东晋僧人。本姓关氏，陈留人。生于晋愍帝建兴二年（314）。初隐余杭山，年25释形入道。后入天台山沃洲立寺行道。东晋哀帝隆和元年（362）征至京都，留京师三载而还。曾随王羲之等畅游桐柏观和九垅山。东晋废帝太和元年（366）卒。

　　谢灵运　谢灵运，小名客儿，陈郡阳夏（今河南太康）人，晋谢玄之孙。生丁晋孝武帝太元十年（385），卒丁南朝宋文帝元嘉十年（433）。少好学，博览群书。工书画，善属文。袭封康乐公。为琅琊王大司马行参军。南平郡开国公荆州刺史刘毅以为记室参军。毅死，宋公刘裕以为太尉参军。刘裕称帝后，迁太子左卫率。少帝刘义符即位，出为永嘉太守。灵运性好山水，肆意遨游，所至辄题咏。就在永嘉太守任上，他登临桐柏，盘桓琼台双阙，写下了一些文章。永嘉太守任后移居会稽，以游放歌诗自娱。宋文帝刘义隆征为秘书监，迁侍中，赏遇甚厚。后为临川内史，又徙广州。编著有文集、策集、诗集传世。

山居赋

谢子卧疾山顶，览古人遗书……山砚下而回泽，濑石上而开道。远东则天台桐柏，方石太平，二韭四明，五奥三菁，表神异于纬牒，验感应于庆灵，凌石桥之莓苔，越楢溪之纤蒙。远南则松蔽栖鸡，唐嵫漫石，崪崃对岭，岿盂分隔，入极浦而邅回，迷不知其所适。

（三）鼎盛时期

——隋、唐、五代

隋朝两代人主对道教都比较重视。到了唐朝，在历代皇帝的提倡下，道教很快地发展起来，成为历史上最繁荣的时期。

被道徒尊为道教始祖的李耳，也被唐朝皇帝认作自己的血统始祖。李渊说自己是"神仙苗裔"，取代隋炀帝是"奉天承运"。武德八年（685），颁布《先老后释诏》："老教、孔教，此土先宗；释教后兴，宜崇客礼。令老先孔次末后释。"唐太宗李世民说："朕之本系，起自柱下（即李耳）。鼎祚克昌，既凭上德之庆；天下大定，亦赖无为之功。"册封老子为"太上老君"。有唐一代推行崇道政策，唯道独尊。李世民说："至于称谓，道士、女冠可在僧尼之前。"李隆基之崇道更是不遗余力。对老子的封号由"玄玄皇帝"递尊至"大圣祖高上大道金阙玄玄天皇大帝"；命令全国各地都要兴建"玄玄庙"。又规定，道士女冠犯法，州、县官不得擅行处决。不惜屈尊亲受天台司马承祯法箓，使这个堂堂皇帝也具有道士身份。着人搜集天台桐柏观等所藏的全国所有道书，编纂《三洞琼纲》。这是我国最早的"道藏"。为了增加斋醮气氛，玄宗开元九年（721），让司马承祯编制了《玄真道曲》，贺知章编制了《紫清上圣道曲》。在道教如此被特别尊崇与优待的环境中，仙山天台桐柏幸沾恩波，道观、道士与长生之道的学术研究迅速兴盛起来。

唐朝后期，政治黑暗、赋役繁重，广大农民不堪盘剥，心中都憋足了一股难以忍受的怨气。唐大中十三年（859）十二月，嵊县人裘甫揭竿起义占领象山。唐浙东观察使郑祗立即派兵镇压。第二年正月，郑遣讨击使刘勍、副将范居植，会同台州与唐兴（即后来的天台县）两级地方武装袭击已进军唐兴地面的义军。义军退上桐柏观，布阵迎敌，大败唐军，唐将范居植战死桐柏山，唐军全部覆没，刘勍仅以身免。这年三月，义军回头攻占唐兴县城。朝廷改派王式为浙东观察使。4月，王组织南路军，又会同台州刺史李师望部进攻唐兴。4月23日，两军再次大战于桐柏观前，义军失利，牺牲4000余人（县城也于当月26日失守）。战后，唐将纵兵劫掠，将上回损兵折将的火气全发泄到桐柏观上，将好端端的殿宇捣得墙倾柱摧，顷刻变成了废墟。

经过两次战火熏炙以后，虽然周遭尚有星星点点的宫、观、洞、院存在，但毕竟丧了元气，再加时局动荡，道徒也一天减少一天。

唐朝末年，天下更乱，民生凋敝，全国各地佛道也随之萎靡，但江浙地带情况却略有不同。唐昭宗景福二年（893）九月，武胜军防御使钱镠，兼并了今浙江地面与苏南、上海等富庶区域。后梁开平元年（907）被封为吴越王。在当时中原大动乱的黑暗环境中，吴越反而政治比较开明，社会比较安定，经济发达，文化繁荣，桐柏观因而仰仗沾光稍见复苏。

五代时期，因袭唐风，基本上仍然抑佛崇道。梁太祖开平五年，朱温对桐柏观给予丰厚赏赐，并诏改桐柏观为桐柏宫。后晋高祖，问治国之道于道士张荐明；后周世宗，拜道士陈守元为师，亲受法箓；前蜀王建，拜道士杜光庭为金紫光禄大夫，封蔡国公；吴越王钱弘俶，为道士朱霄外修建桐柏崇道观，赐金银字经与三清铜像；燕主刘守光，拜道士刘哲（即刘海蟾）为相。这些，对促进道教的继续发展，有一定的作用。

本时期有史为据的主要道士

徐　则　徐则，据《隋书》与《历世真仙通鉴》载，南朝东海郯县（今山东郯城县）人。徐则生于南朝梁天监十年（511），卒于隋文帝开皇十二年（592）。受业于周弘正，善三玄。先学道于缙云山，后应召去全真观。辞归，即长住天台山桐柏观。陈太建年间，在桐柏天台观立道真斋，号隐真（位于福圣观下今桐柏岭脚村上部）。他绝粒养性，所资唯松水而已，虽隆冬严寒不服棉絮，为道门高功。梁武帝、陈柏帝先后诏讲道要。晋王杨广曾手书召他去扬州问道。书曰："……先生履德养空，宗玄齐物，深明义味，晓达法门，悦性冲玄，怡情虚白，餐松饵术，栖息烟霞，望赤城而待风云，游玉堂而驾龙凤。虽复藏名台岳，犹且腾实江淮……故遣使往彼延请……"尊他为"商山四皓"，希望他能帮助其谋取帝位。不意徐则羽化于扬州。仙游日，杨广遣使送还天台定葬于桐柏山，手书尊称徐则为"天台真隐东海徐先生"。陈仆射徐陵（孝穆）钦其风致，为之刻石立颂，名《天台山馆徐则法师碑》。文曰：

"夫海水扬波，几千年而可见；天衣拂石，几万岁而应平。至人者，譬彼晨昏，方乎晷刻，固非俗士之所能言，寰中之所能量者也。至如不死之草，犹称南裔；长生之树，尚挺西昆；百纪游龟，皆登莲叶；千龄寿鹤，或舞松枝。假矣生民，何其天脆，譬彼风雷，同诸泡沫、琢火之叹，闻诸往贤；逝水之悲，嗟乎前圣。樵人著弈，信未始乎淹留；仙客弹琴，固不移于俄顷。然而子孙皆其数世,乡党咸为草莱。是以志士名贤,飘然长骛,臊膻荣利,厌秽风尘。服冕乘轩,其犹桎梏。朱庭紫阁,事甚笼樊。隐沦岩洞,餐饵芝髓。忽矣身轻,俄然羽化。金绳玉版,受谒帝之符。龙驾霓裳,处仙宫之箓。法师萧然道气;卓矣仙材,千仞孤标,万顷无度。所以伊川控鹤,叶县乘凫。灵化无方,去还斯在。铭曰:来去三岛,宾游二童,然香雨上,击磬云中。玉粒虽软,金膏未镕,方流道业,济彼昏蒙。"

徐则为"上清派"高道之一。

王远知 王远知,一名远智,字广德,扬州(今属江苏省)人。生于南朝梁武帝大通二年(528)。(其父昙选为陈扬州刺史。)王远知十五岁进大茅峰华阳,拜陶晋白为师,受三洞正一法。之后又到天台修炼。他博综群书,传陶弘景道法,颇有成就,高道潘师正是其入室弟子。南朝陈宣帝闻其名,召入重阳殿,令讲论,极受嗟赏。隋大业七年(611),炀帝召见于涿郡临朔宫,亲执弟子礼,请教长生之术。《隋书》称:"丹阳王远知等,亦行辟谷,以松水自给,皆为炀帝所重。"隋末,远知眼见天下大乱。便自称"奉老君之旨",向李渊"预告受命之符"。及唐朝建立,高祖以其曾密告符命,授朝散大夫。李世民为秦王时,尝与房玄龄微服拜见王远知,王恭维李世民为"圣人",预言他将是一位"太平天子",要他"自惜"。李世民从其受三洞之法。及登基,即有意重用,但远知固请还山。于是太宗降诏:"先生操履夷简,德业冲粹,屏弃尘杂,栖志虚玄,吐故纳新,食芝饵术,念众妙于三清之表,返华发于百龄之外,道迈前列,声高自古。非夫得秘诀于金坛,受幽文于玉笈者,其孰能与此乎?朕昔在藩朝,早获问道,眷言风范,无忘寤寐……"太宗贞观九年(635)仙逝,高寿108岁。高宗调露二年(680),追赠"太中大夫",谥曰"升真先生"。中宗嗣圣元年

(684)，赠"金紫光禄大夫"，改谥"升玄先生"。潘师正是其高足弟子。著有《易总》一书。

叶法善 叶法善是唐初高道之一。据《旧唐书》和《仙传拾遗》载，叶法善字道元，一字太素，括苍（今松阳县）人。叶法善出身于道教世家，是一位擅长卜筮、占繇、符箓、摄养之术的天台桐柏道士。生于隋大业十二年（617）。唐显庆年间（656—660），被高宗李治征召入京。在朝觐至尊时，叶呼吸紧张，高宗问以缘故，道士答曰："臣病在朝市，疗在山林，愿隐退。"高宗不愿放其归山，有意赐封爵位，但叶法善固辞不受。高宗令广征诸方道术之士合炼黄白。法善上言："金丹难就，徒费财物，有亏政理，请核其真伪。"帝然其言。后以修黄箓斋为名奏请回天台桐柏。高宗弘道元年（683），李治诏台州府，给叶法善所在的桐柏封岳地方40里充观长生之地；同时禁樵采，断田猎。李隆基即位，复被召入京。先天二年（713），被封为银青光禄大夫、越国公，拜鸿胪卿，尊为天师。开元八年（720），在景龙观观主任上羽化，寿104岁。

留三诗于座侧：

昔在禹余天，还依太上家。
悉以掌仙录，去来乘烟霞。
暂下宛利城，渺然思金华。
自此非久住，云上登香车。

适向人间世，时复济苍生。
度人初行满，辅国亦功成。
但念清微乐，谁忻下界荣。
门人好住此，翛然云上征。

> 退仙时此地，去俗久为荣。
> 今日登云天，归真游上清。
> 泥丸空示世，腾举不为名。
> 为报学仙者，知余朝玉京。

羽化后，玄宗降诏追赠"越州都督"。

司马承祯 司马承祯是桐柏历史上影响很大的道士。据唐·崔尚《桐柏观碑》记载："炼师名承祯，号天台白云子，法号道隐。生于唐太宗贞观二十一年（647）。河内温（今河南温县）人。晋宣帝弟太常馗之后。祖晟，仕隋为亲侍大都督。父仁最，唐兴，为朝散大夫，襄州长史。"《新唐书》中讲他自幼清颖脱俗，长而淡薄功名，不谋仕禄，笃信道学。司马承祯21岁上嵩山，拜陶宏景的三传弟子潘师正为师，受其符箓与辟谷、导引、服饵之术，学习正一之法。潘师正对他非常赏识，以为传得其人。潘说："我自陶隐居传正一之法，至汝四叶矣。"

稍长，遍游天下名山。高宗调露二年（680）来到天台，见桐柏豁然开朗，灵气映人，遂卓庵玉霄峰下，称"玉霄峰居"。《赤城志》说他"隐于玉霄峰，自号天台白云子"。

他初上桐柏看到如此胜景，非常激动，曾写了一首《洗心》诗，以表示他当时的心情：

> 不践名利道，始觉尘土腥。
> 不味稻粱食，始觉精神清。
> 罗浮奔走外，日月无晦明。
> 山瘦松亦劲，鹤老飞更轻。
> 逍遥此中客，翠发皆常青。
> 草木多古色，鸡犬无新声。

> 君有出俗志，不贪英雄名。
> 傲然脱冠绶，改换人间情。
> 去矣丹霄路，向晓云冥冥。

他在桐柏精研辟谷、导引、服饵之术，同时传道授徒，成为中国道教历史中上清派的代表人物。

承祯道行上的成就，名扬远近，引来了络绎不绝的从道者，先后收受弟子70余人，著名的有李含光、薛季昌等。果州幕僚谢寰之女谢自然，不远千里慕名来桐柏，筑庐于玉霄峰下，学习上清之法。还有焦静真也是司马的女弟子之一。

据《旧唐书》记载，司马承祯之名显扬至京师以后，"则天闻其名，召至都（按：时在圣历二年〈699〉）、降手敕以赞美之。及将还，敕麟台监李峤饯于洛阳桥之东"。席上，李峤作《送司马先生》诗相赠：

> 蓬阁桃源两处分，人间海上不相闻。
> 一朝琴里悲黄鹤，何日山头望白云。

考功员外郎宋之问作《送司马道士游天台》诗：

> 羽客笙歌此地违，离筵数处白云飞。
> 蓬莱阙下长相忆，桐柏山头去不归。

后来睿宗又多次来诏请他，他托故不发。睿宗无奈，就在景云二年（711）上半年，邀承祯的哥哥承祎持敕强迎其出山。诏书曰："炼师德超河上，道迈浮丘，高历碧落之庭，独步清玄之境。朕初临宝位，久入徽猷；雅非尧舜丕图，翘心啮缺；轩辕御历，遥想空峒。缅惟彼怀，宁妨此愿。朝钦夕伫，迹滞心飞。欲遣使者迎，或虑炼师惊惧。故令承祎往诏，愿与同来。披叙不遥，无先此虑。"承祯既碍于兄弟情面，又感激皇帝的诚意，于是勉强答应。但只走了十多里路到达凤凰山（即后来的天宫寺地方）就后悔了。后来这山就叫"司马悔山"。因拗不过兄弟的劝说，只好心旌摇摇地跟着继续前进。

到京后，据《旧唐书》记载说，"引入宫中，问以阴阳术数和治国之事。承祯对曰：'道经之旨，为道日损，损之又损，以至于无为。且心目所知见者，每损之尚未能已，岂复攻乎异端而增其智虑哉？'帝曰：'理身无为则清高矣，理国无为如何？'对曰：'国犹身也，身犹国也。《老子》曰：游心于淡，合气于漠，顺物自然而不私焉而天下理。《易》曰：圣者与天地合其德，是知天不言而信，无为而成。无为之旨理国之道也。'帝太息曰：'广成之言，即斯是也。'固辞还山。乃赐宝琴及霞纹帔（据《实宾录》载：'今世谓之霞帔者，殆起此邪。'）而遣之。朝中公卿赠诗者百余。"临别，睿宗作书赠言："闲居三月，方味广成之言；别途万里，空怀子陵之意。"表示其对司马的感激与惜别之情。检校吏部侍郎同中书门下平章事崔湜作《寄天台司马先生》诗相赠：

> 闻有三玄客，祈仙九转成。
> 人间白云返，天上赤龙迎。
> 尚惜金芝晚，仍攀琪树荣。
> 何年缑岭上，一谢洛阳城。

据《新唐书》载，在送行的人群中，有个黄门侍郎卢藏用指着终南山劝说道："此中大有佳处，何必天台。"承祯听后慢慢地回答说："以仆视之，乃仕宦之捷径耳。"说得卢藏用非常尴尬。这也是

"终南捷径"成语的由来。承帧回转桐柏后,长安百官、诗友纷纷寄诗问候。同中书门下平章事、燕国公张说写了《寄天台司马道士》诗:

> 世上求真客,天台去不还。
> 传闻有仙要,梦寐在兹山。
> 朱阙青霞断,瑶堂紫月闲。
> 何时枉飞鹤,笙吹接人间。

事后,常侍徐彦伯将这些诗选编成册,名曰《白云记》。

睿宗为了表示对司马承祯修道的支持,也为了表示关怀,决定为承祯在天台桐柏建立道观,以为司马承祯安居。同时又制《赐司马承祯置观敕》:

自吴赤乌二年葛翁以来至于国初,学道坛宇连接者十余所。今闻始丰县人毁坏坛场,砍伐松竹耕种及作坟墓于此,触犯家口死亡,不敢居住,于是出卖。宜令州县准地亩数酬价,仍置一小观,还其旧额。更于当州取道士三五人,选择精进行业者,并听将侍者供养。仍令州县与司马炼师相知,于天台山中辟封内40里,为禽兽草木生长之福庭,禁断采捕者。景云二年十月七日。

(按:《旧唐书》中还有"五里之内不许厝葬"句。)

睿宗敕令虽说"仍置一小观",其实新建的桐柏观规模不小,东西南北纵横数百步。观内建有黄云堂(谓建堂时上有五色祥云覆盖)、众妙台(以篆、隶两种字体或别称篆、隶、八分三种书体写《道德经》于巨幢置台上,故名。后梁末帝龙德中〈921—923〉,罗浮山道士厉山木重写其本,藏于玉霄藏。宋郭忠恕著《汗简》,夏英公辑《四声韵》都曾援用)、元晨坛、龙章阁（在元晨坛之北）、凤轸台（在坛南）、炼形室（在坛东）、朝真坛（在坛西）、钟楼等。下有醴泉，号透锡泉。钟楼下是葛仙翁的炼丹灶和炼丹井。

殿宇既成，崔尚为撰《桐柏观碑记》：

天台也，桐柏也，释谓之天台，真谓之桐柏，此两者同体而异名，同契乎玄，道无不在。夫如是，亦奚必是桐柏耶，非桐柏耶！因斯而谈，则无是是无非非矣。而稽古者言之，桐柏山高万八千丈，周旋八百里，其山八重，四面如一，中有洞天，号金庭宫，即右弼王子晋之所处也。是之谓不死之福乡，养真之灵境。故立观初，强名桐柏焉耳。古观荒废，则已久矣，故老相传云，昔葛仙公始居于此，而后有道之士，往往因之。坛址五六，厥迹犹在。洎乎我唐，有司马炼师居焉。景云中，天子布命于下，新作桐柏观，盖以光昭我玄元之丕烈，保绥我国家之永祉者也。夫其高居八重之一，俯临千仞之余，背阴向阳，审曲面势，东西数百步，南北亦如之。连山峨峨，四野皆碧，茂树郁郁，四时恒青。大岩之前，横岭之上，双峰如阙，中天豁开。长涧南泻，诸泉合漱，一道瀑布，百丈垂流，望之雪飞，听之风起。右梁翠屏可倚也，琪木珠条可攀也。仙花灵草，春秋竞发，幽鸟清猿，晨暮合响，信足赏也。始丰南走，云嶂间起，剡川北通，烟岑相接。东则亚入沧海，不远蓬莱；西则浩然长山，无复人境。总括奥秘，郁为秀绝，苞元气以混成，镇厚地而安静。非夫神与仙宅，仙得神营，其孰能致斯哉！故初营天尊之堂，昼日有云五色，浮霭其上；三井投龙之所，时有异云入堂复出者三，书之者记祥也。然后为虚室以凿户，起层台而累土，经之殖殖，成之翼翼，缀日月以为光，笼云霞以为色，花散金地，香通玄极，真侣好道，是游斯息。微我炼师，孰能兴之？炼师名承祯，一名子微，号曰天台白云，河内温人。晋宣帝弟太常馗之后。祖晟，仕隋为亲侍大都督；父仁最，唐兴，为朝散大夫，襄州长史。名贤之家，奕代清德。庆灵之地，生此仙才，以为服冕乘轩者，宠惠吾身也；击钟陈鼎者，味爽人口也。遂乃捐公侯之业，学神仙之事。科箓教戒，博综无所遗；窈冥夷希，微妙讵可识。无思无为，不饮不食。仰之弥峻，巍乎其若山；挹之弥深，湛乎其若海。夫其通才练识，赡学多闻，翰墨之工，文章之美，皆忘其所能也。炼师蕴广成之德，睿宗继黄轩之明，斋虚而求，将利国政，侃侃然不可得而动也。我皇孝思维则，以道理国，叶帝尧之用心，宠许由之高志，故得放旷而处，逍遥而游。闻炼师之名者，足以激励风俗；睹炼师之容者，足以脱落氛埃。以慈为宝，以善救物，神以知来，智以藏往，允所谓名登仙格，迹在人寰，奥不可测已。夫道生乎无名，行乎有精，分而作三才，播而作万物，故为天下母。修之者昌，背之者亡，故为天下贵。况绝学无忧，长生久视也哉！道之行也，必有阶也，行道之阶，非山莫可，故有为焉，有象焉。瞻于斯，仰于斯，若舍是居，教将奚依？损之又损，以至于无。为玄门既崇，宜名厥功，朝散大夫使持节台州诸军事、台州刺史上柱国贾公名长源，有道化人，有德养物，尝谓别驾蔡钦宗等曰：道以含德，德以致美，美而不颂，后代何观？乃相与立石纪颂，以备至道之光。

其辞曰：

逸彼天台，嵯峨崔嵬。下临沧海，遥望蓬莱。漫若天台，呀如地开。烟云路通，真仙时来。顾我炼师，于彼琼台。炼师炼师，道入玄微。翕曰安坐，凌霄欲飞。兴废灵观，炼师攸赞。道无不为，美哉轮奂。窈窈茫茫，通天降祥，保我皇唐，如山是常。

司马承祯曾与当时诗人陈子昂、卢藏用、宋之问、赵贞固、陆馀庆、杜审言、郭袭微、释怀一、毕构等结为"仙宗十友"（或称"方外十友"），经常聚首唱和。司马还山后，李白还老远南下天台来探望他。

开元九年（721），李隆基又遣使迎请司马入京讲道。上路时，承祯将桐柏观中300余卷的道经，随载于长安，编入道经总集《三洞琼纲》中（约占全集总数的12%）。承祯到京城后，玄宗在内殿问以养生理国之术，亲受法箓。这期间对司马的赏赐也很丰厚。第二年，司马坚持回转天台，玄宗又设宴并赋诗送行。诗题是《王屋山送道士司马承祯还天台》：

　　　　紫府求贤士，青溪阻逸人。
　　　　江湖与城阙，异迹且殊伦。
　　　　间有幽栖者，居然厌俗尘。
　　　　林泉先得性，芝桂欲调情。
　　　　地道逾稽岭，天台接海滨。
　　　　音徽从此间，万古一芳春。

玄宗一如睿宗，临别又深情地书赠条幅："司马炼师吐纳余暇，琴书自娱，潇洒白云，超驰玄圃。高德可重，暂违萝薜之情；雅志难留，敬顺松乔之意。音尘一隔，俄归葛氏之天台；道术斯成，顷宿长房之地脉。善自珍爱，以保童颜。志之所之，略陈鄙什，既叙前离之意，乃怀别后之姿。"

据张联元《天台山全志》载：玄宗又亲撰了一篇《桐柏观碑记》，并为观碑正书题额，又请当时的大书法家翰林学士韩择木八分誊书，勒石立碑于桐柏观中。（明神宗万历间，移碑于城内妙山，仆为三截。）玄宗还数次遣使设醮桐柏，投金龙白璧于三井。

开元十五年（727），司马又应玄宗之召赴京。下山后，司马似有一去不回的预感，反映出恋恋难舍的情绪。当骑马到今落马桥地方又后悔下山。好事者就把那座石板桥叫作"司马悔桥"或"落马桥"。据当地群众说，千年之后桥石上还留下深一二分、四五分不等的马蹄印坎，东头还有一脚向外滑的痕迹。桥下游还有洗马潭。

司马到京都，在向玄宗阐述其阴阳术数和治国之道后就提出回山要求。这次玄宗以天台幽远不便迎请，不肯答应，硬是要把他留在身边。之后，玄宗敕令在王屋山为司马筑坛构室建阳台观，并亲自御笔题额，赐绢300匹，以为药饵之需。

司马善书法，尤善篆、隶、八分，人称"金剪刀书"。玄宗置石柱于观，命司马仿蔡邕石柱式，用三体写老子《道德经》于上。同时让其勘正文句谬误，定著五千三百八十言为真本。命玉真公主与光禄卿韦縚去阳台观向司马学习上清之法，修金箓斋。玄宗又依承祯所请，敕五岳各置真君祠一所。

《仙佛奇踪》说，开元二十三年（735），司马承祯在阳台观突然平坐而化。年89。弟子昇葬，轻若虚空，仅得其衣冠。玄宗惊闻承祯仙逝，非常悲痛，亲自为之撰写碑文，命大书法家韩择木书写。制赠"银青光禄大夫"，谥"贞一先生"。道徒则称之为"东华上清真人"。

上清真人留下的车叫"白云车"。据《台州外书》称："李绰言，天尝降车赐之……子微号白云先生，后人因命其车为'白云车'。唐文宗时取入大内。"

上清真人从道60年，住桐柏观28年。他引佛入道，融合止观论，创三戒、五渐、七阶炼养方法。其静心无欲的修道理论，对后世道教修炼理论的发展是有较大影响。著有《天隐子》、《坐忘论》、《修真秘旨》、《服气精义论》、《修真养气诀》、《登真系》、《上清天地君府图经》、《采服松叶等法》、《洞玄灵宝五岳名山朝仪经》、

《太上升玄经注》、《太上升玄消灾护命妙经颂》、《上清含象剑鉴图》、《上清侍帝晨桐柏真人真图赞》、《玄真道曲》等。同时整理天台桐柏历代道士留下的《道体论》等道经300多卷，创建了《天台山道藏》，对后世的影响很大。

自司马真人来到桐柏以后，桐柏观日渐兴盛，成为弘扬我国道教教义的重要坛场，也为后日成为南宗祖庭打下了坚实的基础。唐·崔尚赞誉他"科箓教戒博综无所遗，窈冥夷希微妙诇可识"、"仰之弥峻，巍乎其若山；挹之弥深，湛乎其若海"、"炼师炼师，道入玄微"。

贺知章 贺知章，字季真，号四明狂客，越州永兴（今萧山市）人。生于唐高宗显庆四年（659）。武则天证圣元年（695），进士及第，授太常博士。开元十三年（725）迁礼部侍郎兼集贤院学士，复迁太子宾客，授秘书监。贺知章工文辞，善草隶；性旷夷，清谈风流，是司马承祯的"仙宗十友"之一。唐玄宗天宝初年乞为道士。明皇无法留驾，作《送贺知章归四明》诗相赠：

> 遗荣期入道，辞老竟抽簪。
> 岂不惜贤达，其如高尚心。
> 寰中得秘要，方外散幽襟。
> 独有青门饯，群僚怅别深。

诏赐镜湖、剡川一曲。他以私宅为千秋观修道。后来桐柏问道，终得摄生之妙。《野客丛谈》称，之后贺知章常负笈卖药于天台道上，如韩康伯故事。据《高道传》记载，唐玄宗天宝三年（744），在桐柏山升仙。作有《紫清上圣道曲》。

吴筠 吴筠字贞节，华州华阴人（今陕西华阴）。通五经，善属文，性高洁。因举进士不第，入嵩山为道士，师事潘师正，习上清经法。唐玄宗开元中，南游金陵，访茅山，游天台，观沧海，与名士相酬答。文辞传颂至京师，李隆基闻其名，遂于天宝元年（742）召见于大同殿，令待诏翰林，随时问道。一次，玄宗问以神仙修炼之事。吴筠答曰："此野人之事，当以岁月功行求之，非人主所宜留意。"后隶嵩山道士籍，仍随时应召。及中原不靖，求回茅山，再游天台，与李白等名士逍遥泉石，彼此唱酬，也在天台留下不少诗篇。其中有歌颂桐柏的《步虚词》：

> 琼台劫万仞，孤印大罗表。
> 常有三素云，凝光自飞绕。
> 羽幢泛明霞，升降何缥缈。
> 鸾凤吹雅音，栖翔降林标。
> 玉虚无昼夜，灵景何皎皎。
> 一睹太上京，方知众天小。

代宗大历十三年（778），卒于越中，弟子邵冀元等私谥为"宗元先生"。著有《玄纲论》、《神仙可学论》、《形神可固论》、《心目论》等，对道教基本理论多所阐发。主张守静去躁、惩忿窒欲、迁善改过；认为若要长生成仙，必须注意精、气、神的修炼。

谢自然 据《续仙传》等道书介绍，蜀华阳（属今四川成都）女道士谢自然，在唐贞观间（627—649）不惑之年远航寻找蓬莱。半路碰上一位高道指点说：你要寻找仙山拜师仙人，天台山就是仙山，司马承祯就是名在丹台的仙人，你可去那里向司马拜师，何必舍近就远，泛舟投向那茫无定址、虚无缥缈的苦海。谢自然接受劝告，折返桐柏山，拜司马承祯为师，认真修炼多年，学去了长生之道。谢自然学道天台山，在苏轼的词作《水龙吟》里也有所反映。

（《方外志要》谓，泛海求仙又是焦静贞拜师司马子微的故事。）

田虚应 据《历代真仙通鉴》介绍，道士田虚应，字良逸，齐郡（今山东济南）人。唐龙朔中与隐士何君相遇，默传其道。又从薛季昌学习司马承祯辟谷、导引、服饵之道与符箓。唐宪宗元和十年（815），田携弟子冯惟良、徐灵府、陈寡言东游天台桐柏。田及诸弟子爱桐柏的翠微仙境，都留在此处修炼。宪宗征召不起。《因华录》谓："良逸以虚无为心，和虚待物，不事浮饰，而天格清峻，褊吝尽去。吕（渭）侍郎、杨（凭）侍郎皆北面师事之。"宪宗、武宗皇帝再次诏请，不肯出山。

冯惟良 冯惟良，字云翼，湘人（刘处静在他的《洞玄灵宝三师记》中说："籍师天台山桐柏观上清大洞三征君冯君讳惟良长乐〈今福州〉人。"）原修炼于衡山中宫，唐宪宗诏起不应。元和十年（815）上桐柏山后，创香琳峰栖瑶山居。与徐灵府、陈寡言为烟霞友，三人常琴酒自娱。久之，就降真堂师事田虚应，受三洞秘诀。曾协助徐灵府修建桐柏观，建降真堂、白云亭、翛闲亭、上清阁等。又整理桐柏观旧有道藏，给以勘误、补充、编目、装订。后传道于应夷节、叶尚质等弟子百人。曾以三洞之道行于江表。会稽廉察使元稹闻其道而悦之，造府执弟子礼。唐宪宗亦诏起不赴。九十高龄羽化于桐柏。

徐灵府 道士徐灵府在桐柏的发展史上占有重要的地位。

徐灵府，自号默希子，唐钱塘天目（今浙东临安）人。本南岳道士，师事田虚应，学"三洞"秘诀，是《三洞四辅经》传人。唐宪宗元和十年（815），随师自衡山仙游来台，定居桐柏观。穆宗长庆元年（821），垒石结庐于观后北上五里的云盖峰前的虎头岩。该处山水秀丽，有池塘数亩，池中怪石耸峙如岛。敬宗宝历元年（825），被赐号为方瀛，比拟方壶、瀛洲仙岛（宋真宗大中祥符元年〈1008〉，改名元明宫）唐文宗太和元年（827），因感桐柏观"荒芜将坏"，请浙东观察使元稹为主资助重修。元稹亲临桐柏察看。三年（829），徐灵府在烟霞朋友冯惟良、陈寡言的协助下，集资修复了桐柏观的上清阁、降真堂、白云亭、翛闲院、众妙台，还有该观的仓廪、厨房。事成后，请大诗人元稹为之作《重修桐柏观记》（文见"桐柏宫"部分）。武宗会昌间（841—846），唐皇李炎诏使浙江廉访使多次征召徐灵府入京，徐献诗《言志》婉辞。诗曰：

> 野性歌三乐，皇恩出九重。
> 来颁紫宸命，遣下白云峰。
> 多愧书传鹤，深惭纸画龙。
> 将何佐明主，甘老在岩松。

徐灵府又有《自咏》两首

> 寂寂凝神太虚初，无心应物等空虚。
> 性修自性非求得，欲识真人只是渠。
> 学道全生在此生，何须待死更求生。
> 今生不了无生理，纵复生知那处生？

说自己"学道全真在此生"。咸通间（860—873），与后学叶藏质一起，又重新殿宇一次，道士刘处静为之作记。徐灵府年82岁羽化。

徐灵府擅长辟谷，在天台潜心修炼了50年。他利用修真之暇，著有《元鉴》5卷，《铨通元真经》12卷，《三洞要略》一部及《天台山记》、《天台山小录》各一部行世。又为寒山子的三百多首诗篇分三卷编成集子，并为这部诗集写序言介绍。

陈寡言 陈寡言，字太初，暨阳（今江苏江阴）人。唐宪宗元和十年（815）随师田虚应到天台后，隐于桐柏山玉霄峰，号华琳（宋大中祥符元年改为洞天宫）。唐懿宗咸通间（860—873）移居道元院并在那里建了一座摩天七星阁，居间整理旧有道藏，天台科法有缺遗的拾而补之。平日喜欢以诗酒自娱。吟咏不加修饰。道元院本藏有他的诗作十篇，其中有两首《玉霄山居》：

照水冰如鉴，扫雪玉为尘。
何须问今古，便是上皇人。

醉卧茅堂不闭关，觉来开眼见青山。
松花落处宿猿在，麋鹿群群林际间。

羽化前，他曾写了两首《归上清》的诗给弟子刘介：

我本无形暂有形，偶来人世逐营营。
轮回债负今还了，搔首索然归上清。

逝世前又对刘介说："盛我以布囊，置石室中，慎勿以木为也。"享年六十四岁。

夏侯隐 据《仙传拾遗》载，唐宣宗大中十三年（859），夏侯隐仙游到天台桐柏，在崇道观住了下来。此人常露宿于林中草木间，虫兽不敢近。每登山渡水，状若闭目欲睡，及至目的地已到才清醒过来，因此人呼睡仙。

应夷节 应夷节，字适中，兰溪县人，号上清大洞道元先生。生于唐宪宗元和五年（810）。幼年拜灵瑞观吴玄素为师。13岁入籍道士。唐穆宗长庆四年（824）来天台桐柏朝圣，拜冯惟良为师，受正一、紫虚、都功等符箓和上清大法。唐文宗太和元年（827）

去龙虎山参拜少任,受其经法。唐武宗会昌三年(843)回转天台。为了专心研习,在桐柏观西南面翠屏岩另外造了一所净坛居住。越州观察使李褒时来问道,因为奏称院额,武宗敕以"道元"为名(即今前道元处)。拾遗张颖为记。继而赐服号,应夷节固辞不受。唐昭宗乾宁元年(894),一日沐浴入静,凝神如有所待。翌日昧爽羽化,寿85岁。罗隐为之赞。应夷节道学根底厚实,远近闻名,愿执弟子礼者纷至沓来,其弟子以广成先生杜光庭成就最大。

叶藏质 唐懿宗咸通五年(864),道士叶藏质来到桐柏山。叶藏质,字含象,处州松阳人。是原桐柏高道叶法善的后裔。他是为学习《三洞经箓》寻踪冯惟良高道而来的。他是司马承祯的四传弟子。他在玉霄峰麓一处平地顷余、四山回合又邃若洞天的地方,即早时道士陈寡言隐居的号华琳之处,创道斋号"石门山居"。到咸通十三年,奏请赐名,懿宗准奏,优诏《赐道士叶藏质请玉霄宫敕》(敕碑立于僖宗乾符四年〈877〉,宋高宗绍兴二十一年〈1151〉重刻)命名为玉霄宫。宫内建有钟楼、经楼各一座。将本藏于桐柏观藏经殿的700多卷道书移藏于经楼,号玉霄藏(桐柏的道藏始编于开元九年(721),号《三洞琼纲》)。叶藏质在桐柏修炼期间,曾给以订正、补充、整理。书后题"上清三洞弟子叶藏质,为妣刘氏四娘造,永镇玉霄藏中。"钟楼内珍藏禹钟一口,传是越王勾践宫中的乐器,高二尺,重百余斤,形如铎,上有36敔,有若隐若现的花纹。钟上刻有湘东李绾之钟铭并铸造岁月。是禹迹寺方丈赠送给叶藏质的贵重礼品。《方外志》载:"(后来)禹迹寺僧频求不得,因令僧与不逞辈潜入玉霄宫,伏板阁下取钟,縻之,群扶而走。约行三十里,追明,犹在阁侧,视之,背钟者僵矣,馀党痴懵。钟失复归。"后汉乾祐三年(950)玉霄宫又铸造大铜钟一口高悬楼内。后周广顺元年(951),道士朱霄外在玉霄宫增建三清殿一座。宋大中祥符元年(1008),改名洞天宫。叶藏质从咸通六年（865）起主持桐柏观。期间，又于咸通十三年在莲花峰山脚构筑了一所莲峰道院（该院至宋英宗治平三年即公元1066年更名为法莲院）。叶藏质74岁坐化。间丘方远是其嫡传弟子。

叶藏质是方外诗人，与方干友善，方干有《赠天台叶尊师》诗：

> 莫作平明离少室，须知薄暮入天台。
> 常时爱缩山川去，有夜自携星月来。
> 灵药不知何处得，古松应是长年栽。
> 先生暗笑看棋者，半局棋边白发催。

王可交 王可交，苏州昆山人。据《神仙感遇传》载：懿宗咸通十年（869）十一月，可交自市还家，于河上见一大舫，络以金彩，饰以珠翠，张乐而游，于是立而观之。有青童引之登舫，见十余人峨冠羽服，各执乐器，旁一人言曰："好仙骨……"以粟一枚与之，令食，遂奏乐饮酒。童子复引之上岸，忽如梦中，足才及地，已坠于天台山瀑布岩下。顷刻之间水陆千里。台州刺史袁从疑其诈，移牒验其乡里，谓叮交失踪已30日矣。可交自此不食，颜状却鲜莹。袁从授以羽褐，使居天台观紫极宫。

刘处静 叶尚质、应夷节的林泉好友彭城（江苏铜山）人刘处静，一名介，字道游，自号天台山耕人。据《仙都志》载："其先避地遂昌，因家焉。遇异人，授以吐纳之道。"曾于唐宣宗大中间（847—859）在佛窟寺废墟上（佛窟寺是僧遗则创建于唐代宗大历十四年〈779〉，会昌五年〈845〉奉敕废毁。其位置，据徐灵府《天台山记》载："自三井西上一峰约二里有僧院名佛窟寺，今道元观是也。前枕翠屏岩，北连桐柏大山。翠屏岩与仙坛相隔瀑布，双峙霄汉，半隐云表。岩上有亭子，极眺平陵。"）创建圣祖殿。刘处静在此修炼比较舒心，怡然自号"天台山人"。后来，奏闻皇廷，又赐号圣祖殿为道元（即今后道元地方）。张仁颖为之作记。刘处静于懿宗咸通十四年（873）六月辛巳解化。（道元院至宋真宗大中祥符元年〈1008〉，更名为昭庆院。）刘处静著有《洞玄灵宝三师记》。记中详细介绍了三位老师的事迹："经师南岳上清大洞田君讳虚应，字良逸，齐郡人也。籍师天台山桐柏观上清大洞三征君冯君讳惟良，长乐人也。度师天台山道元院上清大洞道元先生赐紫应君讳夷节，字适中，东阳郡（即今金华市地区）人也。"刘处静就华琳为陈寡言奉几杖，香火20年忠荩于弟子之道。

王文果 与叶藏质、刘处静同时期修炼于桐柏山的，还有道士王文果。王，天台人，有《王文果诗集》遗世。

刘方瀛 刘方瀛，天台道士。据《道教灵验记》载：方瀛常以丹箓救人，顿时即愈。懿宗咸通末年（873），刘方瀛无疾而终。羽化前，诫其门人使与剑俱葬。乾符、中和间（875—884），台州裨将李生欲取剑而发其墓，见尸首皮色如常，躯体柔软，顾其剑似有哮吼之声，因弃剑惊惧而去。

杜光庭 应夷节的传人杜光庭，字宾圣，号东瀛子，天台的近邻缙云人。生于唐宣宗大中四年（850）他是个大学问家、大诗人。唐懿宗咸通间，因不第弃儒入道，东上天台桐柏，拜师应夷节，为司马承祯五传弟子（司马承祯——薛季昌——田虚应——冯惟良——应夷节——杜光庭）。所受上清大法，历多年钻研，领悟颇深。从此他自称"桐柏真人"，写了一首《题北平沼》诗：

　　　　桐柏真人曾此居，焚香崖下诵灵书。
　　　　朝回时宴三山客，涧尽闲飞无色鱼。
　　　　天柱一峰凝碧玉，神灯千点散红蕖。
　　　　宝芝常在知谁得，好驾金蟾入太虚。

他还有一首《偶题》诗,反映怡然自得的心情:

似鹤如云一个身,不忧家国不忧贫。
拟将枕上日高睡,卖与世间荣贵人。

他对道教的教理教义、神话传说、斋醮科仪等都进行了系统的整理和阐发(书藏于桐柏观),成就显著,为当时道门之执牛耳者。方干称他是"宗庙中宝玉大圭",时人盛赞其为"词林万叶,学海千寻,扶宗立教,天下第一"。唐乾符元年(874),经朋友郑畋举荐,出山朝见僖宗,颇受赏识,受赐紫袍、象简,任麟德殿文章应制。后随僖宗避难成都,遂留在成都府,前蜀王建永平三年(913),被蜀任命为金紫光禄大夫、左谏议大夫,封蔡国公,进号广成先生。王建通正元年(916),迁户部侍郎。王衍乾德五年(923),以杜光庭为传真天师、崇真馆大学士。卒于后唐明宗长兴四年(933),住世84年。

杜光庭精通儒道经典,平生著作颇丰,主要有《道德真经广圣义》、《道门科范大全集》、《太上黄箓斋仪》、《道教灵验记》、《神仙感遇传》、《仙传拾遗》、《历代崇道记》、《洞天福地岳渎名山记》、《玉函经》和《广成集》、《壶中集》等。他在我国道教史上是个承先启后的重要人物。

左元泽 据《神仙通览》载,左元泽,永嘉人。拜徐灵府为师,得受秘要。他居桐柏香林峰石室修炼,历时十三年,只吃草木果子过活,不食五谷。平时绝少言语。每游山,常白天黑夜与野兽为伴(民间传说樵人曾见其与三虎同坐;又传用道法降伏蛟螭,镇压狸怪。),多日不返。间丘方远曾问大丹于左元泽。后尸解而去。著作有《真一颂》:"大道杳冥,不可致诘,含太虚为广舍,总万宇为真一。以道守真,真亦非一。信之以自然,任之以万物。胎根既断，三界迥出，九祖得度，三官息笔，实赖无功之功，其功妙而难匹。"

闾丘方远 刘处静、叶藏质、左元泽的共同弟子闾丘方远，字大方，舒州宿松（今安徽安庆）人。年16，通经史，学《易》于庐山陈元晤；29岁那年来天台桐柏，问大丹于香琳峰左元泽；接着去仙都隐真岩，向刘处静学修真出世之术；34岁再来天台山玉霄宫，向叶藏质学习真文秘诀，尽蒙付授。唐昭宗累召不赴，赐号"妙有大师玄同先生"。景福二年（893）钱塘彭城王钱镠闻名造访后，赞扬闾丘方远说："实紫府之表仪，乃清都之辅弼。"远近从学者，纷至沓来。方远在守一行气之暇，笃好子史群书。诠《太平经》为20卷，备尽枢要。后晋高祖天福二年（937）二月十四日羽化。方远的重要作品有《太平经钞》（《太平经》选辑本）。他是弘扬道教南岳天台派的重要人物。

柳泌 唐代后期，有个复州道士柳泌也与桐柏有一段不寻常的情缘。

据《旧唐书·宪宗本纪》载，唐宪宗老年有意学神仙服丹药，企冀长生不老。黄甫镈即向他推荐复州（在今湖北省钟祥县）石门道士柳泌，说柳能合长生不老药。柳进京后，宪宗就让他到唐兴观（即天台观）炼药。柳泌想想有困难，就向皇帝启奏说："天台山神仙所聚，多灵草异药。臣虽知之，而力不能致，诚得为彼长吏，庶几可求。"宪宗信以为真，接受他的请求，就在元和十三年（818）给他一个"权知台州刺史"的官衔。"谏官争论，以为自古无使方士临民赋政者。上曰：'烦一州之力而能为人主致长生，臣子何爱焉。'由是群臣莫敢言。"于是柳泌挂印服金紫，威风凛凛地来到天台。据《赤城志》记载，柳泌到天台后，立即驱赶大量吏民上山，为他采集他心目中的灵芝仙草。他在向宪宗进献仙草时又进献金丹。结果宪宗为金丹所毒，他就逃回天台，深隐九垅山今太监洞地方。桐柏山因而留下了他的一些遗迹。据《天台山全志》和《赤城志》载：福圣观东 150 步，紫霄峰下，有柳使君收药处（在丹霞洞旁），号紫霄山居。当时其中多灵葩翠茎，修篁奇竹。又有曲池、环沼、丹炉。在今琼台"秀甲台山"题词地方，有柳泌的摩崖石刻《琼台》诗：

崖壁盘空天路回，白云行尽见琼台。
洞门黯黯阴云闭，金阙瞳瞳日殿开。

柳泌还有一首《玉清行》：

遥遥寒冬时，肃肃摄太无。
仰望蕊珠殿，横天临玉虚。
下看白日流，上造真皇居。
西牖月门开，南衢星宿疏。
王母来瑶池，庆云拥琼舆。
巍峨丹凤观，长曳紫霞裾。
莹辙圣姿严，飘飘神步徐。
仙郎执玉节，侍女捧全书。
灵香散彩烟，北阙路骈阗。
龙马行无迹，歌钟声沸天。
驭风升宝座，停景宴华筵。
妙奏三清曲，高罗万古仙。
七珍飞满座，九液酌如泉。
灵佩垂轩下，旗幡列帐前。
狮麟威赫赫，鸾凤影翩翩。
顾盼乃须臾，已是数千年。

柳泌逝于元和十五年十月，墓造福圣观东（今桐柏岭脚村东首）。

注：一说　宪宗食"金丹"遭毒害后，泌因获罪被杀。

吕洞宾　吕岩，字洞宾，号纯阳子。礼部侍郎吕渭之孙。据《陕西通志》载，吕岩初名绍先，后于长安道中遇正阳真人钟离权，遂被引进终南山一洞中，饮以元和之酒。后两人坐石谈玄。钟曰："子从余奉道，当名'岩'，字'洞宾'。"随后正阳真人授以上真玄诀。吕绍先道成仙去。吕洞宾，唐河中府蒲坂县永乐镇（今山西芮城）人。人传生于贞观二十年（646）四月十四日。性聪敏，出口成文。生相虎体龙腮鹤项龟背，有道骨仙风。平时喜戴华阳巾，穿黄襕衫，系大皂绦。吕纯阳在江州望江亭自记云："吾京川人。三举进士不第，因游江湖间。遇钟离子（权）受延命之术。寻又遇苦竹真君，传日月交拜之法。久之，适终南山，再见钟离子，得金液大丹之功。年五十道始成。世多称吾能飞剑戮人者，吾闻之笑曰：慈悲者佛也。仙犹佛尔，安有取人命乎？吾固有剑，盖异于彼，一断贪嗔，二断爱欲，三断烦恼。吾成道以来，所度者何仙姑、郭上灶二人。"也有人说他武后时两举进士不第，周天授二年（691），吕父强令年已46岁的吕岩再赴试。至长安酒肆中，遇钟离权以黄粱梦点化之。梦醒，授以长生之术。初居终南山，再受钟离权上真秘诀和天遁剑法。尔后，自称回道人，游历天下，行化度人。他一度布道于桐柏山，居天台观有年。曾在瀑下题《天台观》诗：

青蛇绕地月徘徊，夜静云闲鹤未回。
欲度有缘人换骨，暂留踪迹在天台。

接着，又题了一首《七夕》诗：

  野人本是天台客，石桥南畔有旧宅。
  父子生来有两口，多好歌笙不好拍。

还有一首《题桐柏山黄先生庵门》诗：

  吾有玄中极玄语，周游八极无处吐。
  云轩飘泛到凝阳，一见君兮在玄浦。
  知君本是孤云客，拟话希夷生恍惚。
  无为大道本根源，要君亲见求真物。
  其中有一分三五，本是无名为丹母。
  寒泉沥沥气绵绵，上透昆仑还紫府。
  浮沉升降入中宫，四象五行齐见土。
  驱青龙，擒白虎，起祥风兮下甘露。
  铅凝真汞结丹砂，一派火轮真为主。
  既修真，应坚确，能转乾坤泛海岳。
  运行天地莫能知，变化鬼神应不觉。
  千朝炼就紫金身，乃致全神归返朴。
  黄秀才，黄秀才，既修真，须且早。
  人间万事何时了？
  贪名贪利爱金多，为他财色身衰老。
  我今劝子心悲切，君自思兮生猛烈。
  莫教大限到心来，又是随流入生灭。
  留此片言，用表其意。
  他日相逢，必与汝诀。莫退初心，善爱善爱。

吕纯阳在修炼上以内丹为主,兼摄禅宗。认为"修炼丹者,先正其炉"。身为丹炉,神气精液为药物,目、耳、口、鼻为炉之八门,"常固守之",勿伤内真。提出修炼当从消除六欲七情着手,泻心之积气而集其神。《宋史·陈抟传》载:"(吕岩)百余岁而童颜,步履轻疾,顷刻数百里,世以为神仙。"他在中国道教历史上地位较高,被后世道士尊为道宗,称他为"纯阳帝君";宋徽宗宣和元年(1119)敕封"妙通真人";元世祖至元六年(1269),赠"纯阳演政警化真君";元武宗至大三年(1310),加封为"纯阳演政警化孚佑帝君"。清朝嘉庆五年(1800),仁宗加封"燮元赞运"四字。清王平曾有《题吕洞宾像》诗:"客从何处来?留落在天台。沉醉街市上,袒腹酒数杯。忆昔通经史,头上一枝魁。自今首横剑,匿迹隐天台……"他年百余岁而童颜,步履轻疾,顷刻数百里。常与陈抟、李奇等传奇人物交往。曾度刘海蟾、王重阳,开道教南北二宗而为之祖。有《九真玉书》、《肘后三成篇》等诗集4卷行世。

厉归真 厉归真,号迂疏子,五代台兴县(即后来的天台县)人,桐柏道士。性嗜酒,冬夏仅披一件单衣布袍。平日修炼之余,常以丹青自娱。长于画牛、画虎、画飞禽。他画的牛,栩栩如生;他画的虎,形象逼真;他画的鹞鹰,能吓退群飞而来的鸟雀。传后汉乾祐三年(950)十一月,于中条山白日升天,告时人道:"吾本台州台兴县人也。"

朱霄外 后晋出帝开运三年(946),当时任台州刺史,后继承为吴越王的钱俶(一名钱弘俶),与善河图秘纬的章安(今台州椒江区)人桐柏道士朱霄外要好,为朱霄外在桐柏宫右侧原建于唐大中年间的白云庵基址上修建栖霞宫让他主持。钱弘俶继承王位后又在后汉乾祐元年至三年间(948—950)出资重新桐柏宫。当时的大殿题梁文为"吴越两街道统天台道门威仪栖真明德大师通元先生正一天师检校太傅兼太保上柱国吴郡开国公食邑一千五百户朱霄外建。"后周广顺元年（951），朱霄外受吴越王钱弘俶之召，去钱塘讲论道经。第二年回天台时，钱又为朱霄外在玉霄宫旁建造了三清殿（宋大中祥符元年改名洞天宫）。及宋真宗时，钱俶又为之在桐柏宫重建藏殿一座。夏竦为作《重建道经藏记》载："吴越忠懿王俶，为道士朱霄外新之。遂筑室于上清阁西北，藏金、银字经二百函，勤其事也。"宋·金允中《上清灵宝大法》也说到："天台桐柏崇道观，乃五代之末，吴越王钱氏所建。藏中诸经，拘集道童及僧寺行者，众共抄录，以实其中。"当时藏于藏殿与玉霄宫的道藏合计有1000多卷。吴越国王对桐柏宫的赏赐不少，除金银钱物和上面提到的二百函金银字外，还有金、铜天尊像一十身，金、银、铜所铸火焰台座一座，檀香三清像一龛二百六十身，铜铸三清圣像三尊，玉花八株，珍珠八颗。后来北宋雍熙、端拱间（984—990）宋太宗次子昭成太子赵元僖又舍施圣帧40轴。同时，又为他在桐柏宫西南建延寿院（宋英宗治平三年〈1066〉改名圣寿院）一所。所赐珍品，除金子银子和道经外，分别供养于正殿、藏殿和后来的上清阁、清虚院等处。朱霄外为司马承祯七传弟子。

王松年 王松年，五代道士。居桐柏修道时，除钻研道学外，好博览群书。曾就《真诰》、《楼观传》、《灵验传》、《八真传》、《十二真君传》中搜集古代帝王在仙籍者和历代修真好道者132件神仙事迹，以四字比韵，撮举事要，编著成《仙苑编珠》三卷一册行世。后又据《通志略》辑录为《上青天中真鉴录》。

许碏 许碏，高阳（今属河北省）人。少业进士，然累举不第。晚学道于王屋山。曾周游五岳名山洞府，历经峨嵋山、罗浮、武夷、天台、四明、茅山。所到之处常于石崖、崖壁人不及处题曰："许碏自峨嵋山寻偓月子到此。"传后插花作舞，上酒楼醉歌腾云而去。有诗《醉吟》曰：

阆苑花前是醉乡，踏翻王母九霞觞。
群仙拍手嫌轻薄，谪向人间作酒狂。

本时期留下诗文的莅山名士

李　峤　李峤，字巨山，赵州赞皇（属今河北省保定市）人。生于唐太宗贞观十八年（644），卒于唐玄宗开元元年（713）。年十五通五经，是唐才子之一。累迁给事中。因不容于武后，出为润州（即今江苏省镇江市）司马。时偕友人游览了天台山，到过桐柏。久之，召为凤阁舍人。中宗神龙中，进同中书门下三品，封赵国公。玄宗时，坐事贬卢州别驾。卒于任。诗文与王勃、杨炯齐名。有《李峤集》行世。集中有《送司马先生》诗：

蓬阁桃源两处分，人间海上不相闻。
一朝琴里悲黄鹤，何日山头望白云。

宋之问　宋之问，一名少连，字廷清。生于唐高宗显庆元年（656）。虢州弘农（今河南灵宝）人。健谈善辩。高宗上元举进士。弱冠，见召于武后，与四杰之一的诗人杨炯分值习艺馆。武后的五郎、六郎张易之、张昌宗雅爱其才，笼络为左右，官到考功员外郎。史载，之问曾追踪司马承祯到过桐柏山，与司马承祯结下不解的情缘。留下一首《王子乔》歌：

王子乔，爱神仙，七月七日上宾天。
白虎摇瑟凤吹笙，乘骑云气吸日精。
吸日精，长不归，遗庙今在而人非。
空望山头草，草露湿人衣。

回京后，写诗怀念老朋友，仰慕司马氏永远童颜。有《寄天台司马道士》诗：

> 卧来生白发，览镜忽成丝。
> 远愧餐霞子，童颜长自持。
> 旧游惜疏旷，微尚日磷缁。
> 不寄西山药，何由东海期。

易之被诛后，之问左迁泷州参军。中宗增置修文馆，之问被首选为修文馆学士。睿宗即位，李旦以其趋附武三思罪配徙钦州（今广东钦县）。

宋之问的五言律诗为当时之冠。在被贬谪途中，其所携带的诗篇，被有识之士纷纷传抄，一路过去，背后留下一片唱诗声。玄宗李隆基即位，深恨武后专权篡位，立即在先天元年（712），将与武后有关的宋之问赐死于钦州。宋之问死后，他的朋友武平一将他的遗诗纂成《宋之问集》（十卷）传世。

沈佺期 沈佺期，字云卿，相州内黄（今河南内黄）人。生年不详，约卒于唐玄宗开元初（713）。上元二年（675）举进士。由协律郎累除给事中、考功郎。因事长流驩州（驩州治所在今越南共和国中部的荣市），稍迁台州录事参军。任间到过桐柏。中宗神龙中（705～707），召拜起居郎，兼修文馆学士。历中书舍人、太子詹事。沈佺期善属文，工五言，与宋之问齐名，时人称为"沈宋"。著有《沈佺期文集》传世。集中有《同工部李侍郎适访司马先生子微》诗：

紫微降天仙，丹地投云藻。
上言华顶事，中问长生道。
华顶居最高，太壑朝阳早。
长生术何妙，童颜后天老。
清晨朝凤京，静夜思鸿宝。
凭崖饮蕙气，过涧摘灵草。
人非冢已荒，海变田应燥。
昔尝游此郡，三霜弄溟岛。
绪言霞上开，机事尘外扫。
顷来迫世务，清旷未云保。
崎岖待漏恩，怵惕司言造。
轩皇重斋拜，汉武爱祈祷。
顺风怀崆峒，承露在丰镐。
泠然委轻驭，复得散幽抱。
柱下留伯阳，储闱登四皓。
闻有参同诀，何时一探讨。

孟浩然 孟浩然，唐襄州襄阳（今湖北省襄阳市）人。生于武后永昌元年（689）。有文才，是我国历史上有名的山水田园诗人。尝于太学赋诗，一座叹服。早年隐居襄阳鹿门山，研读儒道学问。

孟浩然是司马承祯的"方外十友"之一。为了游览佛宗仙源的天台山，也为了会见好友太乙子，他从东都洛阳动身，循汴水顺流而下。经谯县访问了张主簿、申屠少府。后又顺淮水乘舟到广陵（今江苏省江都市）。然后在扬子津下船，横渡长江到润州（今江苏镇江市丹徒镇）。接着沿运河到杭州。在杭州游览了一些时日后，渡浙江到越州（今浙江省绍兴市）。在越州会过贺知章，泛舟过耶溪，向剡县进发，到剡县，即弃舟攀登那梦寐向往的天台山。

天台山是他心仪已久的仙山。一出洛阳他就赋《自洛至越》诗：

山水寻吴越，风尘厌洛京。
扁舟泛湖海，长揖谢公卿。

在临安行将渡江时又写下《将适天台留别临安李主簿》诗：

羽人在丹丘，吾亦从此逝。

说出了他此行的目的主要在天台。尚在剡溪途中就引领放眼要看看天台山到了没有。写下著名的《舟中晓望》：

挂席东南望，青山水国遥。
舳舻争利涉，来往任风潮。
问我今何适，天台访石桥。
坐看霞色晚，疑是赤城标。

既到天台，立即上桐柏山，待知道太乙子已云游在外，遂在桐柏道士导引下，一起纵情山水，穷天台诸胜，尤其是桐柏山，他看得更仔细，也更畅快。他在《天台桐柏观》诗中唱道：

海行信风帆，夕宿逗云岛。
缅寻沧洲趣，近爱赤城好。
扣萝亦践苔，辍棹恣探讨。
息荫憩桐柏，采秀弄芝草。
鹤唳清露垂，鸡鸣信潮早。

愿言解缨绂，从此去烦恼。
高步凌四明，玄踪得三老。
纷吾远游意，学彼长生道。
日夕望三山，云涛空浩浩。

他在尽情地享受这天造地设的山水之乐的同时，学习道士们的辟谷导引服饵之术，体会修炼的妙趣，更使他乐而忘返。临别，对金庭洞天表示极大的留恋。写下了《桐柏玉霄峰》诗：

上尽峥嵘万仞巅，四山围绕洞中天。
秋风吹月琼台晓，试问人间过几年。

孟浩然对天台特别是桐柏情有独钟。他两次来过桐柏，第一次是秋初来的，第二次是腊月来的。第一次来虽然没在桐柏山碰上司马道士，却在会稽有幸会面。《越中逢天台太乙子》诗：

仙穴逢羽人，停舻向前拜。
问余涉风水，何处远行迈。
登陆寻天台，顺流下吴会。
兹山夙所尚，安得问灵怪。
上逼青天高，俯临沧海大。
鸡鸣见日出，常觌仙人箎。
往来赤城中，逍遥白云外。
莓苔异人间，瀑布当空界。
福庭长自然，华顶旧称最。
永此从之游，何当济所届。

这无异于他向太乙子全面汇报看了天台仙山后的观感，也为他重游天台透露了一点心意。

第二次起程于会稽，有《久滞越中贻谢南池会稽贺少府》诗：

> 未能忘魏阙，空此滞秦稽。
> 两见夏云起，再闻春鸟啼。

他坐船从内河经曹娥江、剡溪到天台的。有《腊月八日于剡县石城寺礼拜》诗：

> 石壁开金像，香山倚铁围。
> 下生弥勒见，回向一心归。
> 竹柏禅庭古，楼台世界稀。
> 夕岚增气色，馀明发光辉。
> 讲席邀谈柄，泉堂施浴衣。
> 愿承功德水，从此濯尘机。

他在桐柏盘桓了半个月后，在清溪买舟去乐城（今乐清市）。除夕夜会见他的同乡朋友乐城尉张子容。久别重逢的感情是非常激动，写下了《岁除夜会乐城张子容》诗：

> 云海泛瓯闽，风潮泊岛滨。
> 何知岁除夜，得见故乡亲。
> 余是乘槎客，君为失路人。
> 平生复能几？一别十余春。

张子容在阴历元旦这一天和了一首《除夜乐城逢孟浩然》诗：

> 远客襄阳郡，来过海岸家。
> 樽开柏叶酒，灯发九枝花。
> 妙曲逢卢女，高才得孟嘉。
> 东山行乐意，非是竞繁华。

在乐城住了一些时日以后，孟浩然就直接坐船回襄阳去了。张子容曾为他赋《送孟八浩然归襄阳》赠别。

开元二十八年（740）病逝。有《孟浩然集》传于世。

李　白　李白，字太白，号青莲居士。武周长安元年（701）出生于安西碎叶（今属哈萨克），唐中宗神龙元年（705）迁居于绵州昌隆（即今四川省江油县青莲乡）。开元十三年（725），"仗剑去国，辞亲远游"，开始其长达十二年的"南穷苍梧，东涉溟海"的漫游生活。其间，从一任侠道士学剑论道，请高天师为他授道。在江陵问道于道教界泰斗天台道士司马承祯，李白那飘逸的仙风道骨，深沉的谈吐，潇洒的神采，给司马承祯留下了深刻的印象，认为可与神游八极之表，遂与之结为忘年交。

开元十五年（727）秋，李白从广陵（今江苏江都）下船沿运河到临安（今杭州），又经萧山到剡县，然后弃舟陆行上天台山。他此行的动机一是瞻仰心仪已久的桐柏仙山，一是会见诗友太乙子。虽太乙子正云游在外未曾见着，但天台那秀山丽水佛宗道源的胜境，足使他为之沉迷忘返。他动笔写下了许多歌颂天台山的好诗，流传至今的《题桐柏观》、《琼台》、《求百丈崖瀑布图》就是诗海中几颗闪光的明珠。

> 题桐柏观
> 天台邻四明，华顶高百越。
> 门标赤城霞，楼栖沧岛月。

凭高登远览，直下见溟渤。
　　云垂大鹏翻，波动巨鳌没。
　　风潮争汹涌，神怪何翕忽。
　　观奇迹无倪，好道心不歇。
　　攀条摘朱实，服药炼金骨。
　　安得生羽翰，千秋卧蓬阙。

琼台

　　龙楼凤阙不肯住，飞腾直欲天台去。
　　碧玉连环八面山，山中亦有行人路。
　　青衣约我游琼台，琪木花芳九叶开。
　　天风飘香不点地，千片万片绝尘埃。
　　我来正当重九后，笑把烟霞俱抖擞。
　　明朝拂袖出紫微，壁上龙蛇空自走。

求崔山人百丈崖瀑布图

　　百丈素崖裂，四山丹壁开。
　　龙潭中喷射，昼夜生风雷。
　　但见瀑泉落，如泑云汉来。
　　问君写真图，岛屿备萦回。
　　石黛刷幽草，曾青泽古苔。
　　幽缄倘相传，何必向天台。

天宝元年（742），李白南游会稽，随即南下剡中去会见好友道士吴筠，并双双南上天台山，去桐柏瞻仰司马承祯遗迹。紧接着吴筠被召进京，吴遂在玄宗面前举荐李白，李亦立即被召进京，做了三年待诏翰林。三年后"诏许还山"，于是继续漫游山水间。

天宝六年（747），李白再次来桐柏访道，写下《同友人舟行游台越》诗：

> 楚臣伤江枫，谢客拾海月。
> 怀沙去潇湘，挂席泛溟渤。
> 蹇余访前迹，独往造穷发。
> 古人不可攀，去若浮云没。
> 愿言弄倒景，从此炼真骨。
> 华顶窥绝溟，蓬壶望超忽。
> 不知青春度，但怪绿芳歇。
> 空持钓鳌心，从此谢魏阙。

他对天台是非常留恋的，长期魂驰梦想，天宝十五年（756），在《赠王判官》诗中就透露了他有意修道桐柏的打算：

> 中年不相见，蹭蹬游吴越。
> 何处我思君，天台绿萝月。

肃宗至德元年（756），任永王璘幕僚。璘败，李白被流放，中途遇赦而回。

肃宗上元二年（761），李白族侄嘉祐出任台州刺史，白亦再上桐柏一次。

宝应元年（762），依从叔当涂（今属安徽）令李阳冰时，大醉中蹿进水里去捞月而被溺身亡。著有《草堂集》20卷，其中有20多处讲到天台山。

后人为纪念这位钟情于天台的大诗人，在他华顶读书处修建了一座"太白纪念堂"。

贾长源　贾长源是唐玄宗天宝元年（742）至天宝二年的台州刺史。在任期间曾来桐柏游览。他看到桐柏秀岩碧水茂树常青，鲜花灵草香风馥郁，诸泉合澈幽涧长流，一帘飞瀑百丈高悬的自然景观和那源自黄帝的历代人文景观，兴奋不已，回头对随从的别驾蔡钦宗和唐兴县令说："道以含德，德以致美，美而不颂，后代何观？"于是三人商量立石纪颂，由贾长源作颂辞：

> 邈彼天台，嵯峨崔嵬。
> 下临沧海，遥望蓬莱。
> 漫若天台，呀若地开。
> 烟云路通，真仙时来。
> 顾我炼师，于彼琼台。
> 炼师炼师，道入玄微。
> 吸日安坐，凌云欲飞。
> 兴废灵观，炼师攸赞。
> 道无不为，美哉轮奂。
> 窈窈茫茫，通天降祥。
> 保我皇唐，如山是常。

钱　起　钱起，字仲文。吴兴（今浙江湖州）人。生于唐玄宗开元十年（722），卒于唐德宗建中元年（780）。玄宗天宝十年（751），参加进士考试，试题《湘灵鼓瑟》的结句是"曲终人不见，江上数峰青"，大受主考官李暐的称赏，擢为高第。授职校书郎，除考功郎中。唐代宗大历中（766—779），为大清宫使翰林学士。钱起工诗，有《钱考功集》行世。晚年寻找司马承祯遗迹到过桐柏山。有《过桐柏山》诗：

秋风过楚山，山静秋声晚。
赏心无定极，仙步亦清远。
返照云窦空，寒流石苔浅。
羽人昔已去，灵迹欣方践。
投策谢归途，世缘从此遣。

杨　衡　杨衡，字仲师，吴兴人。生卒年均不详。约生活于八世纪唐代宗大历（766—779）前后。玄宗天宝间（742—755）避地庐山，与符载、崔群、宋济结草堂于五老峰下，号山中四友。衡工诗咏。尝吟罢自赏其作，抵掌大笑，长谣曰："一一鹤声飞上天"，盖自谓其声韵响彻如此。有人盗其文登第，衡因诣阙亦登进士第。后见盗其文者盛怒曰："'一一鹤声飞上天'在否？"盗文者答曰："此句知兄最惜，不敢偷。"衡乃笑曰："若是，犹可恕也！"官至大理评事。著有《仲师诗集》。

　　　　登紫霄峰赠黄仙师
紫霄不可涉，灵峰信穹崇。
下有琼树枝，上有翠发翁。
鸡鸣秋汉侧，日出红霞中。
灿灿真仙子，执旄为侍童。
焚香杳忘言，默思合太空。
世华徒熠耀，虚室自蒙胧。
云飞琼瑶圃，龟息芝兰丛。
玉箓掩不开，天窗微微风。
兹焉悟佳旨，尘忆亦幽通。
浩淼临广津，永用挹无穷。

章八元 章八元，睦州桐庐人。生卒年不详，约生活于唐代宗大历前后（766—779）。大历六年（771）登进士，曾任句容主簿。八元少喜为诗，尝题诗于邮亭，得越州人中书省补阙严维之赏识，慨然授以格律。数年间诗赋精绝。八元题长安慈恩寺有句"却怪鸟飞平地上，自惊人语半天中"诗，颇让元稹、白居易吟玩良久，并赞之曰："名下果无虚士也！"著有《章八元诗集》传于世。

天台道中示同行

八重岩崿垒晴空，九色烟霞绕洞宫。
仙道多因迷路得，莫将心事问樵翁。

顾　况 顾况，字逋翁，海盐人。生于唐玄宗开元十三年（725），卒于宪宗元和九年（814）。肃宗至德二年（757）举进士。顾况长于歌诗，工书画，性诙谐。初为韩州节度使判官。出任临海新亭监时，路经天台，游览过桐柏，作了一首《从剡溪至赤城》诗：

灵溪宿处接灵山，窈映高楼向月闲。
夜半鹤声残梦里，犹疑琴曲洞房间。

（注："灵溪"位于三井下游。上有王乔控鹤的仙坛院，下有宿处的天台观。）

况与柳浑友善，德宗贞元三年（787），柳浑辅政时，征况为校书郎。大诗人白居易的成名，就是得力于那时顾况的赞扬。久之，迁著作郎。贞元十年，因不得志赋诗调谑，被贬饶州司户。之后，结庐茅山退隐山林，自号华阳真逸。有《华阳集》、《画评》传世。

释灵一 佛教徒灵一，俗姓吴，人称一公。生于唐玄宗开元十五年（727），卒于唐代宗宝应元年（762）。广陵（今江苏江都）人。九岁出家扬州庆云寺为僧。年轻时结茅于麻源第三谷中攻读经书。后驻锡于若耶溪云门寺、余杭县宜丰寺讲学，从学者四方而至。灵一法师禅诵之余辄赋诗歌，气质淳和，格律清畅。与《枫桥夜泊》诗的作者张继是尘外诗友，酬唱不绝。尝游天台山桐柏仙境，写有《妙乐观》诗：

> 王乔已去空山观，白云至今凝不散。
> 坛场月露几千年，往往吹笙下天半。
> 瀑布西行过石桥，黄精采根还采苗。
> 忽见一人擎茶碗，蓼花昨夜风吹满。
> 自言家处在东坡，白犬相随邀我过。
> 松间石上有棋局，能使樵人烂斧柯。

后终于杭州龙兴寺。有《灵一诗集》传世。

刘禹锡 刘禹锡，字梦得，彭城（今江苏铜山）人。生于唐代宗大历七年（772），卒于唐武宗会昌二年（842）。德宗贞元间登进士第。初为淮南节度使，继为监察御史。王叔文当政，颇为信任，曾邀其与柳宗元同议禁中，所言必从。后升为屯田员外郎，有政声。叔文去，禹锡被贬为郎州（今贵州遵义）司马。在任期间作《竹枝辞》十余篇传咏于苗岭间。既还京，又作《玄都观》诗以刺时弊，再被外放播州（即原郎州）刺史，旋又改任和州（今安徽和县）刺史。又召回京为主客郎中、集贤院学士。不久，又调任苏州刺史、太子宾客。武宗会昌中，加检校礼部尚书卒。刘工文章且善诗，常与白居易酬唱，推为一时诗豪。著有《刘梦得集》。

天台投龙
银铛谒者引霓旌，霞帔仙官到赤城。
白鹤迎来天乐动，金龙掷下海神惊。
元君伏奏归中禁，武帝亲斋礼上清。
何当夷门请诗送，梁王文字上声名。

元　稹　字微之，河南（今河南洛阳）人。生于唐代宗大历十四年（779），卒于文宗太和五年（831）。微之九岁就写出了好文章，十五岁选为明经。曾任监察御史、通州司马、工部侍郎、同中书门下平章事。因事下放到同州当刺史。长庆三年（823），又转徙浙东观察使，辖台、越、明、温、婺、衢、处七州。在浙东观察使任内，偏爱天台山胜境，留驻桐柏观的时间较长，师事冯惟良并与当时的高道徐灵府交情颇浓。唐太和元年（827）应徐灵府之请，出俸银资助修理桐柏观。太和三年功成，为作《重修桐柏观记》（《记》见《桐柏宫》节）。

元稹诗与白居易齐名，号称"元白"。所著诗、赋、诏、铭、论、议凡100卷，号曰《元氏长庆集》。又著有传奇文《会真记》，为后日名曲《四厢记》之蓝本。

李　绅　李绅，字公垂，润州无锡人。生于唐代宗大历七年（772），卒于唐武宗会昌六年（846）。祖籍亳州谯县（今属安徽省亳县），后迁居无锡。为人短小精悍而长于诗，时号短李。宪宗元和元年（806）进士。擢翰林学士。与李德裕、元稹同时齐名，号称"三俊"。穆宗召为右拾遗。出为江西观察使，绅入谢自陈，改户部侍郎。武宗时，累官右仆射、门下侍郎。卒谥文肃。曾游览天台山，留下数首诗篇。著有《追昔游诗》。

题黄道士草堂

（黄道士住在紫霄峰）

清溪道士紫微仙，暗诵真经北斗前。
坛上独窥华顶月，雾中潜到羽人天。
飞流夜落银河水，乔木朝含绛阙烟。
会了浮名休世字，伴君闲种五芝田。

又有写天台山的《琪树》诗：

石桥峰上栖元鹤，碧涧岩边荫羽人。
冰叶万条垂碧石，玉珠千日保青春。
月中泣露应同色，涧底侵云常有尘。
徒使伏根成琥珀，不知松老化龙鳞。

李绅自法："垂条如弱柳，结子如碧珠。三年子乃一熟，每岁生者相续，一年者绿，二年者碧，三年者红缀于条上，璀错相间。孙兴公所谓'琪树璀璨而垂珠'是也。"

张　佑　唐才子张佑（一作张祜），字承吉，南阳（今河南邓县）人。工诗，以宫词得名。唐宪宗元和至唐穆宗长庆间（806—825），中书舍人令狐楚爱其诗而器重之。及楚为天平军（在今山东）节度使，亲自草表并附上张佑诗300首推荐给朝廷。皇帝召元稹询问，为元稹所排抑，遂失意而归。客居华南时，与度支使杜牧要好。杜牧送他的一首诗中有这么一句："何人得似张公子，千首诗轻万户侯。"张佑性爱山水，多次游览江南名山大川。曾来到天台山，游览过桐柏，留下了《寄天台山》诗：

崔嵬海西镇，灵迹传千古。
群峰日来朝，累累孙侍祖。
三茅即拳石，二室犹块土。
傍洞窟神仙，中岩宅龙虎。
名从乾取象，位与坤作辅。
鸾鹤自相群，前人空若瞽。
巉巉割秋碧，娲女徒巧补。
视听出尘埃，处高心渐苦。
才登招手石，肘底笑天姥。
仰看华盖尖，赤日云上午。
奔雷撼深谷，下见山脚雨。
回首望四明，矗若城一堵。
昏晨邈千态，恍动非自主。
控鹄大梦中，坐觉身诩诩。
东螟子时月，却孕元化母。
彭蠡不盈杯，浙江微辨缕。
石梁屹横架，万仞青壁竖。
却瞰赤城巅，热来如刀弩。
盘松国清道，九里天莫睹。
穹崇上攒三，突兀旁耸五。
空崖绝凡路，凝立縻与塵。
邈峻极天门，觑心穹地户。
金庭路非远，徒步欲将举。
身乐道家流，敦儒若一矩。
行寻白云叟，礼象登峻宇。
佛窟绕衫岚，仙坛半榛莽。
悬崖与飞瀑，险喷难足俯。

　　　　海眼三井通，洞门双阙拄。
　　　　琼台下昏侧，手足前采乳。
　　　　但造不死乡，前劳何足数。

　　张佑晚年，常与白居易唱和燕谑。爱丹阳曲阿地，遂筑室隐居。唐宣宗大中七年（853）卒。有《张处士诗集》传于世。

　　　　　　赠王蒙师
　　　天台南洞一灵仙，骨笋冰棱貌莹然。
　　　曾对樗蒲长昧齿，重来华表不知年。
　　　溪桥晚下玄龟出，草路朝行白鹿眠。
　　　犹忆夜深华盖上，更无人处话丹田。

　　　　　忆游天台寄道流
　　　忆昨天台到赤城，几朝仙籁耳中生。
　　　云龙出水风声过，海鹤鸣皋日色清。
　　　石笋半山移步险，桂花当洞拂衣轻。
　　　今来尽是人间梦，刘阮茫茫何处行。

　　白居易 白居易，字乐天，自称香山居士。其先为太原人氏，后家韩城，又徙下邽（属今陕西渭南）。生于唐代宗大历七年（772），卒于武宗会昌六年（846）。贞元中，擢进士，补校书郎，迁左拾遗，后拜左赞善大夫。出为江州司马，迁杭州刺史。文宗立，迁刑部侍郎。以太子少傅进冯翊侯。会昌二年（842），以刑部尚书致仕。著有《长庆集》75卷。白乐天在闲居新昌时，曾越岭来天台凭吊司马承祯遗迹。

台岭桂树

天台岭上凌霜桂,司马厅前委地丛。

一种不生明月里,山中犹较胜尘中。

施肩吾 施肩吾,字希圣,号华阳,又号栖真子。睦州分水(今浙江桐庐)人。生活于晚唐时期。元和十五年(820)登进士第。有仙风道骨,不贪人间利禄,举进士后,即遁隐洪州西山修道,临行,诗人张籍等赋诗饯行。人极聪颖,读书五行俱下。著有《闲居遣兴诗》、《辨疑论》、《西山集》等。

遇王山人

每欲寻君千万峰,岂知人世也相逢。

一瓢遗却在何处?应挂天台最老松。

许 浑 字用晦,一字仲晦。生于唐德宗贞元四年(788),卒于唐宣宗大中十二年(858)。润州丹阳(今属江苏省)人。唐文宗太和六年(832)进士。历任当涂及太平县令、监察御史、虞部员外郎、睦州(辖今桐庐、建德、淳安地)和郢州(即今湖北省钟祥县)刺史。性喜林泉,向往黄老之术,在桐柏住过不少时日,他的《早发天台》诗,充分反映了他的这种思想:

来往天台天姥间,欲求真诀驻衰颜。

星河半落岩前寺,云雾初开岭上关。

丹壑树多风浩浩,碧溪苔浅水潺潺。

可知刘阮逢人处?行尽青山又是山。

许浑的作品有《丁卯集》行世。

释皎然 皎然，字清昼。生于唐开元八年（720），圆寂于唐贞元十六年（800）。俗姓谢。谢灵运十世孙。居湖州杼山。早年入儒，不第；中年慕仙术，不成；后皈依佛门，出家灵隐寺，为唐代一诗僧。他性放诞清狂，好山水，善诗文。常与陆羽、灵澈酬唱，颜真卿、韦应物并重之。曾云游天台山，留下几首诗篇。著有《杼山集》。

宿桐柏观

古观秋木秀，泠然属仙飙。
琼花被修蔓，柏实满寒条。
影殿山寂寂，寥天月昭昭。
幽期寄仙侣，习空至中宵。
清佩闻虚步，真官方凤朝。

郑　薰 郑薰，字子溥。出身进士。历任台州刺史（会昌六年至大中二年）、考功郎中、吏部侍郎、左丞，以太子少师致仕。为人耿介正直，不徇私情。一次，有个得到皇帝宠幸的太监，利用他接近皇帝的地位有搬弄是非毁誉群臣的机会，非分要挟郑薰为他"荫一子，门施戟"，郑薰不顾自身利害，断然予以拒绝；在礼部任上，多次举荐出身贫寒却德才兼备的贤俊之士，受到当时士大夫的普遍赞誉。郑薰致仕以后，依山傍岩构建居所，名为隐岩；庭前植松七棵，自号"七松处士"。郑薰在台州刺史任上曾来到桐柏山游览仙境，瞻仰白云子遗迹。

冬暮挈家宿桐柏观

深山桐柏观，残雪路犹分。
数里踏红叶，全家穿白云。

月寒岩嶂晓，风远蕙兰芬。
明日出云去，吹笙不可闻。

任 蕃 任蕃，一名任翻，江东（约今浙江、苏南、皖南、上海一带地方）人，约生活在中晚唐间。举进士不第，尝游会稽、台州等地。善诗，重声调，不厌改。曾题诗临海巾山寺："前峰月照一江水。"离开临海已到天台了，忽想起应将"一"字改作"半"字，又匆匆跋涉百余里赶回去，及到寺里一看，旁人已为之更改了。诗与张籍、司空图齐名，有《梦游录》传世。

桐柏观
飘飘云外客，暂宿聚仙堂。
半夜人无语，中宵月送凉。
鹤归高树静，萤过小池光。
不得多时住，门开是自忙。

皮日休 皮日休，字袭美，一字逸少。约生活于唐文宗太和八年至唐僖宗中和三年间（834—883）。襄阳（今湖北襄樊）人。隐居鹿门山，饮酒作诗过日，自称醉士。性傲诞，以文章自负。与诗人陆龟蒙很要好，日相赠和。曾相约东游天台山，留下了许多诗篇，其中一首名《寄题玉霄峰叶涵象尊师所居》：

青冥向上玉霄峰，元始先生戴紫蓉。
晓案琼文光洞壑，夜坛香气惹杉松。
闲迎仙客来为鹤，静噀灵符去是龙。
子细扪心无偃骨，欲随师去肯相容？

还有一首同韵的《桐柏观》诗：

> 青冥向上玉霄峰，元始崔嵬耸玉容。
> 晓案琼文光绝壁，夜坛香气袭灵松。
> 云根怪石依青凤，潭底寒泓卧黑龙。
> 步入琼台忘世路，分明半席许相从。

唐咸通八年（867），登进士第。曾任地方军事判官，朝廷里的著作郎、太常博士。唐僖宗乾符中（874—879）为毗陵副使，为黄巢手下所执。黄巢爱他的文材，留在身边重用，进京后，授以翰林学士职位。巢为了蛊惑群众神化自己，让皮日休为他作谶文。因怀疑文中的"欲知圣人姓，田八二十一；欲知圣人名，果头三屈律"是借机泄恨讽刺他，就在僖宗中和元年（881）将他杀了。

皮日休有《皮子文薮》、《皮子诗集》、《胥台集》、《鹿门隐书》、《鹿门家钞》行世。

陆龟蒙 陆龟蒙，字鲁望，吴郡（今江苏苏州）人。约生活于九世纪唐敬宗、僖宗年间。通《六经》，尤明《春秋》。举进士不第即弃去。从湖州刺史张搏游。退居松江甫里。多所论撰，雠比勤勤，朱黄不去手。劳于农事却常苦饥。嗜茶。时谓江湖散人，或号天随子、甫里先生；自比涪翁渔父、江上丈人。龟蒙曾游天台山，鹤林寺僧赠以华顶藤杖，龟蒙喜不自禁，拄杖拜访桐柏高道。当政者以高士召不至。李蔚、卢携与之善。当国召拜左拾遗，诏方下，会卒。著有《耒耜经》、《小名录》、《笠泽丛书》、《甫里集》行世。

奉和皮日休诗

> 天台一万八千丈，师在浮云端掩扉。
> 永夜只知星斗大，深秋犹见海山微。

风前几降青毛节,雪后应披白羽衣。
南望烟霞空再拜,欲将飞魄问灵威。

又奉和皮日休诗
应缘南国尽南宗,欲访灵溪路暗通。
归思不离双阙下,去程犹在四明东。
铜瓶净贮桃花雨,金策闲摇麦穗风。
若恋吾君先拜疏,为论台岳未封公。

拄访玄谈客
万古阴崖雪,灵根不为枯。
瘦于霜鹤胫,奇似黑龙须。
拄访玄谈客,持看拔画图。
潮云如有路,并可到仙都。

崔道融 崔道融,自号东瓯散人,荆州(湖北江陵)人。约生活于九世纪唐武宗、昭宗时代。早年遍游今鄂、豫、赣、浙、闽诸地,积累大量诗材。工绝句,与司空图、方干为诗友。昭宗乾宁二年(895)前后,以征辟为永嘉令,累官右补阙。赴任永嘉道经天台时,游览过桐柏。著有《申唐诗》十卷,其自序云:"乾符乙未(875)夏,寓永嘉山斋,收拾草稿,得五百篇。"又有《东浮集》九卷。

天台陈逸人
绝粒空山秋复春,欲看沧海化成尘。
近抛三井更深去,不怕虎狼唯怕人。

姚　鹄　姚鹄，字居云，蜀（今四川）人。生活于晚唐时期。唐武宗会昌三年（843）举进士第。僖宗咸通十三年（872）出任台州刺史，在任期间游览了桐柏观。姚鹄颇喜诗，常酬唱于公卿之门。有诗集一卷传世。

桐柏观

际海礼冰碧，穿云来玉清。
千山盘鸟道，十里入猿声。
草木飘香异，云霞引步轻。
谁言鳌顶上，此处是蓬瀛。

高　骈　高骈，字千里，幽州（今河北地）人。生年不详，卒于唐僖宗光启三年（887）。少娴鞍马弓刀，有膂力，亦善文学，常与文士交往。初事朱叔明为司马，迁侍御史。一日校猎围合，有双雕齐飞，骈一箭贯之，众大惊，号为"落雕御史"。不久，率兵攻拔安南（今越南地）。僖宗时，历天平、剑南、镇海、淮南诸节度使。后受封渤海郡王。后笃信神仙，造楼高80尺，日与方士处其中。在任镇海（治杭州）节度使时到过天台。著有《高骈诗集》传世。

访隐者不遇

落花流水认天台，半醉闲吟独自来。
惆怅仙翁何处去，满庭红杏碧桃开。

释贯休　贯休，俗姓姜，字德隐，一字德远，婺州（今金华市）兰溪人。生于唐文宗太和六年（832），卒于梁太祖乾化二年（912）。七岁出家，日读经书千字，过目不忘。通佛家经典，诗亦奇险，兼工书画。钱镠称吴越王，休适居灵隐，投诗相贺，中联云："满堂花醉三千客，一剑霜寒十四州。"镠见诗后让改"十四州"为"四十州"乃允相见。休发怒道："州亦难添，诗亦难改。孤云野鹤，何天不可飞。"愤然离去。曾漫游闽、黔、鄂。天复中入益州，王建待之以礼，赐号"禅月大师"，遂终于蜀。著有《西岳集》30卷，吴融为序。后弟子昙域更名《宝月集》传世。

  秋夜作因怀天台道者
  万事何须问，良时即此时。
  高秋半夜雨，落叶满前池。
  静怕龙神识，贫恐草木欺。
  平生无限事，只有道人知。

郑　巢　郑巢，钱塘（属今杭州）人。生活于中晚唐时期。宣宗大中间（847—860）举进士。姚合为杭州刺史时，郑巢主动献诗游其门馆，得姚合奖重。列名《唐才子传》。有诗集。

  瀑布寺贞上人院
  林疏多暮蝉，师去宿山烟。
  古壁灯熏画，秋琴雨漫弦。
  竹间窥远鹤，岩上取寒泉。
  西岳沙房在，归期更几年。

刘昭禹　刘昭禹，字休明，婺州（今金华）人。约生活于晚唐至后唐间。少师侯官林宽为诗，不惮风雪。入仕后累为县令，后署天策府学士，入南唐为严州刺史。尝游天台山。有《刘昭禹诗集》一卷传于世。

福圣观

鳌海西边地，宵吟景象宽。
云开孤月上，瀑喷一山寒。
人异发常绿，草灵秋不干。
无由此栖息，魂梦在长安。

忆天台山

常记游灵境，道人情不低。
岩房容偃息，天路许相携。
霞散曙峰外，虹生凉瀑西。
何当尘欲了，重去听猿啼。

仙都山留题

林下事无非，尘中竟不知。
白云深拥我，青石合眠谁？
山静捣灵药，夜闲论古诗。
此来亲羽客，何日变枯髭。

曹　松　曹松，字梦征，舒州（今安徽潜山）人。生活于晚唐时期。早年不达，曾依建州刺史李频。昭宗光化四年（901），始与王希羽、刘象、柯崇、郑希颜等同登进士第，时年皆70余，号为"五老榜"。授校书郎、终秘书省正字。诗学贾岛。有诗集行世。

天台瀑布

万仞得名云瀑布，遥看如织挂天台。
休疑宝尺难量度，直恐金刀易剪裁。
喷向林梢成夏雪，倾来石上作春雷。
欲知便是银河水，坠落人间合却回。

卢士衡 卢士衡，唐代诗人，曾攀登天台山，游览灵溪观（即福圣观）和琼台、双阙、桐柏观。

灵溪老松歌

灵溪古观坛西角，千尺鳞皴栋梁朴。
横出一枝戛楼阁，直上一枝扫寥廓。
白石苍苔拥根脚，月明风撼寒光落。
有时风雨晦暝摆，撼若黑龙之腾跃。
合生于象外峰峦，柱滞乎人间山岳。
安得巨灵授请托，拔向青桂白榆边安著。

游灵溪观

云藏宝殿风尘外，粉壁松轩入看初。
话久仙童颜色老，病来玄鹤羽毛疏。
樵翁接引寻红术，道士留连说紫书。
不为壮心降未得，便堪从此玩清虚。

方　干 方干，字雄飞，唐新定（今属淳安）人。唐宣宗大中间举进士不第，殁后，宰相张文蔚以风流文人为由，奏请追赐进士及第。当王龟廉为浙东观察使时，特邀请方干见面。见面时方干误为三拜，人因呼之为"方三拜"。王龟廉以其文才出众，荐之于朝，因途中病卒而不果。方干性喜山水，与方外之士交往密切，曾在桐柏居住了一段时间，写过许多以天台山为题材的诗。如《送水墨项处士归天台》、《入天台》等。其中《琼台》、《石门瀑布》两首较为突出。方干卒后，门人谥曰"玄英先生"。有《玄英先生诗集》传于世。

琼台

积翠千层一径开，遥盘山腹到琼台。
藕花飘落前岩去，桂子流从别洞来。
石上仙坛碍星斗，窗边瀑布走风雷。
纵云孤鹤无留滞，定恐烟萝不放回。

路入天台

路入天台气象新，垂鞭树石罅中行。
雾昏不见西陵岸，风急先闻瀑布声。

石门瀑布

奔顿漱石亦喷苔，此是便随元化来。
长片挂岩轻似练，远声离洞咽于雷。
气侵松桂干枝润，势压烟霞一道开。
直是银河分派落，兼闻碎滴溅天台。

周　朴　周朴，字见素，福州长乐人。生年不详，卒于唐僖宗乾符五年（878）。工为诗，无功名之念。常与诗僧贯休往还。后寄食福州乌石山僧寺。黄巢打下福州后，欲重用周朴，周朴傲慢地予以拒绝，且出语伤人，因而被杀。朴作诗人称"月锻年炼"，往往未及雕琢成篇，早已广播众口。周朴死后，林嵩搜集朴诗百余篇编为二卷。周朴去福州之前曾在桐柏住了一些时日。他非常喜欢这个地方，认为这是神话中的蓬莱仙境，是学道修真的理想处所。

桐柏观

东南一境清心目，有此千峰插翠微。
人在下方冲月上，鹤从高处破烟飞。

岩深水落寒侵骨，门静花开色照衣。

欲识蓬莱今便是，更于何处学忘机。

送梁道士

旧居桐柏观，归去爱闲安。

倒树造新屋，化人修古坛。

晚花霜后落，山雨夜深寒。

应有同溪客，相寻学炼丹。

（四）再度繁荣时期

——北宋　南宋

宋朝一贯崇尚黄老，尊崇理学，主张清静致治，所以道学、道教比较活跃。

赵宋当政者，出于政治上的需要，非常重视对道教的扶持。他们礼待道士，拨款维修道观，校勘整理道藏，促进了道教的发展、繁荣。

宋太祖赵匡胤利用道教的"符命"，为其夺取政权制造舆论。即位以后，为了巩固政权，就制订了儒道佛兼容和对道教的崇奉扶持政策。赵匡胤亲自登门向道士苏澄请教治世养生之术；考核京师道士学业，整顿陋习，提高道士素质。太宗赵光义对道士更加尊崇，频繁召见有成就的知名道士；拨款修建名山宫观；雍熙二年（985），下诏搜集全国道书，《桐柏道藏》也被运往余杭，命徐铉、王禹偁勘校、纂编《大宋天宫道藏》，印行各宫观。真宗赵恒，又把崇道政策向前推进了一步。首先封神仙赵玄朗尊号为"圣祖上灵高道九天司命保生天尊上帝"；其次兴建宫观，在京城建造了宏丽的玉清昭应宫、元符观、景灵宫,并令各府、州、县都要建造天庆观;其三是亲自造作道书;其四是命王钦若、张君房校编《大宋天宫宝藏》,张君房又撮其精要辑成《云笈七签》;其五是厚待天台山张无梦等高道,对他们或赠诗或赐钱物。真宗又在大中祥符元年(1008)改桐柏宫为桐柏观,表示他的关怀。徽宗赵佶即位后崇道的热情更高,自称天神下凡,自命"教主道君皇帝",对天地岳渎仙神加封赐号,规定道士、女冠在僧尼之上,给许多道士以道官道职;还给道士发放俸禄,提倡学习道经,亲自为《道德经》作注,组织编修《道史》、《道典》和《万寿道藏》,大兴道教宫观,给每处宫观拨付香火田。

在北宋的崇道氛围中,天台桐柏也享受到了一份皇恩。政和六年(1116),宋徽宗诏令拨台州皇粮重建桐柏观,恢复景云年间的殿宇。建了三真殿、方丈楼、斋堂、云堂、土地堂。还有六院:经藏院、三元院、延宾院、清虚院、白云院、浴院。根据日常生活需要,还在桐柏陆村前一处落差较大的玉梭溪上建造了一所可以舂米、磨粉的水碓、水磨。接着,又在桐柏西北方月山上为徽宗构建了元命殿,或称本命殿、圣寿院,规模一如汴京宫制,屋脊全用青色琉璃瓦。在观前新置了一座山门,在直南岭头建造了一座宏伟的题额"金庭洞天"的洞门。同时又造了一隐二现的三座横跨玉梭溪的小拱桥,下首一座桥上,还建有结构奇巧檐角翚飞的会仙亭。亭东桥头建有迎仙房。这就是明释传灯《方外志》笔下描述的胜景"九峰迢峣,元宫逍遥,仙凡路隔,渡以三桥"的地方。

宋徽宗对桐柏情有独钟,除拨款修造殿宇外,又拨田1619亩、山1345亩以为该观日常香火与道徒日常生活之需。

宋朝皇帝对于桐柏,可说是恩渥有加。孝宗又加恩准免观田、观山的粮税,还将其勒石立碑于观前路北。两宋皇帝赏赐给桐柏观的御物、珍品很多。太宗赐御制及御书共53件、轴,真宗在祥符中设罗天大醮时赐御衣四袭，高宗赐临摹的汉晋贴、《史汉事实》翰墨及高丽僧统所织经帘二帙。这些恩赐分藏于御书阁、上清阁、经楼等处。

桐柏观经过宋朝历代皇帝的迭次扩建装修后，高道云集，声名鹊起，特别是朝廷经常派太监临三井投龙酬神后，许多王公大臣都纷纷前来设醮请福。据《会稽志》载，绍兴中，秦桧就曾派方士李季携厚礼到桐柏观设醮祈福。

本时期有史为据的主要道士

张无梦 高道刘海蟾与种放的朋友张无梦，曾结庐于琼台修炼。张无梦字灵隐，号鸿濛子，凤翔盩厔（今陕西周至）人。约生于后周广顺前（951），卒于宋皇祐前（1044）。二十岁出家至永嘉开元观为道士，后上华山师事陈抟（即陈希夷），得其真传。与种放、刘海蟾是方外朋友。善行赤松子导引、安期子还丹之法，间以修炼内事。后又南下天台，先居赤城玉京洞，旋又结庐于琼台。居琼台时，将这些经验写成100首韵文，纂编为《还元篇》。大中祥符元年（1008），通过台州通判夏竦（即后日的枢密使、英国公）之手进贡给当朝皇帝。真宗见诗，爱不释手，立即召之进宫，让张给自己讲经，还请问长治久安之策。张无梦答曰："臣野人也，但于山中咏《老子》、《周易》而已，不知其他。"真宗令其讲《易》，张给讲"谦卦"。真宗问道："独说'谦卦'何耶？"答曰："方大有之时，宜守之以谦。"又让其讲《还元篇》，张说："国犹身也，心无为则气和，气和则宝结矣，心有为则气乱，气乱则英华散矣，此还元之大旨也。"两人谈得颇契合。真宗有意留他在汴京，欲拜为著作佐郎，他坚辞不受。让他住到建隆观之翊圣院，可张以方外之士爱清闲为由坚请还山。后赐金帛，不受；赐"处士畅饮先生"

号，亦不受；令台州刺史刘起就地拨付著作郎俸额，仍不受。真宗只好写了一首《送张无梦归天台山》诗相赠：

混元为教含醇精，视之无迹听无声。
唯有达人臻此理，逍遥物外事沉冥。
浮云舒卷绝常势，流水方圆靡定形。
乘兴偶然辞洞户，谈真俄尔谒王庭。
顺风已得闻宗旨，枕石还期适性情。
玉帛簪缨非所重，长歌聊复宠归程。

当时的权臣、韵士王钦若等 31 人赋诗赠别。

张无梦回天台后又在福圣观修炼了十多年（早在赴京朝圣前已在琼台修炼了十几年）。这段时期的逍遥生活，在他的诗作中也略有反映：

桐柏观
桐柏观周匝，千峰累翠螺。
地高阴气少，天近月光多。
三井云霭起，一坛鸾凤过。
谁言子微后，无客登仙科。

福圣观
台山小隐十余秋，曾伴仙翁处处游。
瀑布长流天上雪，翠屏高依洞前楼。
云堆华顶乘飚驭，月满灵溪狎海鸥。
此地重归欣得路，赤城玉府适瀛洲。

琼台观

五云深锁洞门深，蹑屐攀萝特地寻。
烟霞不藏尘外路，神仙遗下水中金。
喜游汗漫华胥宅，重忆崆峒至道心。
不得方平同一醉，红霞零落我樽琴。

后来外出云游名山大川，到过关中、河洛、荆楚。终南山，暂隐于鹤池；再仙游河洛，攀登嵩山；复泛舟荆楚，止于金陵。在离开桐柏时，曾赋诗留别：

天台瀑布落青天，观在天台瀑布边。
道士只今烧药处，仙翁曾是种芝田。
龙归古洞遗残雨，鹤出旧巢点破烟。
暂别灵溪游五岳，不知重到又何年。

最后，羽化于金陵，寿99岁。有《琼台集》行世。

孟玄岳 孟玄岳，法号灵静，人称灵静大师。宋太宗在位年间，孟是桐柏宫的山门都监。台州通判夏竦在他的《重修桐柏道藏记》中也提到："有灵静大师孟玄岳者，始越会稽，济沃洲、赤城，访桐柏，为山门都监。"宋太宗至道元年（995）孟发现藏经殿已破漏，即全力募资重建，功绩不小。

张契真 张契真，字齐一。钱塘（今杭州市）人。据《中国道教》载：张契真，嗜文。擅草隶，善弈。幼从胡法师游赤城，时朱霄外居天台，被度为道士。周世宗显德五年（958）受《正一盟威》、《灵宝法箓》于樊先生。为吴越钱忠懿王所宠信，命总三箓斋事。由是名振江湖。太平兴国中（976—983），宋太宗遣使召入禁中，赐紫衣，命主醮，后又命刊正道书。赐号元静大师。令其选天下戒洁之士同居新建太一宫。宋真宗景德三年（1006）仙逝。

陈景元 张无梦的传人陈景元，字太初，号碧虚子，南城（在今山东费县西南）人。生于宋仁宗天圣三年（1025）。宋庆历二年（1042）师事高邮天庆观道士韩知止。庆历三年试经后度为道士。后云游名山。曾在天台桐柏十数年，所居之处，以道、儒、医书分门别类各为斋馆。服侍他的两个人，一名黄精，一名枸杞，都很勤劳和融。王安石、王珪并与之游。陈善正书，祖述《乐毅论》、《黄庭经》，下及欧阳询《化度寺碑》。在琼台密受无梦秘术，道行远扬。神宗闻其名，召对天章阁，称旨。累迁至左右街副道箓，赐号真人。《道藏》载：年70，沐浴更衣，作韵语云："昔之委和，今之蜕质。非化非生，复吾真宅。"长啸一声，正坐而逝。著有《道德经注》、《老氏藏室纂微》、《庄子注》、《南华真经章句音义》、《高士传》、《大洞经集注》、《西升经集注》、《度人经传》，还有以诗、书、画为主要内容的《碧虚子集》。

毛洞元 桐柏道士毛洞元，吴人。善诗，是石湖范参政范成大的朋友，彼此时有唱和。后隐于莲花峰。

范参政《寄题毛君先生莲花峰庵》诗：

天台一万八千丈，莲花峰在诸峰上。
峰前结屋屋打头，独有幽人自来往。
湖海云游二十春，归来还作住庵人。
漫山苦荚食不尽，绕屋长松为四邻。
丹诀三千满云笈，往来且喜无交涉。
清晨石上一炉香，此时天地皆忻合。
我衰无力供樵苏，尚能相伴暖蒲团。
但愿瘦筇缘未断，会把莲峰分一半。

张伯端 桐柏历史上具有划时代作用的重要人物，除葛玄、司马承祯外，还有张伯端。

张伯端，字平叔，号紫阳，天台人。生于宋太宗雍熙元年（984）。年轻时，先后在石桥山、桐柏山隐读多年。他博学多闻，长期精研儒、释、道三教典籍。他自己在《悟真篇·自序》中说："仆幼亲善道，涉猎三教经书，以至刑法、书算、医卜、战阵、天文、地理、吉凶死生之术，靡不留心详究。"然屡试不第。后"因玩佛书，忽生击竹之感"，于是云游天下。

在云游名山之前，曾担任台州府吏多年。后因坐事被遣戍岭南。宋英宗治平年间（1064－1067），在当地遇上了余杭人镇桂林的龙图阁学士陆诜。陆以乡党情谊同时也因人才需要被引入幕府典机事。不久，陆诜移镇延州，伯端随之同行。宋神宗熙宁二年（1069），陆诜调知成都，张又随之进入四川。据张伯端说："以夙志不回，初诚愈恪，遂感真人，授以金丹药物火候之诀，其言甚简，其要不繁。"这位真人就是当时隐居成都天回寺的吕洞宾传人刘海蟾。故《道藏》也有"九皇降迹于天台，一脉潜通于刘祖"之句。张伯端既得金液还丹秘诀，因更名为"用成"（或作"用诚"）。

是年（1069）陆诜病逝于成都，张伯端即离开成都转徙于秦陇（今陕西、甘肃一带）访真、布道。他认为"仆既遇真诠，安敢隐默"，旋将金丹真诀数传于人。岂料"三传非人，三遭祸患，皆不逾两旬。当年疽生于背"（《悟真篇·后序》）。接着，在凤州（今陕西凤县）触犯当地太守而遭黥刑、流放的处罚。流放途中，被大雪阻于邠州（今陕西彬县）。在邠州酒肆中，幸遇日后成为门下弟子的石泰，经石泰为之缓颊，太守俯允开释。《悟真篇·后序》说："近方进忆先师之所戒云：'异日有与汝脱缰解锁者，当宜授之，馀皆不许。'"张又说："此恩不报，岂人也哉，况昔受记，遂授以丹法易简之语。"这一次倒传得其人，石泰成为后日的南宗五祖之一。

张伯端授石泰以真诀以后，即打道回家，于山清水绿之中悉心修炼。《玉青金笥青华秘文金宝内炼丹诀》中载有这段史事："张子野人，身披百衲，自成都归于故山（按，指天台桐柏山）。"张伯端自"三传非人，三遭祸患"后，意识到"天意秘惜，不许轻传非其人"。同时考虑到"尔后欲（按：将要）解名籍（按：'名籍'，阳间名册），而患此道人之不信（按：'不信'，谓不理解），遂撰此《悟真篇》，叙丹药本末。"宋仁宗熙宁八年（1075）书成。"《悟真篇》中所歌咏大丹、药物、火候细微之旨，无不备悉。好事者傥有仙骨，观之则智虑自明，可以寻文解义，岂须伯端区区之口授耶。如此，乃天之所赐，非伯端之辄传也。"（见《悟真篇·后序》）

《悟真篇》为《道藏》的主要经典之一，被后世尊为丹术至宝、万古丹经王。张伯端四传弟子白玉蟾在宋嘉定年间（1208—1224）创道教金丹派后，《悟真篇》被奉之为道教南宗祖书。

《悟真篇·自序》

嗟夫！人生难得，光景易迁，罔测短修，安逃业报。不自及早省悟，惟只甘分待终，若临歧一念有差，堕三途恶趣，则动经尘劫，无有出期。当此之时，虽悔何及！故老释以性命学开方便门，教人修种以逃生死：释氏以空寂为宗，若顿悟圆通，则直超彼岸，如其习漏未尽，则尚徇于有生；老氏以炼养为真，若得其要枢，则立跻圣位，如其未明本性，则犹滞于幻形。其次《周易》有穷理尽性至命之辞，《鲁语》有毋意必固我之说，此又仲尼极臻乎性命之奥也。然其言之常略而不至于详者何也？盖欲序正人伦，施仁义礼乐之教，故于无为之道未尝显言，但以命术寓诸易象，性法混诸微言耳。至于庄子推穷物累逍遥之性，孟子善养浩然之气，皆切几言之。迨夫汉魏伯阳引易道交媾之体，作《参同契》以明大丹之作用；唐忠国师于语录首叙老庄言，以显至道之本末。如此，岂非教虽分之，道乃归一。

说明人生难得，光阴易逝，要求人们及早修道。而修道主要是修道、佛、儒三家。

奈何后世黄缁之流各自专门，互相非是，致使三家宗要迷没邪歧，不能混一而同归矣！且今人以道门尚于修命，而不知修命之法理出两端：有易遇而难成者，有难遇而易成者。如炼五芽之气，服七曜之光，注想按摩，纳清吐浊，念经持咒，噀水叱符，叩齿集神，休妻绝粒，存神闭息运眉间之思，补脑还精习房中之术，以至服炼金石草木之类，皆易遇而难成者。以上诸法，于修身之道率多灭裂，故施力虽多而求效莫验。若勤心苦志，日夕修持，止可以辟病，免遭非横，一旦不行，则前功渐弃。此乃迁延岁月，事必难成，欲望一得永得，还婴返老，变化飞升，不亦难乎！深可痛伤。盖近世修行之徒，妄有执著，不悟妙法之真，却怨神仙谩语。殊不知成道者皆因炼金丹而得。恐泄天机，遂托数事为名，其中惟闭息一法，如能忘机绝虑，即与二乘坐禅相同。若勤而行之，可以入定出神。奈何精神属阴，宅舍难固，不免长用迁徙之法，既未得金汞返还之道，又岂能回阳换骨，白日而升天哉！

夫炼金液还丹者，则难遇而易成。要须洞晓阴阳，深达造化，方能追二气于黄道，会三性于元宫，攒簇五行，和合四象，龙吟虎啸，夫倡妇随，玉鼎汤煎，金炉火炽，始得玄珠有象，太乙归真。都来片晌工夫，永保无穷逸乐。至若防危虑险，慎于运用抽添，养正持盈，要在守雌抱一。自然复阳生之气，剥阴杀之形。节气既周，脱胎神化，名题仙籍，位号真人，此乃大丈夫功成名遂之时也。

这两段说明三教的大道本来是一致的，而后世却妄作道、释、儒之别。谓修身养命之法，可归结为易遇难成与难遇易成两种。但易遇难成之法是不完整之修法，无法使身体起奇异变化；只有难遇易成的炼金丹术，才能成功快成就大。

今之学者，有取铅汞为二气，指脏腑为五行，分心肾为坎离，以肝肺为龙虎，用神气为子母，执津液为铅汞，不识浮沉，宁分主客？何异认他财为己物，呼别姓为亲儿；又岂知金木相克之幽微，阴阳互用之奥妙。是皆日月失道，铅汞异炉，欲望结成还丹，不亦远乎？

本段为后世学者由于没有掌握内炼的精神实质，因而难以在实践上获得成功。

仆幼亲善道，涉猎三教经书，以至刑法、书算、医卜、战阵、天文、地理、吉凶死生之术，靡不留心详究。唯金丹一法，阅尽群经及诸家歌诗论契，皆云日魂月魄，庚虎甲龙，水银朱砂，白金黑锡，坎男离女，能成金液还丹，终不言真铅真汞是何物色；不说火候法度，温养指归；加以后世迷途恣其臆说，将先圣典教妄行笺注，乖讹万状，不惟紊乱仙经，抑亦惑误后学。仆以至人未遇，口诀难逢，遂至寝食不安，精神疲悴，虽询求遍于海岳，请益尽于贤愚，皆莫能通晓真宗，开照心腑。后至熙宁二年己酉岁，因随龙图陆公入成都，以夙志不回，初诚愈恪，遂感真人授金丹药物、火候之诀，其言甚简，其要不繁，可谓指流知源，语一悟百，雾开日莹，尘尽鉴明，校之丹经，若合符契。因念世之学仙者十有八九，而达真要者未闻一二。仆既遇真诠，安敢隐默，罄所得成律诗九九八十一首，号曰《悟真篇》。内七言四韵一十六首，以表二八之数；

绝句六十四首，按《周易》诸卦；五言一首，以象太乙之奇；续添《西江月》一十二首，以周岁律。其如鼎器尊卑、药物斤两、火候进退、主客后先、存亡有无、吉凶悔吝，悉备其中矣。于本源真觉之性有所未尽，又作为歌颂乐府及杂言等，附之卷末，庶几达本明性之道，尽于此矣。所期同志者览之，则见末而悟本，舍妄以从真。

时皇宋熙宁乙卯岁旦天台张伯端平叔叙。

本段自述探求炼取金丹的曲折经过，及遇真人得到炼金丹的秘诀后，才豁然洞悉，遂罄所得作《悟真篇》以遗后学。

《悟真篇》既成，张伯端就带着这部著作再次云游四方。他曾修炼于金州安康郡瓮儿山石洞（洞在今陕西省汉江南岸悬崖上，有三洞，深各丈许。明武宗正德年间设置"堡"的行政区域时，为纪念紫阳真人，命名为"紫阳堡"。不久，又升紫阳堡为"紫阳县"。紫阳真人住过的三个洞命名为"紫阳洞"，洞下的滩也名之为"紫阳滩"）。后真人又云游至河东，居住在今山西省翼城县唐城坊修炼。（元世祖至元间，当地人民在紫阳修炼处建造了一座紫阳宫以为永远纪念。）时河东转运使马默（马默，宁处厚，宋城武县人。曾任知县、监察御史里行、徐州知府等职）适在翼城，虽然萍水相逢却两相投机，似有酒逢知己千杯少的情味。据陆彦孚《〈悟真篇〉记》载，宋神宗元丰元年（1078），"马默被召，临行，张以《悟真篇》授之，曰：'平生所学尽在是矣，愿公流布此书，当有因书而会意者。'"显然，紫阳真人希望马默能印行《悟真篇》，以利布道。随着马默的离去，真人也于次年南旋归里，修炼于桐柏。

宋神宗元丰五年（1082）三月十五日，在百步岭"以无生留偈而入寂"，终年99岁。后人在百步岭上为他建祠纪念，并在祠上悬挂"紫阳神化处"匾额。明嘉靖四十四年（1565），台州府推官张滂在百步岭修建紫阳庵。清世宗雍正九年（1731），拨款为他修建天台桐柏祖庭。雍正十二年，敕封他为"大慈圆通禅仙紫阳真人"。御笔亲书"敕建崇道观碑"。又命工部主事刘长源负责，在百步地方建紫阳道观一所以示纪念。

张伯端著作丰富，除《悟真篇》外，尚有《玉清金笥青华秘文金宝内炼丹诀》、《金丹四百字》、《禅宗歌颂诗曲杂言》、《石桥歌》、《长生要义》等行世。他是大小周天内丹术的奠基人，被后人尊为道教金丹派南宗祖师。因张伯端的《悟真篇》是产生于桐柏观的，故道教南宗又名道教天台宗，桐柏观因而成为南宗祖庭。又因为张伯端是天台人，故道教紫阳派又称天台仙派。

张伯端的著名弟子有陆师闵、刘永年、翁葆光、马默等，石泰、薛道光、陈楠、白玉蟾一系得其正宗。

附：《张伯端乡贯考》

道教金丹派南宗五祖之首的张伯端，由于他的《悟真篇》是中国道家金丹内炼的集大成核心著作，享有极高的威望，因而日益受到人们的看重与尊崇，介绍张伯端生平事迹的文章也不时见之于报章出版物。就中对其乡贯邑里也出现了部分分歧现象。究其由来，历史久远。现将各家有关资料抄录如下，供各方分析研究。

有关张伯端乡贯的资料，最早出现在张伯端的主要著作、人称"丹经王"的《悟真篇》中。他在该篇"自序"之末是这样签署的："时皇宋熙宁乙卯岁旦天台张伯端平叔叙。"

其次，张伯端在其《石桥歌》中也有所反映："吾家本住石桥北，山镇水关森古木，桥下涧水彻昆仑，山下有泉香馥郁。吾归山内实堪夸，遍地均栽不谢花。山北穴中藏猛虎，出窟哮吼生风霞。山南潭底隐蛟龙，腾云降雨山蒙蒙。"

因为张伯端是道教历史上一位有影响的重要人物，故有关他的乡贯，在地方志书或类书中也常有记载：

陈耆卿《嘉定赤城志·人物》："张用诚，郡人，字平叔。尝入成都，遇真人，得金丹术，归以所得秤成秘诀八十一首，号《悟真篇》。已而仙去。"

翁葆光《悟真篇注疏·序》："夫子尝谓余曰：天台仙翁道成，受命于上帝为紫玄真人。"

《悟真篇注疏·张用成本末》："紫阳真人乃天台璎珞街人。先名伯端，字平叔，后名用成。"

元·赵道一《历世真仙体道通鉴·张用诚传》："张伯端，天台人也。"

释传灯《天台山方外志·神仙》："张伯端，天台人，字平叔。少好学，晚传混元之道而未备。孜孜访问，遍历四方。后游蜀，遇刘海蟾，授以金液还丹火候之诀，乃改名用诚，号紫阳。"

廖用贤《尚友录》："张伯端，天台人，少好学。神宗熙宁间游蜀，遇刘海蟾，授以金液还丹火候之诀，乃改名用成，字平叔，号紫阳……元丰元年夏，趺坐而化，年九十九。"

王圻《续文献通考》："张用诚本名伯端，字平叔，号紫阳。台州人。"

冯甦清·康熙《台州府志》："张用诚，临海人。为府吏。"

纪昀《四库全书·悟真篇注疏·提要》："臣等谨按《悟真篇》注疏三卷，附直指详说一卷，宋张伯端撰，翁葆光注，而戴起宗所重增疏义也。伯端一名用成，字平叔，天台人。"

姚鼐《惜抱轩文集》："副都统朱伦瀚，雍正中由衢州知府擢浙江粮储道布政副使。世宗夜梦道士见而请曰：'吾天台山道士也，来就陛下乞所居地。'帝寤，异之。使闻于浙江吏。吏言：'天台故有桐柏观，今为人侵废，俱为墓矣。'诏还为观，使公董其事。"

王肯堂《仙术秘库》："张紫阳本名伯端，后改名用诚，字平叔，号紫阳山人，天台人。……寿九十九岁，趺坐而化。为道教南宗第一祖，受号'悟真紫阳真人'。"

张联元《天台山全志》载："张伯端，天台人，字平叔。……后世宗之，称为'天台仙派'。年九十九趺坐而化。"

《山西通志·人物传》载："张伯端，天台人……久之，访扶风马处厚于河东，乃以所著《悟真篇》授处厚曰：'平生所学尽在是矣，愿公流布此书，当有因文而会意者。'元丰五年夏尸解而去。……翼城紫阳宫即其修炼处。"

注：张伯端云游九州时，曾在山西翼城县唐城坊住过一些时日。后既成名，当地士大夫就在元至元间，集资为其建造紫阳宫以为纪念。因而《山西通志》就将他收入《人物传》中。

王舟瑶光绪《台州府志》"张伯瑞"条正文："张用诚，本名伯端，字平叔，号紫阳，郡人。尝入成都得金丹术，归以所得秤成秘诀八十一首，号《悟真篇》（《赤城志》）。授扶风马默曰：'平生所学尽在是矣。'（《通志》）后世宗之，称为'天台仙派'。至九十九岁趺坐而化（《方外志》）。"

光绪《台州府志》"张伯端"条"考异"评录："康熙旧志（按指康熙年间编的《台州府志》）与《临海志》等载，用诚为食鱼误婢死，获罪至百步溪西去云云，与《赤城志》诸书异。考《方外志》、《通志》俱不载，则旧志所云系本乡俗传语，或如是，非事实也，故不敢从，惟附记于后。旧志云："用诚临海人，为府吏。在府办事，家送膳至，众戏匿其鱼梁间，用诚疑婢之窃也，归挞之，婢经死。后有虫自梁间下，验之，鱼已腐矣。乃喟然叹曰：积牍盈箱，其类窃鱼事不知凡几。因赋诗云：'刀笔随身四十年，是非非是万千千。一家饱暖千家怨，半世功名百世怨。紫绶金章今已矣，芒鞋竹杖任悠然。有人问我蓬莱路，云在青山月在天。'赋毕，纵火将文卷悉焚之。按律遣戍。先是郡有盐颠，每食盐数十斤，用诚奉之谨。临别，嘱曰："若遇难则呼'祖师'三，即解汝厄。'后械至百步溪，就浴溪中，遂仙去。"

此外《中国道教》："张伯端，天台人。"

《郡斋读书志》："张伯端，天台人。"

《书录题解》："张伯端，天台人。"

《中国人名大辞典》："张伯端，天台人。"

纵观近千年来的史志记载，除了康熙年间的《台州府志》忽然出现"非事实"的"乡俗传语"说张伯端是"临海人"外，大都认为张伯端是天台人，包括张伯端自己的签署，但也有说他是"郡人"或"台州人"的。

要讨论张伯端的乡贯，按理讲，首先应该看看张伯端自己是怎么说的，因为人家唠唠嘈嘈，毕竟都属于齐东野语或宪章文武一类，而他本人的话才是最权威最可信。张伯端在其《悟真篇·自序》是这样明确签署的："时皇宋熙宁乙卯岁旦天台张伯端平叔叙。"在这里，他已向人们明确标示：张伯端是天台人。这是一锤定音一语破的的万古千秋难以更改的铁的信史。

张伯端在其《石桥歌》中，也从侧面告诉人们他家是天台。这里的"石桥"虽然是暗指练功中的百会穴，整首歌辞讲的都是炼丹的事，但作为载体，"石桥"却是天台客观存在的物质地物。据《汉语大辞典》解释："石桥，特指浙江省天台山的名胜石梁。梁连接二山，形似桥，故称。"《石桥歌》也是他自己亲手写下的文字。

或说"以前的台州人有自称天台人的"。但查考史料，北宋时期还没有发现天台县以外的台州人冒籍天台的。

嘉定《赤城志》张伯端是"郡人"。"郡"，是春秋到隋唐时的地方行政区域的名称。郡和县是地方行政的两级组织，郡统县，县统于郡。如光说"郡"，是指郡的办公机关，过去叫郡署。《晋书·阮籍传》："籍乘驴到郡，坏府舍屏障，使内外相望，法令清简，旬日而还。"若说"郡人"，则并非指郡署的人，而是指出生于或入籍于该郡所管辖范围内的人民。如果说"郡城人"或"府城人",则是郡府所在的城里人;如果说"郡治人",则是郡守府署所在的首县人。《赤城志》上说张伯端是"郡人",换作现在的说法就如王圻在《续文献通考》中说张伯端是"台州人"一样。天台辖于台州,当然可以说张伯端是台州人。正如具有中国国籍的炎黄子孙说"我是中国人"一样,没有错;也类似"邑(邑是县的别称)人"即同县人之称。"郡人"不限于居住于郡城的人,道理如同"邑人"不限于居住于县城的人一样。如大理寺少卿、龙图阁待制、宝谟阁直学士宋之瑞,为居住于同县的魏王赵士衍撰写像赞署名就是"邑人宋之瑞拜撰"。宋之瑞家住何处?他是天台县西乡山里宋村人。

《悟真篇注疏》"序"中说张伯端是"天台仙翁","本末"中说张伯端是"天台璎珞街人"。其大前提都是天台人,说得详细点是"天台璎珞街人",不是别处的璎珞街人。当然地名相重是古今普遍的现象。如天台境域刚立县时的县名叫"始平",就与关中始平县重上了名。至于街名相重的就更多了,民国期间到处会碰上"中山"的街路名,解放后到处会碰上"解放"或"劳动"的街路名,就是天台"赤城路"这一名称也不难在别的县市看到。"璎珞"这个内涵丰富而又文雅的地名,更不是某一地所专有。只要随便翻一翻资料就可发现除历史上的天台璎珞街外,如今宁波北仑区大碶地方就有个行政村至今还沿用着叫"璎珞街"的老地名。再说以"街"为名也不一定限于城里,在乡间也随处可见。如黄岩的"岙里街",天台的"埠头街"就不是在县城里。

临海县人冯甦主持编的康熙《台州府志》,说张伯端是"临海人"。如果说这里所指的"临海人"等同于"台州人",那也无可非议,因为"临海"自三国时期的吴至唐,除隋代外都是本地区的郡名。若理解为临海县人,那是不符事实的。同修于清朝的黄岩王舟瑶主持编的光绪《台州府志》就态度鲜明地予以否定。王先生博古通今学富五车著作等身，其编辑态度比较严谨，凡所引据均注明来源出处，倘与前人有不同看法的，则尽可能多方搜集资料充分论证，然后表明自己的态度。他否定康熙《府志》所谓张伯端是"临海人"（作临海县人理解）的说法，也否定了"为府吏"时有关活动的历史，认为"旧志（指冯纂康熙《府志》）所云，系本乡俗传语，或如是，非事实也，故不敢从"。黄岩喻长霖主纂的民国《台州府志》也附和并继承了宋、元、明，包括了《山西通志》、光绪《台州府志》除康熙《台州府志》以外的所有史志的传统观点：张伯端不是临海人而是天台人。这个传统观点也为刚编纂出版的《天台县志》与《临海县志》所接受。

附：石　泰　紫阳真人的传人石泰，又名杏林，字得之，号翠玄子。常州人。当张真人流放途中雪滞邠州（今陕西彬县）杏林驿时，在酒店里石杏林有幸与之不期而遇。两人攀谈起来谈的很投机，有相见恨晚的情意。邠州太守是石泰的朋友，经石泰疏通后，予以开释。后石泰追随紫阳真人亲受金丹大道秘诀。石泰于宋高宗绍兴二十八年（1158）中秋尸解，寿137岁。著有《还元篇》，为道教金丹派南宗第二祖。

附：薛道光　石泰的传人薛道光，陕西鸡足山人。初为僧，法号紫贤，又号毗陵禅师。宋徽宗崇宁中云游郿县，遇石泰，受《还元篇》和口诀真要。著有解释《悟真篇》的《复命篇》和《丹髓歌》。寿114岁。为道教金丹派南宗第三祖。

杨　和　桐柏观高龄道士被人尊为"太师"的杨和，在宋高宗绍兴二十年（1150），积极响应奉祠桐柏观的曹勋重修观宇之举，并与王存中一起出体己钱重修观内三清殿。绍兴三十二年，曹勋再次提举桐柏时，又倡议劝缘重修殿宇，杨和积极配合，倾囊资助。

皇甫坦　皇甫坦，字履道。临淄（今属山东省）人，初隐庐山，宋高宗召之问治身之术，对云："治身犹治天下也。身无为则身安，帝王无为则天下安。"据《方外志要》载："道遇朱桃椎真人，师事之。显仁太后目疾，令人物色得之，目明，甄踊而行。前后四赴召命。宋孝宗隆兴中（1163—1164）来居桐柏。会康寿殿产灵芝，遣两府传宣抚问于天台山，赐沉香二百两。"宋孝宗乾道初（1165）出游武当。

王存中 王存中，桐柏道士。曹勋第一次提举桐柏发动重修殿宇时，他就积极支持，并与杨和两人出资共修三清殿。绍兴三十二年，再次襄助曹勋积极劝募集资。乾道三年（1167）桐柏大兴土木时，又大力协理经营。

祝通元 祝通元，桐柏观道士，专事修炼，著有《修真稿》，秘藏桐柏观。

石庆端 石庆端是桐柏观观门都监。绍兴三十二年，再次提举桐柏观的曹勋，又倡议劝缘修建观宇，观监积极支持，参与谋划，使顺利地完成此一壮举。

彭文昌 据《赤城志》载，彭文昌，天台县彭溪（即今平镇石竹村）人。自年轻时起即好黄老之学。及长，出家于桐柏，专心致志研炼内丹，成就显著，其道行为远近称道。

厉永年 道正厉永年，是桐柏观主持日常观务的观主。自绍兴三十二年开始，前后六七年，在奉祠桐柏观提举曹勋的倡议和主持下，主动与之配合，协同劝缘筹资，纠工修缮，不遗余力。

石葆璋 桐柏观道副石葆璋，积极支持桐柏观提举曹勋再次开展大规模整修与扩建殿宇。从劝缘募捐开始到工程竣工，躬亲操劳，费尽唇舌。特别是负责土木工程中，日与工匠为伍，费心费力，辛勤劳瘁，功绩巨大。

唐知章 宋孝宗乾道三年（1167），桐柏观道士唐知章，倾所有私蓄耗尽心力建藏经殿一所，移储五代时吴越王钱俶所赠金字、银字道经二百函；又在观内种植松柏、绿竹、奇花、异草，美化环境，使桐柏观焕然一新。

陈　楠　薛道光的传人陈泥丸，原名楠，字南木，号翠虚。宋归善县（今广东惠阳）人。尝以盘笼、箍桶为业。受薛道光的《复命篇》和丹诀后，常以泥丸为人治病，人号陈泥丸。宋徽宗政和中（1111—1118）擢道箓院事。曾修炼于桐柏。著有《翠虚篇》。为道教金丹派南宗第四祖。

白玉蟾　陈楠的传人白玉蟾，本名葛长庚，字如晦，号白叟，祖籍福建闽清。祖父执教琼州，遂家琼州（海南岛琼山），因号琼琯。生于宋光宗绍熙五年（1194）。据《紫桃轩又缀》称，长庚因生父早死，母改嫁雷州（今广东海康县）白氏，遂更名白玉蟾，字以阅，又字象甫，号海南翁，又号海琼子、紫清、鹤奴、琼山道人。白玉蟾自幼颖慧，为一代才子，十二岁举童子科（秀才）。擅长诗赋、书画（草、篆、隶兼长，草书如龙蛇飞舞；尤妙梅竹），挥洒文墨信笔而成。喜欢酒。性豪放，常拔刀削不平。后改穿道装，浪荡江湖寻师访道。多次来桐柏访紫阳传人。终于在罗浮山遇到紫阳三传弟子翠虚道人陈楠，从学九年，受《翠虚篇》和内丹道法及神霄雷法。

他初到天台时，看仙家美景如画，写下《华阳吟·天台》和《水龙吟》词：

华阳吟·天台

白云和我到天台，眼入青山障豁开。

到彼山中还又起，空令到处夜猿哀。

水龙吟

层峦叠嶂浮空，断崖直下分三井。苍苔古路，鹿鸣芝涧，猿号松岭。露浥凤箫，烟迷枸杞，深翠□冷，笑携筇一到，登高眺望，是多少，仙家景。

长令青春易老，尚区区，枯蓬断梗。人间天上，喟然俯仰，只身孤影。世事空花，春心泥絮，此回还有，向琼台双阙，结间茅屋，坐千峰顶。

在这首词里，他明白地表示要住下来修炼。结果卜庵于桐柏云盖峰方瀛山。他又写了一首《方瀛山居》诗：

> 方瀛山上风飕飕，五月六月常如秋。
> 松花落地鹤飞去，万顷白云空翠浮。
> 夜半蟾蜍落丹井，琪林深锁寒烟瞑。
> 满天白鹭点苍苔，蛙市一散万籁静。
> 三树两树啼断猿，树冷栖禽夜不眠。
> 数点飞萤恋沙径，山腰石润悲寒泉。
> 钟声隔断华胥路，不知蝴蝶飞何处？
> 摩挲两眼折纸衾，人道今辰正端午。
> 晓雨初霁梅子肥，龙孙脱箨新燕飞。
> 山居萧然无一物，摘韭捣麦充晨炊。
> 忆昔往年五月四，葛巾羽扇鸾溪市。
> 龙艘破浪桨万支，钲鼓聒天旗掣水。
> 纸钱飞起屈原祠，行人往来如蚁移。
> 桐花入鬓彩系臂，家家御疫折桃枝。
> 庭前缚艾制绿虎，细切菖蒲斟绿醑。
> 羹牲脍鲤办华筵，冷浸水团包角黍。
> 今年寂寞坐空山，山雨山风生晓寒。
> 默庵令我休意气，作诗略述山居意。

安得两腋生飞翰，与君飞上泬寥间，
免使在世赋辛酸！

他时常往来于桐柏、桃源、石桥之间采药赋诗，修道说法。他迷恋天台胜景，作长篇《天台山赋》，全面颂扬天台的神仙景象：

天台之山，神仙景象。周迴八百余里，高耸万八千丈。实金庭之洞天，乃玉京（按指皇城）之福壤。霓裳羽节之隐显有无，天箫云璈之清虚嘹亮。赤乌吴王之修崇，景云睿宗之兴创。琳宫蕊殿而壮丽千载，烟峤松崖而瑰奇万状。云随羽客，在琼台双阙之间；鹤唳芝田，正桐柏灵墟之上。丹元真人之身居赤城，左极仙翁而坐断翠屏。众妙台空而旷古陈迹，法轮院在而何年授经？藤萝茑蔓而夜月照白，蒿荞荆榛而晓烟锁青。势吞吴越而峻极紫霄，见彼柳使君之什；地接蓬莱而濒临沧海，形于韩择木之铭。千丈瀑布而上跨石桥，万顷云华而横书佛陇。三井龙蟠而水激石吼，九峰虎啸而风生树壅。紫桧封丹兮老干不死，碧泉漱玉兮飞流自涌。玄屿苍武之怪石天成，黄精白术之灵苗仙种。刳苔别莓而寻访仙迹，斩竹缚茅而逃其俗冗。昭庆院、法轮院，云间之鸡犬相闻；元明宫、洞天宫，烟深之楼台争耸。知天开地辟之久矣，信神刊鬼划之奇哉。万顷碧琉璃之水，千层青翡翠之崖。风响笙响而子晋何在？花香水香而刘郎不归。月洞风林之野鹤夜唳，云溪月陇之山猿晓哀。幽鸟一声兮花落青涧，飞萤数点兮露沾苍台。丹霞华顶之峰，援天峻极；紫雾锁方瀛之路，峭壁崔嵬。椿庭桂殿之金磬鼓风，竹院松斋之玉琴弄月。翠槛丹楹兮云梁藻棁，碧眼含髯兮星冠羽褐。丹炉灰冷而久已不火，仙蜕坛高而知谁换骨。金尔玉醴兮泉冽石髓，琼树琪琳兮花开春雪。灵峰古寺之或显灵异，古德圣僧之相传衣钵。寒山、拾得兴国清之伽蓝，智𫖮、普明起定光之法窟。释子耘药，仙翁种茶。

春纫素兰而秋摘黄菊,晓吸元露而暮餐赤霞;倚松长啸而落月悲鹤,采芝归来而斜阳噪鸦。唐有甘泉而坐此翠石,汉有高察而隐于白沙。冯云翼于岭头,种玉莲而结子;徐默希于岩顶,栽铁树以开花。文章不疗山水癖,身心每被山水缚。蹑芒蹻而杖苍柯,被麻蓑而戴青箬。携黄庭而归冲嚣之庵,吟洞章而登凌虚之阁。野鸟鸣嘤嘤,山花开灼灼。玉霄峰上水鸣咽,华琳峰前云寂寞。烟驾浮空天渺渺,空翠舞箫韶云轩。入洞风冷冷,洞门无锁钥。登翠微而望香琳,陟紫霄而顾玉泉。仙花灵草而苍翠无边,千岩万壑而森罗目前。吟李白天台之诗,赓张籍天台之篇。尘襟俗垢俱洗尽,两袂飘飘身欲仙。我欲驾青龙而呼白鹤,乘风飞去瀛洲之外方丈之巅。

他的《桐柏观》诗也反映出他对仙山生活的热爱:

桐柏山头避俗嚣,篇章斗酒自逍遥。
九峰野草迷丹灶,三井飞泉喷石桥。
万顷白云蒸绿野,一声黄鹤唳青霄。
人言华顶高高处,东望蓬莱浸海潮。

他的《咏捣药禽》更表达其对仙境的陶醉:

灵禽悲噪白云边,人在台山古洞天。
点破春愁三月暮,唤回晓梦五更前。
有如捣药当当响,非杵非舂自戛然。
毛羽也知仙可学,声声要结炼丹缘。

他高隐方瀛山居时,对当时当地的恬淡生活非常满意,曾在山居壁上题了一首《淡月》诗:

>　　淡月笼苍松，清流蘸修竹。
>　　水深蟾不没，长伴道人宿。

宋宁宗嘉定七年（1214），收彭耜为传人。嘉定十一年，被征召赴阙，应对称旨。命馆安奉太乙十神帝像的孤山西太乙宫。两次（一在洪州玉隆宫，一在通山县九宫山瑞庆宫）为国升坐，主持所谓国醮的朝廷祭祀大典。后不辞而别，还山修炼。在天台修炼期间，亲传道法于玄明宫道士张云友。但不久又外出远游。当最后辞别祖庭时，他吟诗表示心迹：

>　　身落天台古洞天，蒲团未暖又飘然。
>　　如何庵不琼瑶地，想是吾非桐柏仙。
>　　无复得餐三井水，未曾深结九峰缘。
>　　杖头挑月下山去，空使寒猿啸晚烟。

宋宁宗嘉定年间首创金丹南宗教团，尊《悟真篇》为祖经。《续文献通考》与《九江府志》说他在宁宗嘉定癸未冬（1223）尸解于海丰县，解化后赐号"养素真人"。也有人说他卒于元世祖至元二十六年（1289）的。众说纷纭，莫衷一是。《神仙通鉴》谓：羽化后宋朝皇帝封他为"紫清明道真人"。《金盖心灯·道谱源流》中称他为"道宗"中的"白紫清真人"。

白玉蟾著有《海琼》、《上清》、《玉隆》、《武夷》诸集。后世尊其为道教金丹派南宗第五祖。

张云友　张云友，元明宫道士，天台人。白玉蟾以其有仙风道骨，劝往琼台卓庵。张从此师事白玉蟾，终于得其道要。

王茂端　宋代的高寿道士中，许多不光修自身而且惠及别人，宋代天台道士王茂端，亦名灵宝，就是其中一个，王茂端行上清大洞法，通真达灵，事验甚著，因而人呼为"灵宝"。王灵宝的医术很高明，名气远扬到了北宋都城。宣和间（1119—1126）宋徽宗的母亲生起大病，太医束手无策，诏请灵宝北上汴京。灵宝一诊，手到病除。太后、徽宗感恩图报，要给他封官，他不要；要送他金银，他不受。后来赐游御花园，他同意了。在游园中他看见地上丢着两只质如白玉、体色温润、扣之铿然、雕刻奇古的石像，仔细一瞧，每尊像的背后各镌有二寸大小古篆"伯夷、叔齐"字样（阮文达《两浙金石志》说"按其笔法，不类宋人，当是唐人书。"孙星衍《寰宇访碑录》，也说它字刻于唐）。他俯身抚摸着石像无限感慨地叹道："千古贤人，置此不亦亵乎？"认为这是大不敬，遂请求徽宗同意，花了九牛二虎之力，迢迢几千里搬到天台来。先是绍兴十一年（1141）在桐柏岭下福圣观旁边建祠奉祀。据《众真记》载："二子死为九天仆射，治桐柏。"匾额为"九天仆射祠"。明嘉靖三十六年邑令钟钮重修桐柏宫时，福圣观并入桐柏宫，移置二石像于桐柏宫中门内。穆宗隆庆五年（1571）邑令方惟一又移祀于桐柏观右侧墙外，更名为清风祠。隆庆六年五月，台州刺史张廷臣《移祀夷齐像记》树碑于内。

王茂瑞高寿百余，始终清健不衰。所著《灵宝教法秘箓》十卷，留藏于桐柏观。

王契真 王契真系王茂瑞胞弟，亦天台道士。行"四十九品灵宝法"，人呼"小灵宝"。著有《上清灵宝大法》。

徐自明 宋代的桐柏道士中，青史有名的尚有徐自明等。徐自明，字诚甫，号慥堂。宋永嘉（今浙江省温州）人。尝官大常博士，终零陵郡守。纂有《宋宰辅编年录》。入道后在桐柏山建熙宁道院修炼。

邝守宁 邝守宁，本内侍省内侍，宋孝宗乾道四年（1168），弃官到桐柏山入道，居住在原创建于唐大中元年（847）的白云庵

（后汉朱霄外在白云庵基址建造栖霞官，后又复名白云庵）里。不久，邝守宁把白云庵更名为白云昌寿观。

桐柏观提举

　　南宋当政者为了表示对道教的推崇和关怀，也为了表示对某些卸任官员精神上的些微安慰，常让这些官员在道观挂个祠职虚衔，借以领点俸禄。此类祠职，光桐柏观先后就有王庭秀、曾几、曹勋、张邵、汪应辰、陆游、朱熹、赵师渊、朱松、李友直、孟嵩、赵诱之等23人之多。不过其中也有少数人却确确实实到过桐柏观或脚踏实地躬亲到观视事的，他们是曾几、曹勋、陆游、朱熹和赵师渊等。

　　曾　几　曾几，字志甫（一作吉甫），自号茶山居士。河南洛阳人。生于宋神宗元丰七年（1084），卒于孝宗乾道二年（1166）。入太学有声，特命试吏部，考官异其文，置优等，赐上舍出身。擢国子正，除校书郎。高宗时，历为江西、浙西提刑。会兄曾开与秦桧力争和议，几亦为秦桧所罢。两次遥领桐柏观提举。及桧死，起为浙西提刑。绍兴二十六年（1156）至二十七年任台州知府。后命权礼部侍郎，屡请老，乃迁通奉大夫致仕。卒，谥文清。著有《茶山集》。曾几是大诗人陆游的老师。

　　曾几曾两次提举桐柏崇道观，又担任过台州知府，因此对台州、天台，特别是桐柏仙境，怀有特殊的感情。反映他在桐柏活动的大部诗篇已经散失，仅保留在《茶山集》中的《初至天台》和《登玉霄亭》两首诗。

初至天台
畴昔所欣慕，天台冠坤灵。
兴公妙摩写，灿若披图经。
自怜缨世网，仰愧徒冥冥。

凤契谅非浅，半生吏金庭。
成此一段奇，得按东吴刑。
又剖临海竹，相象山围屏。
稍稍向铃阁，行行叩禅扃。
一丘与一壑，所见皆所聆。
石梁卧剑戟，布水驱雷霆。
五百大开士，神光閟林坰。
于我定不薄，是事初无形。
寒岩三隐者，在眼谁能青。
庶几同丘守，胸次明渭泾。
向来耳闻耳，斗讼终朝听。
净写俗尘状，数上参云亭。

（注："凤契"两句，谓曾几与仙山有缘，过去主领过桐柏金庭。）

登玉霄亭

老荷君恩付赤城，瘦筇扶上玉霄亭。
悬知地接溟溟海，坐见天横两两星。
作赋兴公虚想像，谪官司户实飘零。
衰翁何幸分符竹，一览东吴未了情。

曹 勋 曹勋，字公显，阳翟（今河南禹县）人。生年不详，卒于宋孝宗乾道九年（1173）。恩补承信郎，特命赴廷试，赐进士甲科。靖康初（1126），除武义大夫。从徽宗北迁，过河逾旬，徽宗书旨意于御衣领，命勋间行南归付康王。高宗建炎初（1127）至南京，以御衣进，建议募死士航海入金，救出徽宗浮海归。执政难之，放任曹勋于地方，九年不予升迁。绍兴五年（1135），除江西兵马副都督，后转保信军承宣使。绍兴十五年付闲，受命提举天台桐柏观。他上桐柏山后，在观左后方为自己建造了一所别墅以为长住打算。高宗得悉，书赐"冲嵩"两字，曹勋就将这所别墅命名为冲嵩庵。他看看桐柏的环境很好，是一处天造地设的金庭洞天，非常可爱。只可惜徽宗以来失修多年，山门也已经倾侧欲颓，遂在绍兴二十年捐资修缮。隔了两年，杨和、王存中亦出体己修建三清殿。绍兴二十九年，曹勋改任昭信君节度使，领命出使金国。绍兴三十年，又提举桐柏宫祠职。重上桐柏后的曹勋，目睹有的殿宇亟须重修，有的神像也已斑驳，就再商同观门都监石庆端、道正厉永年、道副石葆璋发动劝缘修建。曹勋率先捐助他自己的当年俸钱。孝宗隆兴元年（1163），曹勋晋级太尉，提举皇城司开府仪同三司后离开桐柏。

在曹勋行将离职前夕，又倡导重新殿宇，得杨和、王存中鼎力资助。于是桐柏住持在孝宗乾道三年（1167）鸠工扩大殿基，增高殿宇，将徽宗时建造的六院给以维修或扩建，对三清殿又进行了一番改造。在三清殿前，新建经楼、钟楼各一座，殿后再新建藏书阁、御书阁、三官殿。将斋堂扩大到可容纳千人同时就膳的规模。然后对门、窗、柱、栋一律涂漆髹彩，对神像也重新敷贴描绘。（道士唐知章倾私囊建殿，奉储钱王手写金银字道经。）观内外种植竹木绿化环境。此次劝募连同修建前后时间六七年，费银上万。为保持宫观清静便于修真，撤去借住在院内的所有俗家客。乾道年间的重修与扩建，参与或襄助的人不计其数，其中主管土木之劳的石葆璋所花的心血最大，诚可谓到了刳心沥胆毕力从事的程度。乾道四年清明日，曹开府亲自为撰《重修桐柏观记》。文曰：

天台山之右曰桐柏。自城距洞门几十里始至。其上重复奥区，别为室所；四山如城郭，不假除治；云笋壁立，天造地设；中则葛仙翁炼丹之居。至唐司马子微，大营宫宇，设虚皇像以安羽流。玉霄峰直其东，琼台峙其西，灵府方瀛奠其北；中有瀑水，飞流喷沫，势若万马奔而南下。四时岩谷，垂若天绅，居人行客弥望不及。故《真诰》谓：越之桐柏，实金庭洞天，养真之福境，上真主领，以会群仙。固非寻常山川，惟龙蛇所处。是以高接上汉，深隐云扉，控引天地，错综今古，包括形势，不与外尘相关，苟非栖神养素之士，则不能少留烟霞间。仆比丐闲，税鞍逾月，都忘俗驾。因见屋宇越五代，至今无不损敝，而像设蒙漏，往往渝剥，欲力为劝缘营建。时观门都监石庆端、道正厉永年、道副石葆璋皆捧手相勉，诚山门不世之幸。独葆璋愿竭力任土木之役，罔敢懈怠。于是六七年中，专以观事求在位者，得太师和王、杨公并其子敷文阁待制契洎仆悉出俸钱。扩殿廊基，各增阔丈余，创为高广，显辟修廊。又摹古石本，绘《度人经》像于壁；改造三清正殿，及命工妆彩栋宇，俾之轮奂；其像失天人之容者，则易塑睟穆，增旧金翠，以至立三官殿；移斋堂为钜甍，可容千众；并敞东西两客馆，以待过宾；撤去外户，如中都、上清之制；宏启山门，塑龙虎君，率极雄概；展立灵星门，以拱眈眈之势。觉青崖丹壑，松竹幽积，隐居道师，悉蕴和气。道士唐知章，以钱氏手写金银字道经，出私钱建藏经殿。由是内外堂宇皆备。良材坚甓文石五金之用，自重山而下，扛木累土于上，及诸彩绘等，约费千万。崇厦屹巍，翘鸱相直，如出于浮空紫翠之中，粲然一新，真九清仙圣之攸居，万灵威神之所御。岩岩翼翼，翚飞宏跃，化成中天，来居来游者，皆道念超胜，殆若灵仙飞化，无不怀凌虚静一之志。遂可日与道众升殿，香火仰祝天子万寿，为阅世无穷之道场，岂不休哉。故一山净友，观感而化，以胜增善；平日慵堕嗜食之徒，皆磨砻淬砺，期合于真。游咏道德，率皆修整，得慈俭三宝之益；问其教，则精勤持诵，皆不逾矩；入于堂，则戒腊有序，无相夺伦；与之语，则气貌清洁，渐入仙宗。其于荷负至要，随时乐道，可以副紫阳新宫之文，而山卿其可无辞以言其详也？仆晚暮之景，得相与成兹胜事，因为原本极始，叙得人任职，比旧修创增易之难，刻于坚珉，以示将来。葆璋常曰："刳心沥胆，毋忘于兴造有日矣，然未遇知音。果上真垂怜，助此功也。"或者以桐柏在浙东最号名观。扶晨晖，霄缑山降九龙之驾；辟辛非素，景首阳策三公之卫。至朝廷，则钜公显人，每为均逸提领之所。又闽广湖湘，多取便道，车马游访，项背相属。宾从栖止，视余处为尤烦，讵可隘陋，徒示虚无。且复吾教，惟言清净淡泊，非有死生祸福，为警世资取之方。独有际遇贤智，心规亮清，始方求建。易兴作觊，接续真境，弗坠厥绩，所以倍难以成也。噫！不避众人之谤，不虚一日之供，躬役土木，载新静域，能毕力而不惮者，葆璋是已。岂不贤于坐视以待其废隳哉！后之继者，倘不忘前人之功，俾道众晨夕瞻礼，安于寝息而保希夷之乐，亦始事者之幸，必不获谴于洞天福地矣。尚监于兹，仆停鞍方外，野鹤闲云，萝月松风，放意身世，寄言芜类，且劝方来耳。其诸梗概，览者尚有得于斯文。

昭信军节度使太尉曹勋撰
大宋乾道四年戊子清明日立

桐柏观经过宋徽宗、曹大尉等几次大修建后，其规模巧制之宏丽，其穹楼杰阁之高下，其云窗雾牖之玲珑，与其隐约于乔木翠霭中之飞檐流丹，都是空前的，真是天上宫阙，人间仙家。

曹勋暮年归隐天台，在县北城外20步太坊（这里的"城"指明代以前的老城）建有住宅，又在今二里处地方建有松隐园。淳熙元年（1174）卒，赠少保。子女遵嘱，舆葬天台东林之原。其留天台之后裔，居住于西乡鹧鸪山麓。曹勋著有《松隐文集》、《北狩见闻录》行世。

陆　游　陆游，字务观，号放翁。越州山阴（今绍兴）人。生于宋徽宗宣和七年（1125），卒于宁宗嘉定三年（1210）。年12能诗文，荫补登仕郎。高宗绍兴年间，试礼部名列第一，为秦桧所嫉。桧死，始为宁德主簿。孝宗朝除枢编修。后知夔、严二州。后以宝章阁待制致仕。颇有勇力，曾搏猛虎于雪中。

陆游是南宋诗人魁首。他很爱天台的山水，向往人间仙宫桐柏观；又因姐夫桑承议客居天台的关系，早于高宗绍兴十八年（1148）他23岁时，就来天台桐柏玉霄峰洞天宫隐居。相传他在桐柏东峁地方手植楮树一株，至今仍然生机勃勃。在一年的隐居期间，主要是精读内外《黄庭》、大小《止观》和研究《周易》，得闲学习一些中医医理方便群众。往往"每常携长镵，采药玉霄峰。"（宋高宗绍兴二十二年〈1152〉他的长兄陆淞来知天台县事，陆游又增加了与天台的一层关系。）宋孝宗淳熙三年（1176），在解除嘉州知州时，朝廷让其在四川遥领天台桐柏崇道观提举虚职。他在《蒙恩奉祠桐柏》中有"罪大初闻收郡印，恩宽俄许领家山"诗句。这里的"家山"指的就是天台山。第二年，他曾以七品朝散郎身份巡察四川邛州白鹤山天台院。写过《玉霄阁》的七言绝句诗：

竹舆冲雨到天台，绿树荫中小阁开。
榜作玉霄君会否？要知散吏案行来。

（诗中"天台"指邛州天台院）

自注："天台院有小阁，下临官道，予为名曰'玉霄'。"怕人家误会，又自注："余所领崇道观，盖在天台山上玉霄峰下。"说明他之所以将邛州天台院榜作"玉霄"，是为了表示他对天台桐柏山上玉霄峰的浓厚情怀与深切眷念。

宋孝宗淳熙五年（1178），陆游实地到桐柏主持观务。他对桐柏情有独钟，在别离桐柏之后，常常提到这段充满诗意的生活。他在《月夕》中唱道：

>我昔隐天台，夜半游句曲。
>弄月过垂虹，万顷一片玉。
>烟艇起菱唱，水风吹钓丝。
>更欲小徙倚，恐失初平期。

他一直怀念着天台这块仙境，他在《书怀》中反映了他的这种心态：

>不到天台三十年，草庵犹记宿云边。
>老僧晓出松门去，手挈军持取涧泉。

及至垂暮之年，仍对此念念不忘："但愿此身无病，天台剡县闲游。"

著有《剑南诗稿》、《渭南文集》、《老学庵笔记》等。

朱 熹 朱熹，字元晦，一字仲晦，号晦庵，别号考亭、紫阳。祖籍徽州婺源（今属江西）。生于宋高宗建炎四年（1130），卒于宁宗庆元六年（1200）。19岁登绍兴进士。累官转运副使，焕章阁待制，秘阁修撰，终宝文阁待制。卒后追谥文。又赠太师，封信国公，改徽国公。他是我国著名的哲学家、教育家。他很爱国，主张有准备的抗金。他注释各主要经学、史学、文学、乐律、自然科学典籍，贡献很大。在哲学上，集理学之大成，建立了完整的客观唯心主义理学体系。他从事教育五十八年，他的博览和精密分析的学风，对后世影响很大。朱熹曾多次来到天台，多次提举桐柏崇道观。据史书记载，朱熹外示儒术，内慕道法。讲学武夷山时，曾几次向白玉蟾拜求丹道，但未如愿。宋孝宗乾道九年（1173），帝曰："熹安贫乐道，廉退可嘉，命主管台州崇道观。"他非常高兴地来到天台上了桐柏，也做了一些实事。淳熙八年（1181），他改任"浙东常平茶盐"。在巡行台州时，见该地区连年遭灾，人民生活极度困难，且官税负担特重，就向皇帝上《奏台州免纳绢状》、《按唐仲友状》，说"台州丁钱最重，下户尤以为苦"。说天台等县"频年灾伤，民力凋敝"，而台州知州唐仲友只管拼命追责天台县令赵公植催逼下民，致使部分百姓"流移其地"，请皇上转致台州知府"宽限催税"。这些奏疏，都得到孝宗的照准，使本地百姓从中得到了不少好处。淳熙十年，朱因与左丞相王淮等在对待道学等问题上意见不合，被迫辞官，请求孝宗同意，再次提举桐柏崇道观。宁宗嘉定年间（1208—1224），朱熹任司农太常丞时，又因与当政者意见相左而上疏要求外调主管桐柏崇道观。时崇道之心益重，曾自号崆峒道士，竭力研究《参同契》，但收效甚微。朱熹在天台时间长达六七年，几乎走遍了天台山的所有景区；也与天台不少贤达有密切交往，与徐竹溪的岭上对诗、长谈达旦，留下了美丽的佳话。他在天台时收了潘时举等许多后日学有成就的学生。还利用这段时间，与门人赵师渊合作，编撰了经史名著《资治通鉴纲目》。朱熹在天台讲学、交朋友，对天台的好学文风影响深远。他的著作等身，有60部430卷，主要有《四书章句集注》、《周易本义》、《诗集传》、《楚辞集注》等。

赵师渊　赵师渊，字几道，号讷斋，黄岩人。据推测，生于宋高宗绍兴二十年（1150），卒于宁宗嘉定三年（1210）。是宋太祖赵匡胤的第二个儿子燕王德昭的八世孙。乾道八年（1172）进士。历任衢南、剑南、宁海军推官。绍熙五年（1194），经右丞相赵汝愚举荐任职事官。次年，汝愚为皇帝身边的枢密都承旨韩侂冑中伤被贬，师渊因而亦被罢官，赋闲在家十余年。淳熙元年（1174），当时正提举桐柏观的理学大师朱熹应邀去黄岩樊川书院讲学，师渊亦去听讲。朱很器重赵，遂协作编纂以目叙事的《资治通鉴纲目》。《纲目》中的序与提要为朱夫子所写，凡例是两人共同商定的，59

卷纲目分注，全为赵师渊所写。师渊后出任温州通判、太常簿、司农太常丞等职。后在肃皇后安葬山陵上与当权者意见相左而上疏请调为提举天台崇道观。曾在观内住了一些时日，不久病卒。

本时期留下诗文的莅山名士

被人们目为"金庭洞天"之福庭的桐柏，向为文人墨客达官显宦所向往，更是本处地方官探幽览胜享受山水之乐的去处。

李　昉　李昉字明远，深州饶阳（今河北省饶阳）人。生于后唐庄宗同光三年（925），卒于宋太宗至道二年（996）以集贤殿直学士养父超荫补斋郎，选授太子校书。后汉乾祐间（948—950），举进士，为秘书郎、右拾遗、集贤殿修撰。入后周，为主客员外郎、集贤殿直学士、翰林学士。宋初为中书舍人，后为衡州知府，三入翰林。太宗朝，拜户部侍郎、工部尚书、参知政事、平章事。性和厚，好接宾客。居中书日，有求进用者，虽知其材可取，必正色拒之，已而擢用。或遇才德不称者，必和颜温语待之。卒谥文正。主编《太平御览》、《太平广记》、《文苑英华》等书。

桐柏观

子晋栖霞境，高高出世埃。
直疑天上去，归认下云来。
银汉星辰近，金庭洞府开。
迟明欲回首，更上降真台。

孙　何　孙何，字汉公，蔡州汝阳（今河南汝县）人。生于宋太祖建隆二年（961），卒于真宗景德元年（1004）。孙何很聪敏，十岁识音韵，十五岁能属文。为文必本经义，与丁谓齐名，王禹偁尤雅重之。淳化三年（992）举进士甲科。通判陈州，累迁右司谏、两浙转运使。景德初，判太常礼院，命知制诰。卒于官。著有《孙何文集》。

桐柏观

玉坛三级接秋空，此是仙家第几重。
羽客有时来驾鹤，皇家无岁不投龙。
微吟海月生岩桂，长啸天风起涧松。
司马先生何处去，篆碑犹有白云封。

夏竦 夏竦，字子乔，德安（今湖北安陆）人。生于宋太宗雍熙元年（984），卒于仁宗皇佑二年（1050）。太平兴国初（976），上《平晋策》，补右侍。后由贤良方正，历任太宗至仁宗朝，累官枢密使，封英国公，卒谥文庄。夏竦在宋真宗大中祥符元年（1008）任台州通判。他可算得上一位称职的通判，有业绩。任上，常到天台山来游览，在僧道中交结了许多朋友，与结庐于琼台的道士张无梦尤为密切。他对桐柏山颇有感情，支持道士重修《道藏》，为撰《重修桐柏道藏记》。还在那边题写了许多诗句。

重修桐柏道藏记

唐景云中，天子为司马承祯置观桐柏，界琼台、三井之间。五代相竞，中原多事，吴越忠懿王得为道士朱霄外新之。遂筑室于上清阁西北，藏金录字经二百函，勤其事也。国家有成命之二十载，削平天下，列为郡县，舳舻千里，东暨于海。有灵静大师孟玄岳者，始越会稽。济沃洲、赤城、访桐柏，为山门都监。冲一大师稽常一等请掌斯藏。至雍熙二年，有诏悉索是经付余杭。传本既毕，运使谏议大夫雷公德祥命舟载以还。从师请也。又十载，藏室几坏，虞于风雨，师慕台、越右族，并率己钱，共二十万，召工治材，更腐替朽，丹漆黝垩，皆逾旧制。又十三载，会国家获瑞，命于承天门建封禅之议，有诏改赐观额为崇道。越明年，天子感三篇之事，筑玉清昭应宫于京师。制诏天下，访道士之有名行及仙经之有尤异者，郡籍师等名驰驿上之。师治装俟命，且有请于我，愿纪藏室之实以勒于石。我以为太虚无著，况之曰：道生二仪而不有，长万物而不知，惟圣与神，其殆庶几乎！故老氏五千言，清净简易而不泥，后世其教神而明之。于是汇编秘牒。金简玉册有太上正一品炼形飞步之术、熊鸟赤白丹石图箓之法。总而谓之经，聚之于室曰藏。钱氏之建也，信重矣。金篆银隶，以取其贵。孟师之守也不懈矣。二十八载于兹，而栋宇更丽，编简不脱。若夫观夫斯，悟于斯，出处语默而不失其中，不亦达者乎！于戏！后之嗣孟师者，为我爱之，而观者择其正焉。

大中祥符三岁阉茂建寅月记。

桐柏观

鸟道寒藤结，洞门苍藓深。
楼台在山半，松桧出寒心。
土软春长在，峰高月易沉。
羽衣祠太乙，香冷石坛阴。

琼台双阙铭

琼台峨嶭，左右如阙。直上相等，萝交蔓结。启闭云气，出入日月。千流若线，群峰如屑。凌霄压海，吞吴跨越。

三井铭

石罅山半，三井如凿。圆不可窥，深不可度。乱涧四入，飞流外落。堕石不盈,骄阳不涸。冷激松桧,碧混崖崿。山灵所卫,神物攸托。箫鼓一鸣,雷雨间作。

苏　轼　苏轼,字子瞻,号东坡居士。眉州眉山(属今四川省)人。生于宋仁宗景佑四年(1037),卒于徽宗建中靖国元年(1101)。嘉祐二年(1057)试礼部,欧阳修为擢置第二。对策入三等。签书凤翔府判官,召直史馆。熙宁中因与王安石政见不合,请调通判杭州,再徙湖州。又被安置黄州(今湖北黄冈)。苏轼遂筑室于东坡,自号"东坡居士"。元佑中,累官翰林学士兼侍读。旋以龙图阁学士知杭州。在任筑西湖长堤,为民称颂。召为翰林承旨。历端明殿翰林侍读两学士。出知惠州。绍圣中累贬琼州别驾。赦还,提举玉局观。复朝奉郎。后卒于常州。谥文忠。苏轼诗文书画均极佳,对传统医学、内功均有研究。有《东坡全集》、《易传》等行世。

水龙吟

　　古来云海茫茫,蓬山绛阙知何处。人间自有,赤城居士,龙蟠凤舞;清静无为,坐忘遗照,八篇奇语。向玉霄东望,蓬莱晻霭,有云驾,骖风驭。

　　行尽九州四海,笑纷纷,落花飞絮。临江一见,谪仙风采,无言心许。八表神游,浩然相对,酒酣箕踞。待垂天赋就,骑鲸路稳,约相将去。

章得象　章得象,字希言,浦城(今属福建省)人。登宋真宗咸平年间(998—1003)进士。为大理评事,知玉山县,迁本寺丞。大中祥符四年(1011),知台州。在任期间游览桐柏。后徙洪州刺史。翰林学士同乡杨亿以得象有公辅器,荐之于朝,累拜同中书门下平章事。封郇国公。得象在翰林十二年，时宦官方炽，每内侍入学士院，必正色待之，或不交一言。在中书凡八年，宗党亲戚一切抑而不进。卒谥文简。

桐柏崇道观

万仞攀萝上翠岭，豁然平地九峰心。
参差珠树和云出，咫尺丹霄有路寻。
洞口碧畦长种玉，坛边古篆欲生金。
桑田未变桃先熟，惟见蓬莱水浅深。

李建中 李建中，字得中。其先京兆（今西安一带）人，后迁居于蜀（今四川）。生于后晋出帝开运二年（945），卒于宋真宗大中祥符六年（1013）。幼好学，善书札，行笔尤工，亦精草、隶、篆、籀。太平兴国八年（983）第进士甲科。起家大理评事，知岳州录事参军转运使，累官太常博士。尝表陈时政，为太宗所嘉赏。后历知曹（今山东曹县一带）、解（今山西解县一带）、颍（今安徽阜阳一带）、葵（今河南考城一带）四州。宋真宗景德中（1004—1007）进金部员外郎。李建中性简静，风神雅秀。爱洛中风土，构建园地，号曰静居。每游山水，多留题。游观桐柏后亦留下诗篇。自称岩夫民伯，官终太府寺。著有《李建中文集》传世。

福圣观

永怀闲访道，斗上上仙居。
瀑水磬声外，桂花林影疏。
山名孙绰赋，观额葛玄书。
已负秋来约，诛茅兴有馀。

释遵式 遵式，俗姓叶，字知白，宋宁海县（今属浙江省）人。年轻时出家于国清寺，人称"慈云忏主"。对佛经颇有造诣，是国清寺的高僧。著有《天竺灵苑集》。

　　　　瀑布
　　古观春山下，寻幽似有期。
　　瀑清其坐久，峰好独归迟。
　　客啸巢禽识，仙踪药叟知。
　　我来无别趣，禅性尽相宜。

元积中 元积中，宋钱塘（今杭州市）人。仁宗景祐间（1034—1037）官知黄岩县事。在任期中曾游览天台到过桐柏。

　　　　题桐柏观
　　九峰巍绝乱云屯，石室琼台旧址存。
　　山险密盘之字径，洞深高辟丙方门。
　　碧桃花烂春溪暖，紫玉箫沉月榭昏。
　　未觉台中光景晚，人间归去见来孙。

赵　抃 赵抃，字阅道，衢州西安（今衢州衢县地）人。生于宋真宗祥符元年（1008），卒于神宗元丰七年（1084）。进士出身。初为武安军节度推官；景祐元年（1034），累官殿中侍御史。为官刚正不阿，弹劾不避权幸，时称"铁面御史"。历官益州路转运使，加龙图阁学士。神宗立，擢参知政事。后因与王安石政见相左，去职再知成都府，政绩斐然。最终以太子少保致仕。及卒，谥清献。著有《清献集》。

龙 潭

黯黯龙潭不测深，临观崖下巳千寻。
若逢岁旱休闲卧，好与斯民去作霖。

题三井瀑布

三井余波势靡停，平铺千丈落峥嵘。
秋阳五彩随流照，纵有良工画不成。

元居中 元居中，宋邵武（今福建省邵武市）人。仁宗康定元年（1040）至仁宗庆历三年（1043）任天台县知事。任期内畅游天台山主要景区。

桐柏观

路在青云上，人居紫府中。
山城蠢银汉，洞户锁瑶空。
圣帝神踪丽，仙家宝篆红。
琼台松桂合，终日韵天封。

葛 闳 葛闳在宋仁宗皇祐年间（1049—1053）曾任江阴（今属江苏省）知县。在任期间给当地百姓做过一些好事：将自己从军守田中所得七百斛谷子无偿划为公有；募境内殷实人家得稻谷二万斛，用以疏浚辖内40里的运河，以利运输与灌溉。

桐柏崇道观

昔贤书洞石，台有伯阳经。
碧海船多却，金霞夜不扃。
炉成九转药，阶布六符星。
捷径非君意，深游浅死庭。

罗 适 罗适,字正之,宋宁海(今浙江省)人。英宗治平(1064—1067)间进士及第。做过五任知县,后官至京西北路提点刑狱。在职慷慨进言,体察民隐,很得民心。曾与苏轼论水利,兴复水利工程55处。秩满离任后,当地百姓为他立生祠奉拜。著作有《易解》、《赤城集》。

桐柏观

欲访琳宫入翠微,满山烟雨正梅时。
神仙事秘人难问,造化功深世莫知。
海近应通三岛信,年多空见八分碑。
身中龙虎吞天地,谁肯留心继炼师。

王 范 王范,宋时隐逸诗人,曾游览过桐柏仙境。

游桐柏宫 并序

暮春之日,偶经此地。少憩,已命舆前导,忽闻有伯夷、叔齐旧迹,因散步观之。其祠颓然,其香火寂然。其石像二,叩之铿然。余不禁叹曰:"一方之神祇佛像,道人衲子募兴之者众矣!谓其祸福人而顶礼之,若孤竹君之二子,立万世之纲常,伸千秋之大义,所培世道人心,岂浅浅者?而竟漠漠若是耶?"旋以兴废之意,授之牧斯土者,因感而赋之。

世人重神祇,群然装庙宇。
世人信佛教,相率谈拂麈。
如何百世师,半室颓荒蒌。
西山两行迹,千古伦常主。
叩马止数言,至今生气吐。

古之贤人今，吾价绳其武。
起废何人斯？亭旷守以虎。
我寻夷齐迹，巍然二像存。
万古纲常重，千驷何足论。
明月长为主，山灵时护门。
遣封嫌分手，贞愧喜同轩。
到今生气凛，叩石足兴言。

余　爽　余爽，字荀龙，洪州（今江西南昌）人。以父任授校书郎。博学有干略。宋神宗元丰初（1078），应诏上便宜十五事。哲宗元祐末（1093），复极言请太皇、太后还政事，坐谤讪窜封州（今属广东）。后起知明州（今宁波市）。

玉霄峰

乘风御云气，来访真人家。
玉阙丽朝景，琼壶散晴霞。
高临太元天，下盼赤水涯。
阴魄位霜彩，阳精发丹华。
桐君奉元书，姹女弄绛纱。
祥虹舒五色，神芝秀三葩。
煌煌王母居，飘飘紫花车。
飙轮动无迹，风马去亦赊。
矫首挹浮丘，蹑屦追皇娲。
珠宫俯台斗，石桥碍流槎。
操持却日鞭，跨路食月蛙。
龙旗拂烟惊，鹤袂策云斜。
清都隐虚无，金庭郁嵯峨。

横霄杂美气，空界流浩波。
橐龠劳吹嘘，吐纳烦羲和。
倏尔度劫灰，超然绝尘罗。
灵箫步何徐，玉斧发已蟠。
飞驾逐凤吹，斑鳞奏鸾歌。
宁留饮青精，幸我栽胡麻。
交梨莹肝胆，火枣醒齿牙。
咽漱华池津，咀嚼碧奈花。
有待越三井，思虑无由邪。

　　　金庭洞天
紫府金庭大帝宫，露坛苍桧响天风。
上清神虎何年见？云锦空传两玉童。
子晋鸾飞传帝班，吹台今在碧云间。
高秋白月霜风夜，时有笙箫赴海还。

　　　桐柏观
九峰回合抱琼田，石蕊云英漱瀑泉。
闻说丹成从此路，玉虹芝驾上青天。

李　孟　李孟，生平事迹不详。从他交往的人事圈来分析，应该是个官员。此公游过天台山后，带去桐柏百丈坑玉兰，向他的朋友谢伋索诗。谢伋，字景思，宋寿州寿春郡上蔡（今河南省上蔡县）人，官至太常少卿，作品有《四六谈尘》。

　　　附谢伋的诗和诗序
天台李公孟长官，出示桐柏观百丈坑玉兰，且索诗赋，继以一本分惠，又复见督，勉之为赋。

    桐柏古福地，琼台上侵星。
    仙人种玉处，瑶草犹亭亭。
    羽人纫作佩，瑞露濯芳声。
    悬崖百丈坑，九畴谁得经。
    真境有如何，守护烦六丁。
    长官仙李氏，不畏兹山灵。
    河阳无数花，叶蕊衔紫青。
    爱此贞洁姿，不露花卉形。
    命彼轻举者，窃取岩中局。
    封植入笼槛，罗列旁轩屏。
    结根失所托，摧残日飘零。
    揖我求我言，矢诗当见听。
    草木遂其性，民物自安宁。
    居其毋求奇，采掇庶可停。
    兰玉近取譬，何用专阶庭。
    人观尽白眼，莫遣下青冥。

洪　适　洪适，字景伯，鄱阳（今属江西省）人。生于宋徽宗政和七年（1117），卒于孝宗淳熙十一年（1184）。幼敏悟，以其父出使金功恩补修职郎。高宗绍兴十二年（1142），中博学鸿词科，除敕令所删定官。孝宗时，历迁司农少卿，校直学士院。未几，拜同中书门下平章事，兼枢密使，为一时名臣。旋乞退，起为浙东路安抚使。天台山为洪适一向所仰慕，时因公之便登华顶上桐柏观饱览山水，盘桓仙境，以酬宿愿。卒谥文惠。有《盘洲集》传世。

天台观

芝田环拱碧崔嵬，流瀑高从天际来。

飞沫有风长是雪，寒声无日不如雷。

岩前八桂人谁折？溪畔千桃路未开。

便觉仙都清昼永，翻愁归路染黄埃。

杨傀 杨傀，字子宽，宋代郡（今河北蔚县）人。曾官至敷文阁待制。杨傀于高宗绍兴年间游览了天台到过桐柏。

福圣观瀑布

积雪悬崖照幽谷，轰雷破石响空山。

真疑天上银河水，倒泻千岩万壑间。

唐仲友 唐仲友，字与政，金华府东阳县人。宋孝宗淳熙七年（1481）至淳熙九年（1483）任州知府。他在当时也算是一个有文才的地方官，精通经史，有《六经解》、《诸史经义》等著作；诗、词也写了不少。当时台州有个能诗善词，且长于琴弈、歌舞、丝竹、书画，色艺超群的营妓严蕊，惺惺惜惺惺，唐仲友对严蕊非常赏识，常借府厅宴客的机会，把严蕊请来一起赋诗唱和。淳熙八年，朱熹出任浙东常平茶盐，第二年巡视到台州，发现知府与营妓严蕊的关系不寻常，以为有辱朝廷命官身份，遂以"促限促税，违法扰民"与"悦营妓严蕊，欲携以归"等罪名，连上六道奏章将未满任期的唐仲友拉了下来。不过，唐仲友也为台州人做了一些好事。据台州的地方志记载，唐仲友曾倡议并主持用木船在灵江搭起一座浮桥，以便两岸百姓来往；设常平义仓，赈济鳏寡残疾之人；亲自上仙山桐柏，为禾稻半枯焦的百姓祈雨，得到百姓的称颂。唐仲友为台州百姓登上桐柏山天庆观（在仙人脚迹旁）祈雨，徼幸得应，为表示还愿酬神，又发动群众集资重新殿宇，并将天庆观改额为"善利广济真人祠"。事后为之写了一篇《善利广济真人祠记》。文曰：

道家言：仙人王子晋，受帝命为右弼真人，治天台山桐柏福地，坐金庭宫，受五岳朝谒。总御众仙，其位甚高，其职甚重，其官服仪卫甚严。率民以事神，其礼宜称。蒙泽而效报者，可苟简而但已耶？淳熙辛丑夏旱，郡以故事，迎香火于山，至郊而雨，邦民咨嗟，愿致崇敬，乃更"天庆"，塑像镂木加髹，绚以文奇彩，帐座、舆辇、幢节、旌扇，葩果、灯烛之供，皆新之。工匠精能，金碧辉映，瞻者改观。壬寅岁上元，庆赞于郡之君子堂。后二日，奉安于昊天殿之东偏，使吾民永有依仰，自周及今数千载，真人道益光，政和、绍兴继赐显号，仲友之报德则已微矣。故采《国语》仙传，效步虚之音为赞咏九章，授羽流歌之。其词曰：

　　周道昔波荡，王子生不辰。忠言谏壅川，亲义不我亲。
　　天坏不可支，厌此浊世尘。乐师尔何知，吾将去上宾。
　　吹笙洛阳道，邂逅浮丘公。方瞳一莫逆，精思嵩高峰。
　　剑舄我何有，飞驭凌罡风。时闻何皎皎，缑山何巍巍。
　　上有白鹤驾，聊与时人期。后天调三光，何必千年归。
　　金阙帝有命，吾非丁令威。帝念下土民，山川分百灵。
　　命汝右弼君，秘宇开金庭。阖辟阴阳机，五岳趣朝缨。
　　暇日帝汝思，时时来玉京。桐柏亦何有，清辉照琼台。
　　玉室静窈窕，鹤鸾纷徘徊。紫云拥飞盖，知是真仙来。
　　丹符列素奏，黄水晞云浆。吾道固欲传，世人殊可伤。
　　授汝紫阳周，语尔茅山阳。食之仙人芝，引袂同飞翔。
　　丹丘壤千里，水旱固可司。吾民实可矜，有守孰不祈。
　　应汝捷影响，乐岁免租饥。万民齐叫阍，天子远亦知。

天子赐荣号，贲我灵宫祠。吾道岂加损，群心自瞻依。
峨峨芙蓉冠，剑佩明朱衣。自周讫于今，千载弥光辉。
外传炯遗迹，真诰垂微言。子微有妙笔，罗列丹青传。
我生后诸子，倾心慕真诠。像设俨如在，白云聊续篇。

刘　旦　刘旦，宋代隐逸诗人。

游金庭

衡岳真人称福地，南齐高士寄山阿。
赤城仙去骑丹凤，墨沼人传咏白鹅。
一世风流俱寂寞，千年气象古崔峨。
登临不尽怀人恨，惟有苍苍石可磨。

高似孙　高似孙，字续古，号疏寮，宋鄞（今宁波市）人。淳熙进士。历官校书郎、处州知府。少有俊声。曾游桐柏仙山。善诗，有《疏寮小集》、《文选句图》等著作。

夜宿桐柏观

月到中峰玉峭深，露桃微重鹤移阴。
隔松听得仙官话，句句皆非世上音。

琼台西路

一夜天台雨，青鞋踏遍砂。
添将清瀑水，湿尽碧桃花。
涉涧锄山木，和云嚼野茶。
纵无仙骨分，不敢更思家。
翠岳竦神秀，玉衡直三台。

上有长生君，含光赤城台。
阳崖烁金芝，阴壑生碧苔。
独立云在下，一啸仙俱来。
丹郎醉不醒，玉女声如孩。
帝乡风自寒，洞口花长开。
所嗟尘埃中，那有神仙才。
秦皇漫东海，汉武空蓬莱。

桐柏宫

夙闻桐柏上，下有金庭洞。
五云所出没，千翠相迎送。
川明芝自秀，夏冷雪犹冻。
沙泉注阳水，苍碧孕阴峒。
天光抱琼壶，神力扶兰栋。
其左关苍虬，其西翔紫凤。
上穿穴窈复，旁见石阙空。
青烟留松髓，白水鸣醴瓮。
怪草不知名，珍禽自曳弄。
石蜜吐岩房，琪芳突苔缝。
星君时一游，仙翁亦参从。
或乘元鹤来，或并青鸾控。
香趋玉女跪，丹走山灵恸。
谷神元不死，元根在深种。
谁其握性命，于此破昏梦。
世人少知几，何能测天用。

清晓升琼台石崖有仙人脚印

乱石挂天倚岚壁，苦痕不犯松乔迹。
上通群帝集台斗，下凿十洲通碣石。
松呼清风杂古今，山道宿润从开辟。
丹翁曾问玉女醉，樵者亦见仙人弈。
云飞蹬道晴掩冉，露湿衣裳香滴沥。
洞中灵君来不来？鹤归冲落桃花碧。

长　吉　长吉，宋代隐逸诗人。

桐柏观

大帝天坛渤海连，金霞苍壁隔尘缘。
蓬丘不断青禽位，仙使时来白鹿辂。
星龠岂惟壶内景，桃花长媚洞中天。
优游笑把洪崖袂，瞬息人间又几年。

顾　硕　顾硕，宋代隐逸诗人。晚年慕养生成仙之道，来桐柏拜师。

桐柏观

老矣希仙访此山，山灵为我一开颜。
云收琼阙来钟磬，水落梭溪响佩环。
择木断碑芳草合，葛翁遗灶野花斑。
冥栖赖有餐霞侣，更愿相从缥缈间。

赵师秀　赵师秀，字紫芝，号灵秀，永嘉（今属浙江省）人。约生活于宋宁宗嘉泰（1201）前后。光宗绍熙元年（1190）进士。

曾知各处州县，终于高安（地属今江西省）推官。师秀名居"永嘉四灵"之末，而师实居四灵之首。著有《清苑斋集》、《众妙集》。

桐柏观

　　山深地忽平，缥缈见殊庭。
　　瀑近春风湿，松多晓日青。
　　石坛遗鹤羽，粉壁剥龙形。
　　道士王灵宝，轻强满百龄。

王文简　王文简，宋代隐逸诗人。曾在桐柏住了一些时日。

桐柏观

　　桐柏仙人久不归，一瓢秋水宿岩扉。
　　绝怜半夜无尘梦，月满空山鹤正飞。

袁　甫　袁甫，字广微，号蒙斋，庆元府（今宁波市）鄞县人。生卒年不详。出身于仕宦世家。高祖袁毂，嘉祐进士，杭州通判，有声学著作。父袁燮，淳熙进士，礼部侍部，有诗文《洁斋集》。袁甫少承家学，又从学于宝谟阁学士杨简。嘉定七年（1214），举进士第一。历任建康军节度判官、国子监祭酒、兵部尚书兼吏部尚书。卒谥正肃。有《蒙斋集》等著作行世。

戴复古《送蒙斋兄长游天台》诗：

　　方丈蓬莱去渺茫，天台只在白云旁。
　　羽衣金策群仙过，珠阁琼楼八桂香。
　　采药有时逢道侣，挑包遇夜宿僧房。
　　寒山拾得如相见，指点人间笑几场。

胡　融　胡融，字子化，别号少沧，又号四朝老农。宁海（属今浙江省）人。

玉霄峰

青冥玉霄顶，静夜无纤埃。
手携赤松子，拂石坐苍台。
举瓢呼海日，长虹贯金罍。
挂剑桂树枝，洗手天河回。
我欲铲崖障，涉海登蓬莱。
要观中洲碑，鼓楫云涛堆。
风波虽可越，长鲸正崔嵬。

琼台

琼台插中天，仙圣展游眺。
亭亭朱玗树，蒙日光照耀。
上有天乐鸣，嘈杂声要妙。
浮丘持岩听，玉女排云笑。
兹游赏夙心，时闻八鸾啸。
搴茎茹金芝，授攀爱青峭。
琅琊失孤岫，渤海播圆峤。
抵掌嗤客星，石濑坐投钓。

葛仙宅

仙翁卧云日，种松药炉东。
千载麟鬣古，突兀成老龙。
蜕骨入霄汉，横身饮长风。
上有玄鹤巢，下有白蚁宫。

先生昔羽化，鸡犬尽凌空。
如何刀圭妙，失此十八公。

桐柏碑

韩公在天历，高名悬日月。
游戏翰墨场，八分独奇绝。
遥嗤程邈钝，近鄙伯喈拙。
我来桐柏岭，洗眼见碑碣。
崒屼挟风霜，钟簴粲成列。
龟趺閟琳宇，铁画照清越。
至今檀墨工，石木走吴越。
引袖拂台山，山尽字乃灭。

桐柏

清晓骑白鹿，独上桐柏山。
山环若城郭，琪树郁参天。
青猿导我路，如入崆峒巅。
瑞草被崖绿，琼蕊凌霜繁。
傍瞰老子宫，玲珑隐林间。
垩栋天马出，绛柱彤龙盘。
喜与冥寂士，共谈《秋水篇》。
散发松下啸，拂霞石上眠。
蹭我玄玉膏，相期凌紫烟。

释允袭 允袭，宋代天台山诗僧。

访玉霄宫山人不遇
策杖寻仙境，沿溪踏落花。
云深鸡犬寂，蹬仄萍萝赊。
薄雾蒸丹灶，虚庭罩紫霞。
无缘逢鹤驾，归路暗空嗟。

（五）走向衰落时期

——元代

　　元代的蒙古统治者，对道教的态度是随着形势的变化而变化。入主中原之前，拼命争取道教道徒的支持。《元史·释老志》载，早在宋宣和三年（1121），成吉思汗就在雪山召见全真道道首邱处机。邱处机积极为其夺取政权进言献策："欲一天下者，必在乎不嗜杀人。""为治之方，以敬天爱民为本。""长生久视之道，以清心寡欲为要。""太祖深契其言，命左右书之，且以训诸子。"忽必烈当政后，为了早日兼并南宋，继续执行其祖宗对道教的既定政策，积极争取道徒们的支持。至元十二年（1275）七月，即暗中遣使去南方向各派僧道游说。既灭南宋，就把重点转到争取江南最有影响的天师道，让他们为拥护蒙古统治吹喇叭打鼓。至元十三年四月，忽必烈礼召龙虎山天师张宗演到燕京。为显示敬重，命令朝官出城迎接。既见面，又赐号又赐冠、服、银印，命其总领江南诸路道教。不过对道教中的南宗却没有给以应有的重视，虽然在组织上桐柏山的教派是朝廷集贤院主管的教派之一，虽然忽必烈曾亲自召见宋代遗民老道王中立并对他讲了一些鼓励的话封他为仁靖纯素真人，然南宗祖庭始终未得到经济上的些微支持。在蒙元统治稍稍巩固以后，就在至元十八年开始，采取压制又利用政策，诏令除《道德经》外，其余道经悉数收缴焚毁。在这股"焚经"歪风中，桐柏道经也遭受一定的损失。如此种种，导致南宗祖庭由兴旺走向了衰落。

本来存在着严重的阶级矛盾与民族矛盾的元朝，由于统治者的野蛮、残暴、腐败和内讧，矛盾就更加尖锐激化了，于是暴发了由红巾军起始的各路农民军大起义。在这些起义军中，有一路是我们台州的方国珍部。

元顺帝至正二十七年（1367）九月，朱元璋命参政朱亮祖攻台州，方国珍所据有的庆元、台州、温州都受震动，百姓纷纷逃匿深山以躲避杀掠。天台城里许多有钱人家都大担小挑搬上桐柏岭，住进了桐柏观，各自垒灶生火做饭。结果火从中起，顷刻间，"宏规巧制化为丘墟，金碧文章悉归灰烬"，只留下远在桥东的一间迎仙房；历朝御赐宝物除了一尊檀香像因应有身份的游客之请送到迎仙房观瞻幸免于难外，全部为大火所焚毁。

本时期有史为据的主要道士

王中立 王中立，一名仲立，字定民，号足庵，天台人。晚年易名云鹤，自号拟栩。少时出家桐柏宫，亲受白玉蟾指点。王中立对道学颇有研究，名声传扬江南、河北。宋理宗、度宗两帝引为随朝，颇受器重，升为鉴义左右阶道箓，主领孤山西太乙宫。元皇朝建立以后，忽必烈曾召入大都，主持崇阳观。其间王中立数次上疏要求恢复黄岩大有宫，始终未见俯允。后奏乞还桐柏。元廷赐号王中立为"仁靖纯素真人"，并赐金冠、宝剑、上真玉像、御香，却不愿为重建桐柏宫舍施分文。王中立回山后，出体己钱选择桐柏观右面原白云昌寿观基址，建造了一所纯素宫；又在桐柏观左边原曹开府冲啬庵故址，建造了一所仁靖宫，以为殊荣纪念。王中立是融南北二宗于一体的全真教龙门派在天台的首要高道。有语录传世。

周正中 周正中，桐柏观道士。宋末来到桐柏山，入籍桐柏观。爱琼台峭壁耸立，山峰奇拔，云沉雾腾，霞如锦缎，就在元世祖至元间（1264—1294）在琼台旁构建草庵一座，题门额为"卧云庵"，居此朝夕修炼。

祝通玄 祝通玄，元桐柏观道士。一生专事修炼内丹，颇有成就。有炼丹专著《修真诗》，秘藏桐柏观。

张惟一 张惟一，号秋泉，人呼"天台老仙"。黄岩县人。后为昭阳宫、太乙宫提点。授号"全德靖明弘道真人"。

张　雨 张雨，一名天雨，字伯雨，法名嗣真，号贞居子，钱塘（今浙江杭州）人。生于元世祖至元十四年（1227），卒于惠宗至正八年（1348）。年二十余弃儒为道士。师事道士周大静，受大洞经箓。初见黄冠虞伯生（虞集），伯生以七十二家符箓示之，雨辄下拜曰："真吾师也！"尝居茅山，传正一之法。主编《茅山志》，自号"句曲外史"，曾居住桐柏崇道观多时，桐柏的《台仙阁记》就是他的手笔。张雨工书画，善诗词。与赵孟頫、杨载、章心远、毛伯元为文字交或相友善。著有《外史山世集》三卷，《碧岩玄会录》二卷，《寻山志》十五卷，《茅山志》十五卷，《句曲外史集》若干卷，《元品录》五卷等。百余年后，墓为居民所发，容色如生，内藏法书二帙。

桐柏观

百折丹梯杪万松，凤笙台殿赤城东。
亲从海上求司马，宁复山中起卧龙。
琼阙排空窥坐席，银桥乘月认仙踪。
真人及此东行日，共说卢敖向九峰。

张彦辅 张彦辅，号六一。善画山水，居桐柏观时，绘有《天台桃源图》。张彦辅为元皇朝所看重，受赐"真人"封号。

张元中 张元中，一作张玄中，是桐柏宫的诗道，与刘基是要好朋友。每与诗朋唱和，往往出语惊人，但不肯记录汇编，因此后人很难见到他的诗作。

曹法师 据《方外志》载，曹法师天台溪南大路曹村人。青年出家为桐柏道士。后去江西龙虎山谒张真人，尽通其法。回程路过杭州，适逢当地大旱祈雨，遂帮助祷祈成功。年70余羽化。至明代，其法剑药磨尚留在村中。

卢益修 卢益修，天台县人，桐柏观道士。此人平日除修炼外，喜水墨画，尤善画山水，风格尚赵孟坚。

本时期留下诗文的苍山名士

陈　孚 陈孚，字刚中，临海（今属浙江省）人。生于宋理宗嘉熙四年（1240），卒于元成宗大德七年（1303）。陈孚聪颖过人，任侠不羁。元世祖至元中，署上蔡书院山长，旋调翰林国史院编修官，摄礼部郎中，除翰林待制。成宗大德中（1297—1307），历台州路总管。卒后，追封海陵郡公，谥文惠。

天台怀古

　　台岳名高海上山，寻幽不惮远跻攀。
　　上方钟鼓烟霞里，仙境楼台霄汉间。
　　岩石有泉流玉液，石桥无路觅金丹。
　　刘郎已去经千载，洞口无人再启关。

孔天彻 孔天彻，汾州（今山西汾阳县）人。元代隐逸诗人。

登双阙最高顶
　　弱水缅方壶，蓬莱梦圆峤。
　　岂若升丹丘，一展凌云眺。
　　双阙迩层城，中霄列回徼。
　　琼空隐飞烟，金庭迷返照。
　　芝草冷吹芬，鸾度空音啸。
　　碧树睇若流，彤霞望如烧。
　　流目渺大荒，翘首希玄寥。
　　明灭区里缘，惚恍象中妙。
　　寻境既聿来，通真岂难邵？
　　凝思在幽岩，洛滨可同调。

张　铁　张铁，字叔平，黄岩人。元隐逸诗人。

登双阙最高顶
　　振策凌台室，诸天仄径遥。
　　松梧风渐渐，铃铎雨潇潇。
　　泉逬青泥髓，苓含白玉苗。
　　麾虹度仙阙，低视石梁桥。

袁　桷　袁桷，字伯长，庆元（今浙江省庆元县）人。生于宋度宗咸淳二年（1266），卒于元英宗泰定四年（1327）。举茂才（即秀才）异等。起为丽泽书院山长。元成宗大德元年（1297），荐授翰林国史院检阅官。礼官叹服其博，累迁翰林侍讲学士。桷熟于前代典故，在翰林院时，朝廷制册及勋臣碑铭多出其手。泰定帝泰定初（1324），辞归。卒谥文清。著有《清容居士集》、《延祐四明志》、《易春秋说》并行于世。

咏王子晋

王子乘鸾八极周，参差吹彻此淹留。
缑山未信双鞟远，沧海端如一羽浮。
碑耸蛟螭擎雨露，赋铿金石阅春秋。
莫言刘阮归无迹，政与寒岩二子游。

桐柏观赋

孙兴公《天台赋》运意高简。忘象以求，斯得之凝和。卢君（桐柏道士卢益修）居是山，以桐柏观图授余曰："子为我演绎其景。"不揆瓦石，援笔为之赋曰：

厚坤载德，台山效灵。蜿蜒扶舆，天孙之精。仙书易之以桐柏。敞神界而为金庭。轇轕三光，磅礴太空。睇眄谷之倒景，卒莫能拟诸形容也。瞻彼华顶，群山启踪。倡九牧以执巍冠，仰其喁喁：香琳、玉霄，夹骖以从；华林不凋，卧龙龘簉；玉泉御右，法莲殿戎；东峙翠微，西蹲紫霄。巧面势以规辅玄扃，沉沉乎浺瀯。维妙有之珍馆，匪攀援之可求。除三彭之内荡，守中戒以默修。影息于邓林，机忘于海鸥。玉池饮之以洞视，金膏服之而冥搜。不然者，良不能以久留也。粤昔子晋，韬精帝京，弄参差于缑山，挟扶摇以遐临。

琼台俨其龟负，双阙屹乎龙蹲。正右弼以赞化，千龄仿乎氤氲。兹也故山，四面削成，中心如掌，真风合乎冥廓，梵气通乎肸蚃。三井之泉，千尺之潭，皋羽警其瀼露，髳羊匿于阴岚。飞梁凝冰，侧足涉裹；翠藤流霜，触缨扪绿。梭流交疏以织文，忽蟠蝀之钩连，望飞瀑之悬绝，日五色而成妍。

夫乐与饵，过客所止，夸诞逐魂，践形者耻。长生之药，渺茫于神山；执期之侯，诙谲于五利。却衰疏顽，简易理得，其亦有所益乎？菌蠢春秀，笐筜冬萌；五叶之松，三脊之香；丹光腾于金鼎，冰泉彻于铜罂。服食之而不坠，身轻忽焉以复丁。企列仙之遗踪，葛翁策名于太极；斗晶荧于枢纽，金谷杂流于瑶席。纳雷谷之砰磕，穷幽渊之罔象；丹凤昔焉以来仪，凡羽厥今以避让。谅守贞以制气，匪狡狯以增诳。

法不孤立，道不虚行。继之者白云先生，受素书于轩辕，袭帝胄于典午。憺寡言而无营，思坐忘以遐举。承唐皇之明问，敷清净之旧章。署添书于宝幢，迎黄云于玉堂。厥后宪章希夷，范围灵宝，诵蕊珠之玄文，遇期颐以终考。若是者，诚何异于蓬岛。

或有言曰：楼台荣观，方士侈崇；夷考是山，不绮而丰，不幽而通。廓兮其有容，閟兮其讫逢。味兴公之抉奇，讯择木之写真。若增其欵鋑，尽其窈深，身不羽而凌翔，俄层城以瑶林，乃若丹霞伏光，铁柯舒英。集众妙以凝睇，仿三真之传经。拟金刚于铁磨，警黑业于鸿钟。何钱李之二王，莫能悟其禄终。猿抱子以望月，虎伏威以调风。灵璬清以集鸾，哀弦急而惊鸿。爰自有而即无，眇壹气之鸿蒙。悼南国之蒸烤，口天都之肃列，彼夏虫与火鼠，徒自煎以内热。申之以辞曰：

帝子下兮云冲，质通明兮粹中，览炎洲兮垢纷，节容与兮兹峰。蓬瀛杳兮无极，浪滔天兮不可以履，境荒灭兮妄益，曰此留兮吾将以内息。神为尻兮气为舆，朝紫霞兮暮清都；黜视听兮道靡渝，历千劫兮复故初。云凝素兮中坛，铃流露兮日暾。三灾屏兮嘉祉繁，语夫世人兮归休乎静现。

赵凤仪 赵凤仪，字瑞卿，元汴（今山东泗水）人。元英宗至治三年（1323）至泰定帝泰定四年（1327）间任台州路总管。曾主持编修《天台郡世》（秉笔者章吉）。

桐柏观

桐柏千年境，穿云试一登。
冷烟生绝壑，古木挂寒藤。
丹诀无人授，琼楼过客凭。
紫芝歌一曲，煮石夜敲冰。

贡师泰 贡师泰，字泰甫，宣城（今属安徽省）人。生于元成宗大德二年（1298），卒于惠宗至正二十二年（1362）。以国子生中江浙乡试，除太和州（今江西省泰和县）判官。荐充应奉翰林文学，累官礼部尚书、平江路总管、参知政事、户部尚书（分部闽中）。旋召为秘书卿，卒于道。师泰性倜傥，貌丰伟，以文学知名。著有《玩斋集》行世。

桐柏观

赤蛟青凤下晴空，家住天台第几重？
岁久松脂成琥珀，夜深丹气出芙蓉。
仙童奏简骑文虎，太乙悬旗起毒龙。
昨夜从师到天上，故山还著白云封。

张可久 张可久，一名久可，字伯远，一字仲远，号小山，庆元县（属浙江省）人。约生活于十四世纪前期，元仁宗前后。以路吏转首领官，曾官桐庐典史。与卢挚、贯云石等相唱和。可久工散曲。著有《今乐府》、《苏堤渔唱》、《吴盐》、《新乐府》等。

中吕·红绣鞋（天台瀑布寺）

绝顶攒峰雪剑，悬崖水挂冰帘，依树哀猿弄云尖。血华啼杜宇，阴洞吼飞廉。比人心，山未险。

曹文晦 曹文晦，字伯辉，一作辉伯，号新山（亦作"薪山"）。元天台县乌岗（即今赤城山麓墙头曹）人。大约生活于元代后期明代初期（十四世纪前期）。颖悟多识，雅尚萧散。好吟咏，常与刘基唱和。不乐仕进。元至正八年（1348），邑人许广大为鄞县尹，荐为县学训导，辞不就。刘伯温闻名，登门请其出山同辅朱元璋，他献诗明志，婉言辞谢。筑室赤城山下，自号新山道人，优游山水间。他热爱天台的山水，到处深入探幽，认真品玩，赋诗纪胜并给以贴切命名。"桃源春晓"等天台十景就是他的佳作。有《新山稿》传于世。

    琼台夜月
  万仞台端接绛霄，秋风吹梦度金桥。
  素娥独依红云阙，羽客双吹白玉箫。
  清气逼人凡骨换，山光入酒醉魂消。
  绣襦甲帐今何在？谁谓文生见一招。

别罗沙 别罗沙，全名是也先临木儿别罗沙，号桂林，蒙古族人。元顺帝至元六年（1340）被派任天台县达鲁化赤，负责监督汉人县尹齐鼎等日常行政工作。此人精通汉字，能诗。在任期间曾游桐柏。

    桐柏
  骑马出城邑，扪萝陟云关。
  绝顶眺落影，峻岭多险艰。
  天风起木末，杂珮声珊珊。
  羽人忽何来？见之清心颜。
  山高风露冷，迥若超尘寰。

飞流挂长虹，疑落银汉间。
琼台倚双阙，琪树手可攀。
冥搜兴未尽，夕照忽在山。
长啸下山去，明月逐我还。

杨维桢 杨维桢，字廉夫，号铁崖，会稽（今浙江绍兴）人。生于元成宗元贞二年（1296），卒于明太祖洪武三年（1370）。父宏，曾为筑楼铁崖山，聚书数万卷于楼上，拔梯，三餐用辘轳传送饭菜至楼上，使苦读于是楼五年，维桢因自号铁崖。元泰定（1324—1327）进士。元文宗天历元年（1328）至明宗至顺元年（1330）间，署天台县尹。在任期间，酷爱天台山水，足迹遍及各景点，写下不少诗句。生性狷直忤物，不肯巴结上司，因而不得升迁。元末兵乱中，徙居松江（今上海松江）。明兴，诏征遗逸，修纂礼乐，不应。太祖赐安车强请。至南京，仅留住百一十日，及所纂序、例略定，即乞归里，到家不久即逝。维桢爱吹铁笛，自号"铁笛道人"。作品有《东维子集》、《铁崖古乐府》、《复古诗集》、《丽则遗音》、《史义拾遗》等传世。

桐柏宫

琼台高与上台直，珠阁突在中天居。
致身福地恍如幻，二十年前见画图。
水边残怀笑玉齿，石间棋子迷老樵。
紫箫吹得凤凰语，凤期约可呼王乔。
桐叶自换山中岁，栎花不放人间春。
我来摘花题落叶，便风寄与云中君。
云中君兮聿来下，云中徒兮列如麻。
带得紫泥香一瓣，天风吹满赤城霞。

丹移旧井剑移窟，鹤归又是三千秋。
便当相从受宝诀，与子定约缑山头。

双阙

巨灵霹雳手，劈开双石阙。
中有万丈奇嶙峋，铁锁高垂不可蹑。
洪崖后入挟高崛，引我台端立高绝。
仙人跗迹一一存，翩若飞鸿印轻雪。
柏梁柏山隔吴越，琼台不受东巡辙。
周郎紫凤高可呼，待我一声吹铁笛。
卿云五彩相蔽亏，琪树精光互明灭。
山花山鸟自春秋，天气长清光日月。
我本三生刘阮胎，三千年前我曾来。
仙家鸡犬别有路，金桥银阙红雾开。
人间甲子不得老，琼姬玉女桃花腮。
我今幻习都洗尽，水边山际胡麻媒。
寻真只寻卢道人，虚皇座前曾相陪。
乐章传下广寒阙，琼浆互觞流霞杯。
卢公已乘白鹤去，林长木飘安在哉！
竹溪更寻李八百，玉棺何处生莓苔？
笙箫杳杳九清夜，应有松头双鹤回。

桐柏瀑布诗

奔倾漱石亦倾台，此水便随元化来。
长片挂岩轻似练，远声杂洞咽于雷。
气侵松树千枝润，势尽云霞一道开。
直是银河分派落，兼闻碎滴在天台。

（六）艰难竭蹶时期

——明代

明朝的宗教政策是三教并用，有几个皇帝对道教特别重视，道士受赐爵封号者甚众，个别道士的地位超过一般大臣。太祖朱元璋在夺取政权时，利用道士为他造舆论，说他祖坟风水特别好；说他是星宿下凡，身畔常有神明庇护；道士张中直接为他出谋划策，打败了所有对手。在巩固政权时，又得到道士的支持，说他是"奉天承运"的"真命天子"。因而朱元璋对道士比较优宠。又为道教建立管理机构和制度，在礼部下设道录司，置左、右正，左、右演法，左、右至灵，左、右玄义管理；府设道纪司、置都纪、副都纪；州设道正司，置道正；县设道会司，置道会，分别掌管道教事。朱元璋又亲自为《道德经》作注。英宗朱祁镇，在正统十年编纂了《正统道藏》颁赐天下。世宗朱厚熜大力抑佛扶道，道士备受宠信。道士邵元节受赐金、银印、紫衣、玉带，领受庄田30顷，拜礼部尚书。神宗朱翊又敕张国祥汇辑《续道藏》。

但为发展生产安定社会，太祖励精图治，进行了许多改革，对某些非生产性的活动进行了多方面限制，道教除被利用外也在限令之列。洪武六年（1373），朱元璋命令全国各府、州、县，取消星罗棋布散处各地的道观，每县只允许留存历史较长、规模较大、戒律较严、修炼卓有声誉的道观一处；年轻人想出家的，须由父母向当地政府提出申请，经批准后方可入教；留存的道观道士生活费，原则上不再拨付皇粮补助，各听自力更生。

桐柏观虽按条件列入了留存名录，然而面对一片废墟，依旧无力兴建恢复，所谓"留存"也不过是一句空话。所幸在朱元璋限令到达前,桐柏道士金静观,在提点宫观的吴惟敬支持下已在火烧后的桐柏观废墟上临时支撑起几间遮挡风雨的茅舍,权充供奉祖师"殿宇"勉为其难地延续南宗祖庭的道门香火。明永乐十年(1412)道士鲍了静又勉力修补了一次殿宇。后来,随着限令的松弛和世宗厚熜对道士长生术的信奉,才稍有土木构建的动作。嘉靖间,当地绅民对位于福圣观范围的九天仆射祠草草修理了一次;隆庆间,他们又移九天仆射祠于桐柏观旁。不过,在整个政治气候的影响下,桐柏观也无法摆脱衰败的命运。到崇祯年间就更糟糕了,地方豪霸张某竟趁机仗势圈占桐柏观基址以为自家坟场。地方官不仅不闻不问,而且狼狈为奸官官相护,道徒们因而失去了赖以生存的条件,逐渐星散。唐宋两代蓬蓬勃勃名声煊赫的南宗祖庭桐柏观,至此已是"无可奈何花落去"了。

本时期有史为据的主要道士

金静观 金静观是张元中的道友。对道教义理的研究比较透彻,门下道徒不少,在众道士中享有一定威信。虽非住持,但对观务却很关心。元顺帝至正二十七年九月那场大火,烧去了溪西所有观宇,许多原居住在观内的道士见此情景,纷纷作鸟兽散,各奔前程,独金静观充满东山再起的雄心,在提点吴惟敬的支持下,迅速在原有观址的废墟上草草修建了数间房舍,使桐柏观香火得以勉强延续。

鲍了静 鲍了静,桐柏道士。明成祖永乐初受任该观住持。鲍了静自受职以来,即以恢复南宗祖庭的辉煌面貌为己任。明成祖永乐十年(1412),他首先修理好建于洪武初的几间老房子,再着手多方募集资金,新盖了几座殿宇,但较之宋代,无论在宏阔的规模上或金碧艳丽的崇饰方面都是今非昔比。

张无我 张无我律师，字静定，号无我子，浙江余杭人，受教前后均隐真于桐柏。他是以复兴龙门派为己任的全真道分衍的支派龙门派律宗（谓密传戒律）第五代传人。明宣宗宣德年间，受任主持桐柏观务。但此人好云游四海，在桐柏发展史上没留下什么功绩。然对《悟真篇》义理的探究有其独到之处，再加异于众人的传奇行状，因而为海内道教界人士所注目。嘉靖七年（1528），传戒法于赵真嵩（即复阳子）。

沈顿空 宣德末年，张无我云游山西，路遇一扶柩归葬的少年沈顿空。无我看其气骨不凡，遂与之交谈，并赠以要言。嗣是顿空有出尘之志。明英宗正统十三年（1448）秋，张无我游至剑南青城山（今属四川灌县），再次路遇沈顿空，顿空、无我两人，彼此都有他乡遇故知之感，谈得非常投机。于是沈顿空就立意南下浙江，攀登南宗祖庭。代宗景泰二年（1451），终于如愿以偿，成为龙门派第六代律师。沈顿空修炼于桐柏观期间，倾全力钻研《悟真篇》，对进一步发掘其义理内涵有一定的贡献。

赵复阳 明世宗嘉靖七年（1528），有个号复阳子的人访道登上桐柏山，谒张无我律师。张对复阳子说："生死肉骨，固有常道，能者从之。"复阳子立时感悟，即求皈依。张氏亦一见如故，即允所请，为其命名真嵩。真嵩姓赵，原名得源，复阳子是其号，山东琅琊人。后接替其师执掌桐柏观事，曾募资修复山门，道士吴彦钦为此写了一篇《重建桐柏山门记》。他在教理方面造诣较深，是为龙门派第六代律师。明思宗崇祯元年（1628），百余高龄的复阳子传戒法于王常月。王为龙门派第七代律师。后成为中兴龙门的最主要人物。复阳子羽化于崇祯元年（1628）。

吴彦钦 吴彦钦不知何许人也，明世宗嘉靖年间修炼于桐柏宫。长于文墨，复阳子重新山门后，他作了一篇《重修桐柏山门记》。

黄虚堂 黄虚堂，名守正，字得一，虚堂子是其号。明末江南长洲（今江苏省吴县）人。黄虚堂先在北京白云观接受王常月的初真戒，再在武林（今属杭州）宗阳宫接受高道的中极戒。为龙门派第八代律师。曾与黄亦阳同游湖州金盖山，旋又一起来天台桐柏山修炼。

伍冲虚 伍冲虚，原名阳，字端阳，法名守阳，号冲虚。洪都（今江西省南昌市）人。幼早孤，家贫力学，年二十举明经。及长，喜得王重阳帝君丹经，孜孜研读，志在成仙。后拜南昌人曹还阳为师，受金丹秘诀，未就。后又师事李泥丸，李授之《东老遗书》，得五雷之法。后至王屋山谒王常月，受三大戒。为龙门派第八代律师。为避入仕之牵绊，旋深隐穷山，百年后始出。出山后先回归故里，授柳华阳以金丹秘诀。旋仙游桐柏，在此修炼多时。后不知所终。有《天仙正理直论》、《仙佛合宗》等著作留世。

本时期留下诗文的苍山名士

刘 基 刘基，字伯温，青田（今属浙江省）人。生于元武宗至大四年（1311），卒于明太祖洪武八年（1375）。元末进士，官高安县（今江西省高安县）丞、江浙儒学副提举。有廉直声。卸任后来台州隐居，在桐柏住过许多时间，与该观道士张元中是要好朋友，常彼此酬唱。后出任江浙行省都事，因反对招抚方国珍而被革职。元顺帝至正二十年（1360），朱元璋定括苍，闻名礼聘至应天（今江苏南京），建礼贤馆处之。刘基参与机要，陈时务十八策，佐朱元璋灭陈友谅，执张士诚，降方国珍，北伐中原，以成帝业。明朝建立后，任太史令，累迁御史中丞。诸大典制，皆基与李善长、宋濂计定。封诚意伯。太祖洪武四年（1371），以弘文馆学士致仕。卒，谥文成。基博通经史，其文闳深肃括，其诗沉郁顿挫，自成一家。有《诚意伯文集》等著作行世。

感遇

赤城霞起接天台,上界仙宫此地开。
沧海有波容蜃鳄,石梁无路入莓苔。
当时玉帐耽罗绮,今日丝纶到草莱。
传语疲氓聊忍待,王师早晚日边来。

注:此诗作于刘基深隐天台尚未出山时。

王 冕 王冕,字元章,一作元肃,号煮石山农,诸暨(今属浙江省)人。生于元顺帝至元元年(1335),卒于明成祖永乐五年(1407)。幼贫,父使牧牛,却偷入学舍听诸生读书。待傍晚返家,竟忘却牛在何处。夜读无灯火照明,入僧寺映长明灯读书。学者韩性录其为弟子,遂成通儒,然屡次应举不中。台州路达鲁花赤泰不华欲以馆职荐之,力辞不就。寻隐九里山,植梅千株,自号梅花屋主。明太祖下婺州(今浙江金华),物色得之,置于幕府,授谘参军。有《竹斋集》传世。

天台行

东南海阔秋无烟,天台山与天相连。
丹霞紫雾互吞吐,重冈复岭青盘旋。
怪石长松磊磊兮落落,神芝灵草绵绵兮芊芊。
金堂玉室异入世,桃花流水春娟娟。
送君此去意何古,幅巾飑飑衣翩翩。
檄书初开云五色,不嫌座上寒无毡。
我拟寻真拾瑶草,在家作想三十年。
乘风几欲舞之去,水流花谢难夤缘。

山空无尘明月冰，时复梦里闻清缘。
君今登登玉霄近，为我问讯丹丘仙。
丹丘仙人如有在，我欲往受长生篇，
烂煮白石松下眠。

丁鹤年 丁鹤年，字永庚，色目（元代称钦察、回回、唐兀、斡罗思等外族诸姓为色目，地位次于蒙古优于汉人）人。生于元顺帝元统三年（1335），卒于明成祖永乐二十二年（1424）。元末，父官武昌，遂为武昌人。元亡，避居四明地区，方国珍据浙东，最恨为虎作伥的色目人，他即逃匿深林。明初，返归武昌。结庐父母墓旁，研习佛理。有《丁鹤年集》传世。

登天台山
西风桂花落，我上天台山。
仙子扶我手，泠然苍水环。
乘鸾者谁子，飞烟渺难攀。
三生此游戏，弄影银河湾。
空山忽飞瀑，四顾鸣潺湲。
长揖马子微，此岂非人间。

丁彦俊 丁彦俊，号乐善，又号东山病叟。天台八都丁村人。洪武初，隐居不仕，与同郡张廷璧、林公辅、叶兑、陶士衡等名士为友。

琼台
群峰环绕白云堆，月满琼台鹤自回。
丹灶功成人跨足，数声长笛断桥西。

徐一夔 徐一夔（1319-1398）字大章，又字惟精，号始丰，天台藤桥东徐人。通经学，擅文名。著名文友有宋濂、刘基等。然屡试不第。于是放弃举业出游四方。元顺帝至正八年（1348），浮游于杭州仁和。元至正十六年（1356），盘桓于海昌（今浙江省海宁市）。至正十九年（1359），受聘嘉兴府郡学助教。至正二十年寓居嘉兴府春波门外白苎里，与四方来居文士举办"南湖诗会"。接着，又举办"聚桂文会"，与会文士五百余。至正二十七年，朱元璋平定江浙，六月设律、礼、诰三局于南京，徐一夔被选入诰局，为明太祖撰写诰文。明洪武二年（1369），诏一夔等撰《大明集礼》，一夔出力甚多。《大明集礼》交卷后，户部主事王士英复荐续修《元史》，一夔以足疾不便行走为由坚辞不就。明太祖洪武五年（1372）九月，被荐为杭州府教授。洪武六年九月，诏命参修《大明日历》，一夔擘划纂辑竭尽思谋之劳。书成，群僚众口一声，荐为翰林院编修，徐仍以不便行走为由坚决推辞。经文友翰林学士宋濂陈情，太祖诏赐文绮、纤缯各三袋，钱六缗，让其回转杭州仍任府学教授。明太祖洪武三十一年卒于任，归葬桃源坑旁护国寺之西。被后人崇祀乡贤祠。一夔为文严谨有法度，著有《始丰稿》15卷，宋濂作序。

桐柏

吾乡之山动千数，独有桐柏非凡山。
孟冬之月日气薄，浩有老兴穷跻攀。
峻岭盘回三百折，日晏始涉青霞关。
芙蓉苍翠几千朵，四面周匝如城环。
其中地势坦若掌，别是天上非人间。
飞楼涌堕殿灰堑，烟光霞气犹朱殷。
长松夹道状磊砢，槲叶打帽声珊珊。

欲寻石碑究年代，往往断砾遗荆营。
仙人道士出迎客，羽衣苍佩朱为颜。
桑田沧海易变幻，坐阅大劫轻人寰。
涧东云房尚突兀，扫榻延我忘疲艰。
丹泉作酒麻作饭，殷勤饷客情非悭。
忽惊风雨乱人耳，乃是石濑流潺湲。
夜深明月出东岭，半照窗户光斓斒。
神清气爽不成寐，直欲轻举凌巉屼。
谁云琼阙不可即？顾我已接神霄班。
但愁俗骨不可换，天明又觅征途还。

吴　昊　吴昊，字仁甫，临川（今江西临川）人。明洪武年间举人。精于历象，成化中为监正。铸为新仪经纬。正德初进太常寺卿。

桐柏

平生看山爱桐柏，有山如此为名山。
九峰双阙迢递起，秀色可掬烟霞间。
楼阁崔嵬迥相向，桃花洞门深不关。
葛翁一住几千岁，阅此日月双转环。
鹤背笙箫振寥廓，遗音往往闻林间。
西崖有井数百仞，丹光灵彩浮朱殿。
昨夜长松发天籁，似惊遗珮声珊珊。
蓬莱咫尺元易到，独惭踪迹迷荆营。
来此暂欲须大药，服药驻我将衰颜。
山中羽客吾宗胄，相与携我起尘寰。
竹房燕坐已半月，笑歌顿觉忘忧艰。

手招乔盈非不好，尚恐泉石缘犹悭。
芝草琅玕隔云圃，小桥流水空潺湲。
自读古碑视往事，章残字缺苔斑斑。
临风徙倚独回首，但见绝壁青斑斑。
武陵从来憩渔钓，曼倩自足追仙班。
他年双成有消息，吾其抱琴来往还。

七律

廿年不到卧龙峰，今日何期有路通。
地拥蓬莱沧海上，天开观阙白云中。
听箫独立风生树，待鹤长吟月满空。
亦欲远寻勾漏令，大须玉札起疲癃。

叶　昼　叶昼，字文通，又自称锦翁，或称叶五叶，或称叶不夜；最后名梁无知，谓梁溪无人知之也。明无锡人。多读书，有才情。有《四书一评》、《四书二评》、《水浒评》、《琵琶记评》、《拜月亭评》诸评。

游三井下瀑布得摩崖甚多作歌志喜

瀑布旧称桐柏岭，石梁攫之不得逞。兴公赋中界道语，至今谁识此间景。滥觞源自玉霄来，玉梭溪水何潆洄。三井蓄泄向此注，白日忽走空山雷。两崖翼护势幽隐，名以习养允宜哉。天台之观圮已久，但留龙蛇笔势镌满高崖隈。图经失载邑志阙，铁画㵳漫侵苍苔。吁嗟乎，自来时运有显晦，贤圣不遇同凡材。怀奇抱异且自惜，何虞泯没同尘埃。我为此瀑发三叹，摩娑镇日心花开。行当载笔补志乘，庶使千载之后此瀑此刻重得显奇瑰。

揭 轨 揭轨,临川(今属江西省)人。洪武初,以明经举任清河主簿,迁知县事。民怀其德。后辞归故里。好游名山大川。尝慕名探幽桐柏。善诗。有《清河集》。

桐柏观

玉台窈窕上丹梯,珠馆玲珑入翠微。

野客笼鹅云里去,仙人骑鹤月中归。

春来瑶草如云碧,雪后黄精似玉肥。

此去天台应有路,桃花乱点紫霞衣。

范 理 范理,字道济,一字士伦,号操斋,别号省庵,天台太坊(后呼卢门头地方)人。生于明成祖永乐六年(1408),卒于宪宗成化九年(1473)。宣宗宣德四年(1429),浙江乡试第一(解元),次年皇都会试第二。初知江陵县,时大学士杨溥子入朝,理不加礼,其子诉于溥,溥嘉其廉洁荐知德安府(属今湖北省安陆县地)。人劝理往谢,理曰:"彼自荐贤,于我何与。"理廉慎和平,学行兼优。时被誉为"江南清官第一"。历福建右布政司、贵州左布政使、南京工部右侍郎、南京吏部左侍郎。著作有《诗经集解》、《丹城集》、《读史备忘》、《德安府志》、《天台要览》等。

游天台山

万仞悬崖一径斜,丹梯蹑尽到仙家。

金庭缥缈迷青嶂,琼阙岩峣散紫霞。

野鹤阶前窥玉粒,山童洞里熟胡麻。

桃源此去无多路,流水中间认落花。

释宗泐 宗泐,本姓陈,字秀潭,号全室。原籍黄岩。幼年,为临海周氏收为养子，改姓周。大约生活于元泰定四年（1327）至明永乐五年（1407）间。八岁出家于临海天宁寺，后转入杭州净慈寺。明洪武前期，朝廷诏致天下高僧，宗泐应召至南京。朱元璋命其注释《心经》、《金刚经》、《楞伽经》，宗泐克期完成任务。洪武十年（1377），奉旨去印度取经，跋涉数万里，历尽艰苦，到洪武十五年回国时，须发皆白。朱元璋赐为右善世僧录。成祖永乐元年（1403），朱棣捕杀惠帝旧臣，宗泐被株连系狱。太子少保上疏开释后，居金华石佛寺。永乐五年圆寂于该寺。著有《全室外集》、《续集》、《西游集》。

桐柏

好山好水，多在大荒之东。华顶秀接四明，三百八十朵之青芙蓉。丹崖泻瀑布，碧天飞白虹。天柱擎天倚天立，势与五岳高峥嵘。金门仙子跨鸾去，桥头霞浸衣裳红。我欲乘云朝帝阙，顺风放舟海水洌。海水忽静金鸡啼，身在蓬莱白银阙。

王明汲 王明汲，不知何处人士。曾任江西赣州通判，任满归途，绕道天台游览胜迹。

桐柏

新秋露湿晓风轻，桐柏宫前岭树平。
千载曾闻元鹤去，九峰犹有白云生。
琼台双阙留仙踪，瑶草琪花绝俗情。
幸遇飞凫东道主，好从缑岭学吹笙。

王廷表 王廷表，云南人。明武宗正德间（1506—1521），任台州府推官。公余游览桐柏仙境。

琼台

青鞋不惜履青苔，大壑中心异境开。
采药无缘逢玉貌，寻仙有路到琼台。
旁窥巀嶪魂为悸，俯听潺湲雨欲来。
更望金炉真可住，人间即此是蓬莱。

潘　渊　潘渊，字默之，天台人。明武宗正德时的岁贡生。曾任马邑县（属今山西朔县地）知县。作品有《玉霄吟》、《双涧集》。

玉霄峰

步入深山兴转赊，层峦低处尽烟霞。
手依北斗攀明月，目送东溟过远槎。
榻下有缘悉白足，袖中无意放青蛇。
山童知我诗肠涩，破竹牵泉煮细茶。

琼台

琼台深处觅金丹，白日能教生羽翰。
兀坐小斋听乱瀑，染霜红叶打书寒。
日暮行从华顶来，白云深处见琼台。
等闲欲跨扬州鹤，重拨丹炉旧日灰。

陈　绂　陈绂，明天台人。曾任桂林府（今广西桂林市）推官。

琼台

行到深山山益奇，青松白石两依依。
眼前好景道不尽，故使游人得句迟。

贾　诗　贾诗，字以言，号石溪，明天台人。

双阙

双阙嶙峋峙剑门，灵溪有路蹑天根。
径盘蛇虺随流曲，石化熊罴倚树蹲。
斧劈画添千种翠，古潭云竖半行幡。
赏心何待琼台月，自辟幽奇破晓昏。

陈临民　陈临民，字以庄，明天台人。明世宗嘉靖年间岁贡生。曾任平和县（在今福建省漳州市）教谕。喜诗，著有《存笥集》。

琼台

造化之理何怪哉，插空幻出崔嵬台。
润如琼玉琢古鼎，屹若砥柱连根荄。
日月掩其顶，蛟龙蟠其隈。
奇胜本为神所该，世人岂得轻相猜！
葛仙翁，马道士，夙有深缘来住此。
吹铁笛，弹素琴，朝而升兮暮而止。
托身台上云，濯足台下水。
石床丹灶尚依然，莓苔绿遍三春雨。
东抚扶桑树，西挈昆仑丘。
玉箫引得凤来游，举头直欲摩牵牛。

蔡宗尧　蔡宗尧，字仲文，明临海县人。明世宗嘉靖年间（1522—1566）举人。曾任当涂县（今属安徽省马鞍山市）知县。

桐柏宫

琼台双阙自逶迤，石蹬盘旋路欲迷。
胜迹独留仙去后，灵山初到日斜时。
峰回积翠龙归远，灶冷还丹鹤化迟。
回首法宫深树里，星坛空对锁云崖。

方　暲　方暲，明代隐逸诗人。

桐柏山

兹地开惟晋，名山冠自台。
池涵三界净，塔拥万峰开。
御履藏珠室，金莲涌梵台。
无劳望仙驾，紫气便东来。

程　资　程资，明代隐逸诗人。

桐柏山

兹山有佳誉，游子多情牵。
时节况清淑，登临由有缘。
慷慨趋北峤，愉悦坐中轩。
丹霞宿檐瑞，玉液流寒泉。
岩花闲碧筱，恍疑洞口仙。
薄暮暝色改，万壑生紫烟。
俯视周八极，浩歌惊大千。
歌竟更延盼，鸾鹤翔中天。

高天逸　高天逸，不知何处人士，曾隐天台山，畅游桐柏景观。

葛仙潭

落木山磴高，冲雨出云背。
雨来山浮湛，雨过山破碎。
麻姑正相望，玉筍拔天翠。
太初浩无邻，而此万象最。
洞烟郁无声，入座洞云避。
神仙窍灵聪，通此天地气。
摩挲太古石，吾生岂无寄。
神仙彼何人？亦肯于我閟。

王士性 王士性，字恒叔，号太初，又号天台山元白道人，明浙江临海人。生于世宗嘉靖二十六年（1547），卒于神宗万历二十六年（1598）。万历五年登进士。曾出任确山（今属河南省）知县。九年升礼部给事中。十六年奉命典试四川。十七年调广西布政司参议。任间，建怀远、荔波二边城。十九年迁云南澜沧兵备副使。后曾任河南提学，山东参政、都察院右佥都御史、鸿胪寺正卿。士性素以诗文名天下，性好游，足迹遍五岳。曾结庐居住于华顶、桃源诸山麓。著有《五岳游草》、《广游志》、《广志绎》、《玉岘集》。卒后被祀乡贤祠。

游天台山记

……又数里，上桐柏岭，始入山。岭行可五里，其上豁然夷旷，环以九峰：玉女、玉泉、华琳、玉霄、紫霄、卧龙、莲花、翠微、香琳也。左行，道书七十二福地之一，谓王子晋治之。又云伯夷、叔齐为九天仆射，治桐柏宫。今宫有二子像，玉石铿然，非山所产也。司马氏遗迹已杳然。宫有醴泉，前有女梭溪，从印山转南，水口为三井，下流入瀑布中。

自桐柏西行五里，至琼台。台在大壑之心，石由空起，状如削瓜。下俯百丈潭，心骨惊悸。沉流南转。至双阙，皆翠壁一抹，森倚相向，宋山人张无梦结跏焉，称仙座。

折而回，仍过崇道观，行罗汉岭，数里而入万年寺。……

释传灯　释传灯，天台高僧，一名祖灯，号有门，字无尽，俗姓叶，衢州府龙游县（今浙江龙游县）人。生于明世宗嘉靖三十三年（1554）。少时出家于家乡贤映庵，精炼戒行。明神宗万历初从百松大师学习《童蒙止观》。万历八年（1580）随大师至天台定慧真身塔院（俗称塔头寺）学习《法华经》、《楞严经》。有时也下岭游览幽溪高明寺遗址，目睹幽奇耸秀历史悠久的高明寺竟成一片废墟，非常痛惜，遂决心重建殿宇重振道场。从万历十四年（1586）赎买被人兼并的山林、田地开始，至万历二十六年着手创造大殿，建立僧房、禅堂、楞严坛、山门、钟楼、藏阁，经历32个年头至万历四十五年（1617）才完成房舍建造计划。接着开辟幽溪讲堂，授徒说法，宏扬天台宗教义，遂成"台宗中兴之祖"。他在讲经之余，写出了27部著作，主要有《楞严经玄义》、《楞严经圆通疏》、《天台山方外志》、《幽溪别志》和《幽溪大师文集》。其中《天台山方外志》，详实地记载了桐柏仙境的宫观与人物的历史，其史料价值尤为宝贵。明思宗崇祯元年（1628），传灯大师圆寂于高明寺。墓造佛陇太平寺旁。

传灯大师在桐柏作过认真的调查工作，详实地记载于《天台山方外志》中。现抄录其中一节以见一斑：

青山萎蕤，飞流界道，织女停梭，牛郎凝眺，则有瀑布水之胜；仙人拍掌，玉女溅珠，亦有僧寺，是称仙居，则有玉梭溪、瀑布寺、福圣观之胜；九峰峣嶢，元宫逍遥，仙凡路隔，度以三桥，有桐柏宫之胜；琼台迫汉，双阙凌霄，其谁神司，仙者王乔，则有琼台、双阙之胜。

陶望龄 陶望龄，字周望，号石篑，会稽（今绍兴市）人。明神宗万历中（1573—1619）会试第一，廷试第三。授编修，再迁谕德告归。起国子祭酒，以堂上老母风烛残年固辞不拜。母丧，因不胜哀伤而卒。谥文简。万历间来游国清、高明，随后由传灯大师弟子、高明寺僧意庵、午亭陪游桐柏宫。

游台宕路程

……复上攀险，行数里，人皆喙息，为桐柏岗，久乃得平地。约行十里，下瞰川原，有小山环绕，中辟一境，即桐柏废宫。宫仅三楹，祀三清。右小屋，有夷齐石像，甚古。旁设大庚庾粟，即宫田宫收之耳。饭毕，步往观琼台双阙，奇甚。然上望之，其峭堑殊特之趣，十不得一。若从涧入，逾石门限，且蹄且步，乃尽得其幽奇焉。恨寄涂已谬，所蹄险绝，不能下观，怅然而去。初从真觉来，至桐柏，以为追迹人境在平地矣，逮下趋石梯数十转，不啻万丈，乃及乃趾，更相与叹兹山之高绝，不知其身之从天而来也。

陈函辉 陈函辉，原名炜，字木叔，号小寒子，临海县城人。生于明仁宗万历十八年（1590）。明崇祯七年（1630）进士。九年，补靖江县（在今江苏省）令。在任重视开发农田水利，吏部考绩名列第一。崇祯十七年，北都陷，倡勤王。清顺治二年（1645）六月，清兵陷南京，鲁王朱以海走入台州，函辉劝其监国，被鲁王擢为礼部右侍郎。为恢复明室，从鲁王奔波于东南沿海。顺治三年，鲁王兵败出奔失却联系，陈退遁入临海云峰山，作绝命词十首，自缢而亡。与旅行家徐宏祖要好，时有唱和。著有《腐史》、《小寒山集》。

问道入琼台
挈伴同来访碧宫,残碑剥落树蒙丛。
道旁失履迷黄石,车畔行歌问陆通。
林性久应侪野鹿,剑心犹欲斩长虹。
出山司马何须悔,捷径应知非此中。

坐琼台绝顶
扪萝偶叩古琼宫,满径烟云锁翠丛。
世外红尘无梦到,此间呼吸与天通。
千涛赴壑藏文虬,两阙嘘霞映彩虹。
可是仙凡容易隔,谁乘野鹤过山中?
与之孙、锡辉两兄凌险穷台阙之胜
欲构深岩半亩宫,其如鸟道似蚕丛。
悬崖早自惊三折,济胜犹疑得六通。
绝顶何人鞭渴骥?潭心有客饮流虹。
御风拟控天门翼,侧望天疑一线中。
游桐柏宫,和洪九霞、王遂东题壁韵
仙官此地有遗宫,古木荒烟草一丛。
丹灶古床容易到,白云天路若为通。
人归莫问山头鹤,响落应惊涧底虹。
欲过琼台寻旧识,吹笙半在月明中。

戴　澳　戴澳,字有斐,浙江奉化人。大约生活于十六世纪明神宗朝前后。万历年间(1573—1619)进士。曾官顺天府丞。两度游览天台山。为重修的唐一行禅师墓题写碑名。

重游天台山

往余自台之雁，兹自雁而台。行至恶溪（百步溪），叹曰："溪水自恶，游人自多。中有可赏，巨灵不能秘也。"

始丰邑屋有尘外之致。首问奇。

桐柏宫昔所未至也。以己巳闰四月廿八日出城，西行上桐柏岭。岭尽，平田弥望，贯以清溪。"瀑布飞流"即此溪所泻。道宫废甚，礼斗台夷为烟草。司马子微不能销其名，虽出山辄悔，已恐为子晋、稚川所笑。然入其山，觉有一段灵气映人，则犹以子微所栖也。宫有伯夷、叔齐石像，衣冠甚古。生不饱西山之薇，死乃食天台之粟，岂天台向时未入周版耶？

右折数里，望琼台坟起如盖，层岩天累。双阙夹竖，灵峭刺霄。虽不能至；恍随飞仙旅集矣。

……

王思任 王思任，字季重，号遂东，浙江山阴（今绍兴市）人。明神宗万历（1573—1619）进士。累迁袁州推官。鲁王监国时，历礼部右侍郎。郡城失守，遂隐居不仕。工画，仿米家数点，云林一抹，饶有雅趣。著有《弈律》、《百家论钞》。

天台山记

……问所谓"琼台双阙"者，土人俱不知何谓。云公曰："吾尝以杖作眼，行三四里，过瀑水、岭下，高壁障天，清溪照石。望桃源瀑布，似惊虹倒挂几百丈。村农女儿小桥边行汲入竹去，仙家矣。篱花自笑，居人何必解东西也。"云公数乞路野人，都不应。行五六里，一老叟指点，似有要领，而云公十年前曾望见来，于是得入，见所谓琼台者。玉山寒，并已为厌腹，而予遂欲如桃源例竟之。初，褰裳去愤，从樵路悄入。已而樵路绝，俱蛩中行。睿孺乃大恐,求止一石上,予单袒(袒,音"日",意思是:通常穿的衣服),著草履,持一方竹,取鸟路。已而鸟路亦绝,僧仆呼吸叮戒,一步潭即一步石,或不可则退之,再试百计阑入。石尽山塞,山尽石塞,则以竹剔莓苔,蜂缀而猿接之,眠扑偷过,窪隆悬滑,以千尺计,俱数十处。闭听一视,而侥幸斋粉者数矣。喜雨后如秋,轻阴皎淡,不热苦人。约五六里许,琼台正面削突整严,是一万雉方玉楼,大翠大锦荟蕞而成者。一山稍圆直佐之。而所谓双阙,古鼎两柱,峙插其上,碧尽霄霞,令人魂绝。此皆王子晋、葛炼师、魏夫人辈,骑青鸾,步云气,吸金浆而调石髓之所也。予何以至此!罪耶?福耶?游耶?梦耶?始皇失志于东海,武帝绝景于蓬莱,予一日而有琼台双阙也!予何以至此?正精迷意丧,而寒风阴气逼紧衣裾。仆云:"十步外,一大黑潭,溪尽山尽矣。"视听之,波沸沸圆折起,有龙物将出怒人。急走还,不自知其步之儇捷也。乃从山上隔三里望,呼睿孺。睿孺得空谷之音,辄大呼作伪笑。察其色,忧未解。共诘之,乃云冈上忽忽大动,若虎出,吾其渊矣。二僧相视而笑,意间谓吾之所忧有洪于虎者。相与汲溪水,啖饼果慰藉,别云公去。

得舆路才四五里,上筋竹岭,舆不得用,予胜俱能缘高若都庐。而是岭则足所未阅者,高不过十四五里,但峻峭陡险,仅容一脚,步步则以膝承颔,有千馀折,气喘甚。乃上十之二。渴燥甚,无所得水,觅得一梨食之。至绝顶,路忽大坦。走四五里,无人,不知何处。下落金庭洞天,乃分探之始走。至则为桐柏宫。九峰环裹,三井元湛,址如仰盂,有平田数十顷,乃司马承祯修炼地。按《真诰》记:吴有句曲之金陵,越有桐柏之金庭,三灾不生,洪波不登。是宫肇于周,灵于晋,盛于唐,扩于梁、宋。其为瑶池蕊室,玉宇丹台,白鹿青禽,灵芝瑞草者不可胜纪。而今仅仅一寒道士守黄云之故堂,半丘腐麦子,即不死之灵粒,何以盛衰悬绝至此！然道士犹能指点葛井、宋坛，一一在寒藤苍藓中也。

西行五里，访元明宫，已废。取道仙人迹，望吹箫台，遗响绛云，渺无定处。扪萝至琼台之上，又历南踏双阙，但觉绝壁森倚，呼吸通上帝之座。玉泉、华琳二峰当其中，阙后千层峰巚如大海紫澜，乘风而拥。此天台之心矣，胜游哉！第不敢俯窥。予语道士："此下可径行否？"道士谓，必无行理。而予谓从万仞之下飞来，则道士以腹谎我。徐大受山行摘句："大壑之心，琼台突起，岚光波绿，状如削瓜。"语极形容，似从下而得台阙者然。又云："俯百丈龙湫，心悸骨惊，不可近视。"则徐仍从金庭取台阙也。予以穷目之力察之，则台阙之胜，据其巅，反无所见，必望妙于登。而仙凡路隔，人不得入，从何而知之？予其破鸿濛者乎？兴公之赋天台也，曰："倒景重溟，匿峰千岭，始经魑魅之涂，卒践无人之境。"而结之曰："陟降信宿，迄于仙都，双阙云竦以夹路，琼台中天而悬居。"意兴公图此神秀，未曾亲走其上下，止欲掷地作金声已耳。还至宫，饭罢，谒孤竹二先生石像，冠貌甚古，台山借重首山人，岂九天仆射之说耶？扪宋乾道碑，十行香火文字，恨韩择木所书崔尚颂，被风日蚀尽。犹豫走石桥，出洞门，盘折而下卜里许，至福圣庄观瀑布。夏雪春雷，江悬海挂。当年瀑布寺中竹窗松槛，不知何人年年卧看。溅珠亭，仅有遗础，然飞沫时时穿葛可人。予初在桐柏宫，见平畴衍野一谽，苦砢之目，似入潼关骤得百二山河者。及回首，瀑落九天。仰观所下岭，云封树灭，而后知桐柏宫地在天上也。予目不过两寸，恶能穷宇宙之变哉？

相与唱凯还国清，疑眩茫然者两日。人间长见画，老去恨空。闻每咏斯语，辄欲击碎唾壶。万年老杜，不得接天台一面，而寓公相处甚久，台鸟尽皆熟识其洒脱者，来掌中就食。一月之内，自魂魄所征候，口鼻所受纳，以至便遗所化捐，无非云气水声也。天台何以侈予，予亦何繇得见侈于天台也？外史氏曰："予游天台，盖操一日文衡矣，赖仙佛之灵，风雨无恙，得以搜阅竣事略，用放榜例，品题甲乙，与诸山灵约矢诸天日，不敢有偷心焉。文章胎骨清高，气象华贵，万玉剖而璧明，万绣开而锦夺。昆仑嫡血，奴仆群山，仙或许知人不能到。所谓琼台双阙也第一。磅礴浑茫，从天而下，不由父师立参神圣，雄奇之极，反归正正堂堂，吾畏之，终爱之。石梁瀑布第二⋯⋯

李天秩　李天秩，字止庵，云南人。明熹宗天启（1621—1627）进士，明思宗崇祯间（1628－1644）曾任台州府推官。在任期间曾游览了桐柏山。

　　游桐柏和韵
　　霁色浮空烟雾轻，金庭葱郁日华明。
　　风传绛节千山动，云护丹丘万壑生。
　　地印石苔成异迹，天开云阙绝凡情。
　　自从子晋修真后，清夜时闻缑岭笙。

颜允珏　颜允珏，字迩玉，明浙江慈溪人。有《覆酱集》行世。他好览名山，在天台住了一段时间，游遍天台山各主要景点，留下许多诗篇，其中有关桐柏景区的两首；另外，还有游记一篇。

　　福圣观故址
　　天台一观已成墟，桥度丹霞感慨馀。
　　飞瀑依然悬碧落，何从重访紫霄居？

　　琼台山
　　君不见天阙巍巍北极笔，星躔都向天枢拱。又不见将军堂堂屯细柳，貔貅百万严刁斗。天台壑中有此奇，桐柏西行始得之。上有绣鞍据神骏，下有碧潭蟠蛟螭。蒙茸历尽藓苔破，深入瑶房不敢唾。一线细接金炉峰，斗龛共说仙人座。两旁陡绝摇心魂，千仞突兀削瑶琨。直上已与帝座逼，突立方知琼台尊。端严磊落谁伯仲？时鸣鸑鷟栖雏凤。丹鼎早传葛孝先，草庐曾结张无梦。东西嵯峨双阙分，周庐回合攒青云。森森欲护紫宸居，肃肃如列羽林军。长歌狂啸胸襟拓，拟向高天挥莲锷。逝矣子微不可招，吾生焉得层城托。

游桐柏宫至琼台山记

忆甲午暮春，予初至天台。独登华顶，回从察岭西下，引入昙华亭。亟倚槛视，疑雷电交并。出户立石梁畔，两崖峭壁千仞，两股战栗。是时，春雨初晴，瀑声雄甚。从上流度涧，寻下方广寺。仰视长虹悬天半，银汉直倾如入蓬莱。仙界罗浮铁桥无瀑，曲江涛无梁。此则瀑以梁奇，梁以瀑奇，奇甚亦复险甚。回首石梁畔，久久犹令人心悸。

今年乙未秋九月再至天台。约钱塘李子士雅同游桐柏宫，并闻琼台双阙与宫不远。从青溪赤城而北，远望一瀑在翠屏间。近则声震林谷，冰绡雪练不减，立伫移时，随登山纵目观之。又穷三井通海之奇。至山顶，平田绮错，一望豁然。道旁有透瓶泉从地下沸。问桐柏宫何在，指道士茅屋一间即其故址。旁有夷、齐二大石像，苍古温润，云自宋时从宫中携归。仅覆茅草数茎，愧不能采，薇蕨荐之。当年会仙之亭，众妙之台，迎宾清虚之院，仁靖纯素等宫，以及斗坛丹室、巨幢穹碑，俱沉沙砾，不与九峰白云同留矣！深山与人无求与人无争，尚沧桑一变至此，况尘埃阓、阛间哉！

由桐柏而西，过一小岭，点缀田庐数家。时正在刈禾，浼一老人前导为琼台游。行里许，至一冈，蹊径都没，荆棘漫山、芒刺扑面，私拟琼台，如果奇胜，何至游人断踪？尔尔怦怦欲返者屡矣？老人曰："前即琼台山也"。巉岩巀嶭，紫绿丹翠，千态万状。又历险径半里许，从北上，危峦铺出，平台如掌；纵六七丈许，横二丈许。两旁亦峭壁千仞，如千年冰玉，万叠瑶琨；前一面蜂腰一线，藕断丝连可援萝至金炉峰。中有仙人座，为葛元（玄）炼丹处。左右两山夹抱琼台。而行至金炉外里许，两臂欲交，东西对峙为双阙。琼台特尊而双阙护之，如众星拱北极，如羽林卫宫禁，如貔貅百万，矛戟森挺，蟠绕细柳营。千仞下有龙湫，水从双阙出而为灵溪。细听潺潺，不敢睨视。奇绝险绝！天地间又另辟一神山境界矣！如张无梦犹存，必于此信宿看月。坐啸逾时，复从榛莽中出。见一小岭，老人曰：此名水车岭。从此下山去桃源不满十里，但路险不可下耳。予问有采薪人上下，决意走水车，愈陟愈险，左危崖，右深涧。遇石蹬，隔二三尺一步，士雅不能置足，不得已与人负之。视下欲堕，不觉潸然。予素有济胜，具回顾鸟道猿梯，亦为齿击股战，又何怪士雅效昌黎之恸乎？

下坡涉灵溪，又逾岭为桃源。有桃源庵，至浮杯石，历迷仙坞。问刘阮洞，云在山顶，因走水车之险，不能再鼓登山之屐。又二里，至护国寺息足焉，因援笔记之。

游天台山赋

望桐柏于咫尺兮，果攒峰而绣岭。亭亭明玉之状，灼灼护莲之影。孰营不死之乡？孰辟朝真之境？证劫灰之未然，悼黄云其已冷。尝透瓶于一勺矣，穷翠屏之三井。其下悬而为练兮，恍仡真之清迥。忆观宇之当年兮，何砂砾其交并。深山与人无求兮，亦沧桑其可省。……

张廷臣 张廷臣，字元中，广东番禺（今广州市）人。明世宗嘉靖年间举人。穆宗隆庆三年（1569）至隆庆六年间任台州知府。隆庆五年，在天台县知县方惟一陪同下游览过桐柏，并倡议建立清风祠。隆庆六年五月为清风祠撰《移夷齐像记》并勒石立碑于祠旁。著有《张氏说诗》。

戴唐献 戴唐献，字伯言，明临海县人。有《蕉雨轩集》行世。

清风祠

绿树深扃不掩扉，云为香火雾为衣。
天台赢得多芝草，还与先生荐蕨薇。

叶臣遇 叶臣遇，字修卜，明临海人。曾任郴州（今湖南郴州市）知府。

琼台仙人石

金阙仙人已不回，独留坐石傍琼台。
高崖邃壑环青壁，暮雨朝云长绿苔。
白鹤千年还自语，桃花七世为谁开。
何如鸡犬同升去，不教游人日浪猜。

盛仲龙 盛仲龙，明崇祯十一年（1638）任台州知府。

读桐柏宫夷齐诗序感赋

山作郭城云锁扉，寒光冷况袭人衣。
居民俎豆休陈设，不及当年旧采薇。
避人高蹈海天东，终古香生桐柏宫。
桐柏参天阴籁远，不随世代改清风。

不用庄严不用泥，两尊石像奉夷齐。

敢将绘塑污颜色，留取癯容醒世迷。

释小白　释小白，明天台山诗僧。

金庭观

羽客相留宿上方，金庭风月冷如霜。

直绕人世三千界，未抵仙家一夜长。

徐宏祖　徐宏祖，字振之，号霞客，更号霞逸，南直隶江阴（今江苏江阴）人。生于明神宗万历十四年（1568），卒于思宗崇祯十四年（1641）。性好山水，又好奇书。博览古今史地秘籍。年三十，母遣之出游。每年春夏秋出游。东南胜景如天台、岩宕、天目、洞庭等，无不深入探究，如天台山，还到过多次。出游时，能忍饥数日，且能遇食即饱。他健如黄犊，徒步走数百里不知疲倦；攀崖凌绝壁，捷如青猿。行游百十里，即走笔为记。经二十多年之积累，高可等身。可惜在其殁后，手稿散佚。幸赖好友季梦良为之搜集纂编为《徐霞客游记》传世。

游天台山日记

……出饭馆中，循坞东南行，越两岭，寻所谓琼台、双阙，竟无知者。去数里，访知在山顶。与云峰循路攀援，始达其巅。下视峭削环转一如桃源，而翠壁万丈过之。峰头中断即为双阙。双阙所夹而环者即为琼台，台三面绝壁，后转即连双阙。余在对阙，日不及登，然胜已一日尽矣。……

游天台山日记后

……上一里，至中岩，岩中佛庐新整，不复似昔时凋敝。时急于琼台、双阙，不暇再蹑上岩。遂西越一岭，由小路七里，出落马桥。又十五里，西北至瀑布山左登岭。五里，上桐柏山。越岭而北，得平畴一围，群峰环绕，若另辟一天。桐柏宫正当其中，惟中殿仅存（时为明思宗崇祯五年）。夷、齐二石像尚在石室，雕琢甚古，唐以前物也。黄冠久无住此者。群农见游客至，俱停耕来讯，遂挟一人为导。西三里，越二小岭，下层崖中，登琼台焉。一峰突瞰重坑，三面俱危崖回绕。崖右之溪，从西北万山中直捣峰下，是为百丈崖。崖根涧水至琼台脚下，一泓深碧如黛，名百丈龙潭。峰前复起一峰，卓立如柱，高与四围之崖等，即琼台也。台后依百丈崖，前即双阙，双峙，层崖外绕，旁绝附丽。登台者从北峰悬坠而下，度坳脊处咫尺，复攀枝仰陟而上，俱在削石流沙间，趾无所着也。从台端再攀历南下，有石突起，窟其中为龛，如琢削而就者，曰仙人座。琼台之奇，在中悬绝壑，积翠四绕。双阙亦其外绕中对峙之崖，非由涧底再上，不能登也。忆余二十年前，同云峰自桃源来，溯其外涧入，未深穷其窟奥。今始瞰于崖端，高深俱无遗胜矣。饭桐柏宫，仍下山麓，南从小径溪渡，十里，出天台关岭之官道。……

魏 耕 魏耕，原名璧，又名时珩，字楚，别字白衣，慈溪人。自崇祯十七年（1644）明亡以后，改名耕，又名甦。曾举兵复明，兵败，亡命江湖，久之始解。与归安（今湖州）钱缵曾居苕溪，闭户作诗。耕喜谈兵。后遣死士致书郑成功，又遮道留张煌言入焦湖图再举。再举不克而被捕，坚贞不屈牺牲。后人将其与张煌言、杨文琮一起奉祠于杭州西湖"三忠祠"。作品有《息贤堂集》。

宿天台桐柏观

晚投桐柏观，已流赤城月。
羽人邀我游，披襟采爽悦。
回廊扫松梢，石鼎茗可啜。
清风至徐徐，阴虫声切切。
弹罢苏门琴，孤怀转幽绝。
登岭豁长啸，观崖惊飞雪。
天鸡鸣海岸，纷吾复东出。
霜露野中饭，黄精会当掇。
晓夕望洞庭，云涛远明灭。

薛应旗 薛应旗，字仲常，明武进（在今江苏省）人。约生活于十六世纪（明世宗嘉靖前后）。嘉靖十四年（1535）进士。累迁南京考功郎中。因得罪于严嵩，谪建昌（今江西永修县）通判。历浙江提学副使，以大计罢归。著有《方山文录》、《四书人物考》、《宋元资治通鉴》、《考亭渊源录》、《薛方山纪述》、《薛子庸语》等。

游天台山记

桐柏山在天台县西北三十里，周围九峰，曰紫霄，曰翠微，曰玉泉，曰卧龙，曰莲花，曰华琳、曰玉女、曰玉霄、曰香琳。矗立霄汉，远近相向。晋王羲之与支道林尝往来此山。至唐则司马承祯居焉。承祯始隐于司马悔山，睿宗召出后复隐于此。

金庭馆在桐柏北又三里，曰方瀛山。按《徐灵府小录》云，由桐柏山北上一峰，上有平畴，间以陂池，前眺苍峰，后即云峰也。长庆中，徐灵府居此。宝历元年赐今名。

又二里，曰琼台山。转南三里，曰双阙山。两峰万仞，屹然相向。孙绰赋"双阙云耸而夹道，琼台中天而悬居"即此也。有百丈潭在山涧，盘涧绕麓，入为灵溪云。

九折峰，在县东北三十里。孙绰赋所谓"既克济于九折，路威夷而修通"是也。

玉霄峰，在县北三十五里，产香茅，号小桐柏。

张文郁 张文郁，字从周，号太素，天台县茅园村人。生于明神宗万历六年（1578），卒于清世祖顺治十二年（1655）。明仁宗万历四十六年（1618）中举，明熹宗天启二年（1622）中进士。授工部主事。天启五年，受命重建皇极、中极、太极三殿。天启七年，三殿建成，复受命重建文昭阁、武成阁、隆德殿、养心殿、昭和殿、紫光阁等。思宗崇祯元年（1628），又督修德、庆二陵。工毕，辞职还乡。清顺治三年（1646）五月，清兵攻破杭城，明将方国安所部向南溃退，沿途百姓普遍被扰害。文郁出于保护全城百姓考虑，延方国安至家，倾囊犒军，并对方国安晓以爱民大义，使全城百姓免遭骚扰践踏。顺治七年，隐居于惆怅溪边宝相地方以安度晚年。著有《度余亭集》。墓造上宝相村对面山麓。

游桐柏

　　振衣绝顶御风轻，来看秋山秋色明。
　　双阙遥分云片下，琼台悬待月华生。
　　采薇煮石游先梦，食柏餐霞畅我情。
　　味得夷齐清到骨，声声山鸟似吹笙。

叶良佩 叶良佩，字敬之，浙江台州太平（今温岭市）人。生卒时间不详，大约生活在十六世纪初至十六世纪七十年代（明孝宗弘治至明穆宗隆庆年间）。登嘉靖二年（1523）进士。初任江西新城知县，后擢南京刑部主事、郎中，有政绩。一生著作丰富，有《周易义丛》、《易纬洪范图解》、《海峰堂前稿》行世，并参与编修《台州府志》。

天台山记（节录）

……舆人曰："直南为桐柏冈，若欲寻洞天宫，当东从横路。"于是遂东。洞天宫已废，独玉霄峰重崖叠嶂岑蔚如故。稍南，有石门山两岩对峙如门，各高数十丈。将至洞底，乃有石横亘如阈。山水奔湍击阈，如翻玉练擂鼍鼓。予据石注视久之。乃复从故道行桐柏冈。过元明废宫又五里，抵桐柏宫。其它有卧龙、玉女、紫霄、玉笥、翠微、莲花、玉泉、华琳、香琳凡九峰，而宫当其心。平原旷衍，有村落、溪流、桥梁、水碓，道书称为金庭洞天。吴赤乌初年，葛玄于此修真。至唐，司马子微遂奉敕建立桐柏宫。宋改为崇道观，今复为桐柏宫云。西北有琼台、双阙，去宫可六七里。羽士曰："游琼台当先休足力，即至其处，又必去鞋用行藤鼓足，攀援萝葛乃得登。"是夕止宿于黄云堂。

次日早饭已，乃偕潘子攀登如其法。琼台三面皆翠壁万仞，峭竖相向如城郭周遭，而台则南向悬居其中。折而东南，可三里许为双阙。翠壁山至此忽中断，对峙如阙门，路出其下，而涧水从之。然岩石皆陡绝，不可下观。于是还坐琼台。而四壁之花叶曜日含风，绮绣纷错，苾香蓊郁。俯瞰百丈潭在台左麓，纡绕双阙，流入灵溪。屏息无哗，其听益远。真天台山第一之奇观也。还宿黄云。

明日，出洞门盘折而下。行数里，至福圣庄观瀑布，又迤而北至翠屏山观三井，皆奇。初，予自元明宫来，谓桐柏已在平地，及观瀑布、三井，始觉其地乃在众山之上。又复惊诧，以为大奇。

夫以兹山之灵异且多奇如此，顾自近世以来恒鲜异人宅之，即有游览者亦惮于鹜远凌危，罕得穷其妙。予于是重为兹山懊惜。

（七）昙花一现时期

——清代

爱新觉罗氏入关以后，福临亲眼看到以李自成为首的农民起义军居然推翻了统治中国数百年之久的朱氏王朝，认识到团聚起来后的农民力量，也认识到动荡不安的社会带给封建王朝的危害性，因此对安定社会工作非常重视。在军事上残酷镇压的同时，在政治上实行保守的政策，不敢放手革新，生怕挑起风波激怒各方面。及玄烨登基后，仍然主张"为君之道，要在安静"，对道教也采取保护政策。在这种国策下，龙门派第七代律师王常月乘机振宗兴教，恢复全真祖风，公开传戒，发展组织，仅顺治十三年（1656）就在大都度弟子千余人。世宗胤禛执掌皇权后，对道家学术比较感兴趣，特别经那次朦胧中仿佛觉到紫阳真人临床为其治愈大病后，对道教就更加相信，极力推崇正统道家的张紫阳，并亲自为《悟真篇》作序，赞赏《悟真篇》"真证了彻，直指妙圆"，称誉张伯端为"仙俊哉，大丈夫也"。拨帑银、皇粮为南宗修复祖庭。在这一背景下，桐柏因而得以复兴，也辉煌过一时。但这只是昙花一现，从乾隆四年（1739）开始，高宗弘历就转了方向，在禁止驱鬼降妖、祈福禳灾的正一教传度的同时，对所有各教派也包括全真教龙门派规定了种种限制和贬抑措施。如命令"永行禁止真人差委法员往各省开坛传度"。如有"法人潜往各省考选道士授箓传徒者，一经发觉，将法员治罪，该真人一并论处"。从而又加速了道教的衰落进程。道教的发展受到约束后，道士的生活也随之朝不保夕，恶性循环的结果，终于导致整个道教组织随着封建社会的衰落而江河日下。

本时期有史为据的主要道士

褚九如 褚九如，明宁波人。平生爱读诗书，富于正义感，有强烈的爱国主义思想。清兵入关明廷灭亡，他非常痛心，也非常气愤。出于恢复朱明政权考虑，他上山支持结寨四明起兵抗清复明的余姚人王翊。明鲁王朱以海监国的第二年（1646），王翊兵败余姚，褚九如随王翊率四百人进入天台山，与反清复明的天台山威远将军俞国望部汇合。俞国望、王翊兵败天台英勇就义后，褚九如只身遁入桐柏山，当了桐柏观道士。可惜终因壮志难酬，耻为遗民，气结于胸，而致内丹无望，郁郁归天。

孙守一 孙守一，原名孙尚之，号玉阳。归安（今浙江省吴兴县）人。弱冠游金陵，遇道士沈常敬，受秘书36种，一一精诣其髓。常敬大悦，即授以宗旨，命名守一。守一为龙门派第八代律师。后又出游名山，尝至天台山桐柏修炼有年。名闻遐迩的范青云、周明阳就是他的高足。

童清和 童清和，字融阳，生于明神宗万历三十七年（1609），浙江龙游人。童清和是孙守一徒孙，王永宁徒弟，是龙门派第十代律师。童清和20岁那年（明思宗崇祯元年即1628年），访胜寻师至天台桐柏崇道观谒见该观住持赵复阳律师，喜不自胜。交谈中，赵赠以偈言："说觉还不觉，针头往外穿。动静都不是，放下两头看。"童立时解悟，随即屈膝下跪，高呼"师父"，遂留居桐柏。自顺治丁酉（1657）年至康熙丙午年（1666），童独居琼台观修真达九年。大丹既成，为诸真目为领袖。接着，出游茅山、金盖等名山洞府先后十余年。康熙十六年（1677）归山后，任桐柏观方丈，长期主持桐柏观讲席。期间，为维护桐柏观山场，与当地强项之徒作不懈的斗争而至于心力交瘁。羽化前，以山事嘱托青云子，无疾而终，时清康熙五十二年（1713）七月，住世105年。葬于桐柏山。

范青云 正当南宗祖庭桑榆暮景每况愈下时，有幸来了位龙门派传人范青云。

范青云，派名太清，号青云子，湖广江夏（今湖北武昌）人。生于明神宗万历三十四年（1606）。律师孙玉阳的弟子。年少任侠。学识渊博。明福王时的兵部尚书阮大铖慕其名，假托福王旨意相召，范视名利如浮云，不愿应召。阮大铖以为丢了面子非常气愤，派人四出缉捕。明思宗崇祯十七年（1644）下半年，范青云换上道服，高挽椎髻，戴笠提壶，自号青云子，飘然浪迹天涯，隐身山林。清顺治元年（1644），至茅山乾元观，谒沈太和宗师，沈命拜孙玉阳宗师为师。时孙玉阳正云游在外，无法对面师。直至康熙四年（1665）才相会于天台琼台。范从孙处得《元偈》110首并《龙门秘诀》。康熙六年在金盖山幸遇王常月，得《钵鉴》五卷。又经长期外出游历后再于清圣祖康熙十三年（1674）重返茅山。孙玉阳为他命名加冠，复授以《锦记》数章。玉阳羽化后范再度放浪云林。清康熙三十二年的某一天，范青云再度云游至天台桐柏山，适值雪后初霁，范独登琼台，如入瑶琳仙境，不禁仰天长啸，啸声如鸾凤和鸣，山回谷应，余音久久不绝。青云子陶然欲醉，蓦然惊叹道："真仙境啊！"时道观境况已日见艰难，观内道徒根据赵得源延请高道以争回观产振兴桐柏的遗愿，坚决将他留下主持法席。因住持童清和尚健在，不愿接任。青云子在桐柏没住多少时间又继续云游宇内去了。不想时隔二十多年后再上桐柏岭时，呈现在眼前的已火灭灰冷，光景惨淡：大小月山前的桐柏观被夷为平地，观址也为官宦家张某据为坟场，40里山林亦被悉数霸占。观内道士，早在几年前已先后被次第驱赶。范青云见状，异常伤心。为恢复道场，主动挑起住持重任，多次向县、府地方官状告霸道，要求归还观址、山场。然在官官相护的封建统治下，非但合理要求不予承认，还以诬告罪毒打年迈百余岁的范青云。范青云则不屈不挠韧性战斗十数年，一直告到北京。然苦于呈状无门，只好在白云观住下来等候时机。再说当时的世宗皇帝在理事之余也常看一些有关宗教书籍。在看到紫阳真人的《悟真篇》后，感触颇深，由衷崇拜。一次，世宗生了一场大病，久治不愈，忽一夜梦见天台紫阳真人为其疗疾，病愈以后，雍正以为全赖真人妙手回春，于是驾临白云观进香表示感谢。范青云因而有机会冒死呈状申诉。雍正因感念紫阳真人治病之恩，对紫阳真人的道教南宗祖庭被毁被占一案非常重视，马上敕令浙江布政司、台州府、天台县地方官负责处理，及时收回被人侵占的观基和山场，同时传旨兴复桐柏观。范青云于是兴高采烈地赶回天台。

雍正九年（1731），世宗降旨调拨当年台州六县应上缴国库的部分皇粮为资金，着两浙粮道布政使朱伦瀚负责重建紫阳修真之地桐柏观。世宗敕建之桐柏观，计划宏伟，规模壮阔似宫殿。中轴线自南而北自下而上为山门、灵宫殿（奉护法监坛之神王灵官）、真武殿（供北方神灵）、御碑亭（立雍正御笔敕建崇道观碑）、大殿（祀玄玄皇帝太上老君，左右旁坐金阙帝君、纯阳帝君）、紫阳楼（祀南宗始祖紫阳真人）。大殿之配殿，左侧为太极仙翁殿（祀开山祖师葛玄），右侧为右弼真君殿（祀控鹤仙人王子晋）。紫阳楼左右有厅各三间。右为方丈楼，方丈楼前右为众妙台；左为迎仙楼，迎仙楼前左为会仙亭。东西道院亦各有厅三间，接以回廊。宫观周匝围以宫墙。在观外右角建清圣祠（崇奉孤竹子伯夷、叔齐）。清圣祠前为西道寮；观外左角为云厨，云厨前为茹芝堂、东道寮。殿堂和其他用房合计百余间。

再说范青云自京城回转桐柏后，马上着手准备，配合布政使作好人力、物力的一切准备，使工程进展得非常顺利。

清世宗非常关心重建桐柏观的工程，雍正十二年二月竣工，三月遣使赐书"万法圆通"殿额和"敕建崇道观"碑文。

范青云在雍正十三年（1735）功成引退，举荐弟子高东篱主持桐柏崇道观讲席，自己则继续投闲四方去了（在杭州金鼓洞鹤林道院住了多时）。

数年之后，当青云子最后一次登上桐柏岭头，放眼桐柏那五里盆地一片生机时，激动的纵声欢呼，仰天大笑。后人为纪念这位为恢复桐柏观而百折不挠舍生奋斗劳苦功高的宗师，就在岭头青云子站着大笑的地方建祠立像（即后来的茶亭内殿）祭祀。

青云子暮年归老鹤林（即杭州金鼓洞）。卒于清高宗乾隆十三年（1748），享年143岁。弟子高东篱为之安葬于金鼓洞南报本堂旁边。

范青云为龙门宗派第九代宗师，他不仅受领孙玉阳的《元偈》、《锦记》，又在金盖山得到王常月的《钵鉴》；云游中又到处接受诸先辈的教诲与点拨，得益匪浅，被时人目为一代道教界的泰斗。范青云是继王常月之后的全真道龙门派总持该派枢纽的人。著有记述清初龙门派史实的《钵鉴续》九卷。

高东篱 高东篱，名清昱，东篱是其字。生于后金天命元年（1616），即明神宗万历四十四年（1616）。祖籍山东宁海州（今山东牟平县），明万历初年，其祖举家迁居长白。其父高熙中康熙间放任台湾岛道台，东篱随之迁居台湾。之后长期留住台湾，对台湾的民情风俗非常了解，康熙二十四年（1685）秋，编成《台湾风俗考》三卷行世。75岁那年（1690），偕仁和人族侄高鳞由台湾到杭州金鼓洞，谒见第九代律师周明阳（太朗），并拜其为师（后又拜范青云为师）。周明阳授以《南华经》，十三年后（1704）又授以《道德经》，旋授以《参同契》、《悟真篇》，未几，又授以《华严》、《心经》、《周易》，且为标拨宗旨。自此，灵关四辟，花香鸟语，云袅溪旋。他主张"心清"，认为心清眼自明。

清雍正十三年（1735），经其师父青云子之荐举，出主天台桐柏崇道观讲席。东篱道人受任后，即在高宗乾隆元年（1736）延引其徒方一定号兰谷道人、闵一得号懒云道人等数十人协赞观事。桐柏崇道观再度兴盛。为求贤贤相继，在羽化前夕，又选择沈轻云主讲崇道观。清高宗乾隆三十三年（1768）七月十五日羽化。享寿153岁。弟子为其安葬于桐柏崇道观后山。高氏为龙门派第十代宗师。门下弟子有方镕阳、沈轻云、闵一得等，门庭颇盛。

沈轻云 字真阳，又字谷音，号轻云子，又号太虚主人。据《纪事录》载：沈轻云律师学综三教，知识渊博。从高东篱宗师游，得其真传，深得宗师赏识，为东篱律师首座弟子，龙门派第十一代律师。据《金盖心灯》介绍，高子（高东篱）居杭州鹤林多年，跟随他学道的人很多，能真正得东篱真传领会道之内涵且身体力行的只有沈轻云一人而已。高子为宗派能贤贤相继，遂召沈氏至天台桐柏山主持崇道观讲席。沈氏后又随西河萨真君出游。

闵懒云 高东篱示化时，收前来诀别的闵懒云为弟子。

懒云，姓闵名苕旉，字小艮，一字补之，道名一得，号守一子，懒云是他的道号，晚自称金盖山人。吴兴人。清乾隆二十三年（1758）生。懒云的父亲闵大夏，曾做息县知县。懒云年轻时体弱多病，因慕名来天台桐柏山皈依龙门派，更名一得，跟随高东篱律师学习导引之术。不数年，病除体壮，辞归吴兴，读书研究性理。后来，他的父亲为他出钱捐官，做了一任滇南的州司马。在滇南，曾于乾隆五十五年（1790）访云南鸡足山鸡足道者（是王常月的徒弟，月支人），得到西竺斗法。之后，又与鸡足道者之徒裔云南人金怀怀（王清楚）、江夏人白马李（李清纯）、李蓬头等交往。离任后，又师事沈轻云。从事著述数十年不敢稍懈。湖州知府晏端说他："朗若秋月，和若春风，定则如山，虚则若谷。""其教人也，有体有用，有本有末，笃于实行，不事神奇。大旨以修身寡过为入门，穷理尽性至命为究竟。"高东篱主持桐柏观时，受召来天台协赞观事。为龙门派第十一代传人。懒云工于书，曾应寺僧之请，为天台龙山南屏禅院题写院额和门联。独孤跛仙齐周华说那些字有"虎跳龙翔，云飞凤舞"之态。著有《金盖心灯》8卷，"沿流溯源，发潜阐幽"，记录龙门派第一代至第十四代近百名传人生平事迹；《还源篇阐微》，"以儒释之精华，诠道家之元妙"。又编纂了《道藏续编》，收明清内炼著作二十几种，又纂《古书隐楼藏书》，收清人内丹书38种。卒于道光十六年（1836），住世79年，葬金盖山。

方一定 在许多协赞高东篱观事的道徒中，方一定是一名重要人物。

方一定，字镕阳，号兰谷道人，宁海人。是龙门派第十一代宗师。他入道早，彻悟深。曾于清高宗乾隆元年（1736）应高东篱宗师之聘，来桐柏山协理观事，后主崇道观讲席。在任维护殿宇，重整胜景，阐发道理，不遗余力。慕名从学的弟子甚众，遍及台、温、宁、处（今丽水地区）诸州。59岁那年（即乾隆三十一年）被召入京，与朝中当政的人论治平之道。他主张品官不可贪财，下吏不能敲诈；必须重视水利与水患，对如何治理黄、淮，提出了他独到的见解。但是他不愿留京当官，执意回山研究《太玄经》，著有《心印经注》、《太极元经》行世。

叶明仓 叶明仓生平事迹无从查考，只知其是温州人，出家于温岭县方岩山羊角洞。清德宗光绪十八年（1892），叶明仓宗师，仰慕南宗祖庭，独自来天台山寻找仙踪，登桐柏参拜师尊。但出乎意料，只见大部分殿宇已倾圮成断井颓垣，仅留下摇摇欲坠的大殿、紫阳楼与东西道院20多间破房子和老态龙钟的山门；道徒也早已星散，只有一年老应门山民出面酬对而已，令人伤心惨目，遂决心留下重整祖庭。第二年，又约召弟子林至霞、陈至贤一起上山协赞。自此师徒齐心协力收拾坛场。光绪二十年，天台县城人道徒袁理静又鼎力相助。经过十数年打躬作揖劝募资金，披荆斩棘艰苦奋斗后，殿宇才得稍稍修整，观产也有小量取赎，道友也多了几个，南宗祖庭的香火勉强维持了下来。

本时期留下诗文的苍山名士

张玄俊 张玄俊，字人千，清四川人。曾为潜江（今属湖北省）知县。

清风祠夷齐石像歌

求仁共一让，成仁共一饿。黄农何茫茫？独以乾坤荷。古像何年桐柏来？清风旧向九峰开。一变竟成狐兔窟，野夫过客空徘徊。风雨无从存薇蕨，百世之师委蒿莱。呜呼！百世之师委蒿莱，谁将巨手颓波回？

张元声 张元声，字汝韶，号九夏，别号幽溪散人。清天台人。张侍郎文郁之子。

过清风祠
立懦廉顽重八荒，凄清祠宇冷山乡。
欲知当日悲歌处，瑟瑟寒风度夕阳。

谒夷齐石像
首阳饥饿子，此地拜精英。
在昔薇堪采，於今石似生。
千年人已去，百世义谁撑？
日夕寒风起，犹闻叩马声。

过桐柏宫有感

古观由来久，深山不计年。
栋为隋氏物，灶自葛翁传。
历眺诗频异，重来意惘然。
帝衣风雨蚀，玉座藓苔鲜。
画壁神龙破，雕甍落日妍。
断桥无复渡，残碣任横眠。
茸茸平阶草，莫莫远树鹃。
印随流水逝，剑没乱云边。
惟有双杉在，还同两曜骞。
荒庭风渐渐，凉夜月娟娟。
羽客师何处？山农事颇虔。
灵光虽兀突，人世几桑田。
廖落已今昨，悲凉慨后先。
胡为犹羁缚，万虑不能捐。

蒋　薰　蒋薰，字闻人，号丹崖，清浙江海宁人。明思宗崇祯（1628—1644）举人。入清后，曾官伏羌（属今甘肃天水市）知县。著有《留素堂集》。

天台山记

……

时张子欲先予往南，从仙人浪而去，予亦辞圣修，南行出妙莲阁。东转登罗汉岭，岭峻，舆不可上阶。绝顶约七百馀步，南顾诸山，颓岭草黄，望无尺树。从间道，复会大寒风。沿北而西。一岭与小寒风对出。北山万叠，在指顾间，苍崖绀壁，绚入图画，势皆趋南奔，如喝骥下麓。则田圃数塍，苫茅百舍，溪转松坡，炊烟断续。予乃绝玉女溪至桐柏宫。道书云："桐柏，金庭洞天，王子晋所治也。"回环九峰，隐见三桥，风景敞豁，胜于万年宫。废后荆棘蔽野，阒无居人，所称云台炼室，龙阁凤台，泯无存焉。偏有夷齐石像，弹指铜声，背镌四隶书，甚古。读壁上碑，夷齐为九天仆射，治天台，祀此其然欤？

桐柏西行五里，至琼台，转南至双阙。龙湫百丈，苔蘇万仞，仙家所处，尘臆都尽。惜无贤主，难久居也。回辕上桐柏，岭峻截云，茅舍道人日汲透瓶泉，供过客茗饮。

少息，就道。古松盘曲，横路若龙卧。予为低首。北逾二岭，可问桃源……

洪若皋 洪若皋，字叔叙，一字虞邻，临海人。约十七世纪明末清前期在世。顺治十二年（1655）进士。授户部主事。官至福建按察司佥事。著有《南沙文集》、《乐府源流》、《昭明文选越裁》11卷等。

天台纪游诗自序
……九峰岧峣，清宫寂寥，仙凡路隔，悬度三桥，则穷桐柏宫之胜；圜山列戟，琼台突起，八万度门，聊通一线，则穷琼台双阙之胜。……

清圣祠
西山歌罢已千年，古石犹鸣桐柏前。

应是姚虞击柎后，遗音遥落九峰天。

冯 苏 冯苏，字再来，号蒿庵，清临海人。顺治进士。以永昌司署云南按察使，为吴三桂所拘。以计脱逃至广东。官至刑部右侍郎。著作有《粤东奏议》、《滇考》、《劫灰录》、《见闻随笔》、《三台文献刍吟》、《南中集》、《蒿庵集》行世。

  天台纪游（8首）并序
  天台山吾蒿壁间物，三十年徒作梦游。今春北从人假数十卷异书，刻日了之，仅容过目，无复流连矣。入舟多暇，追理游迹，悔其草草，聊就心目所及，各系以诗。欲使怪石、奇峰、丛林、瀑布，长留吾几席，且得以订后期。呜呼！吾劳人也，东西南朔，何日却寻《遂初赋》乎？诗成，更为怅然。

    曾闻旷达人，万里寻名山。
    天台洵咫尺，胡为睽跻攀？
    所嗟俗虑并，顿令胜缘悭。
    今兹赤城道，扪葛聊乘闲。
    解渴漱石髓，披襟坐禅关。
    殿隐岩蔽亏，僧孤云往还。
    尘怀暂以涤，值此春风间。
    景暄草明媚，雪消溪潺湲。
    莫以前期纡，辄畏登陟艰。
    行行未觉远，驰骋怡心颜。
    岭耸望逾旷，峦回山更空。
    古殿倚木末，传是金庭宫。
    构造始何代？壁破莓苔蒙。
    肃瞻墨台像，缅怀首阳风。
    脱屐千乘贵，系籍桐柏崇。
    代隔理讵诬，冥感如或通。
    咄哉两饿士！乃为帝三公。

局促伤浮生，俯仰惭昔踪。
琼台复何所？鸟道横青天。
披云拔积雪，萝蔓纷濡沾。
野老念我疲，取道劳锄镰。
径尽孤峰植，崖豁双阙连。
忽惊万壑奔，已在千仞巅。
僮仆更贾勇，攀石窥重渊。
决眦眩奇迥，仰视胡能前。
舆隶为俯蹲，梯级踏尻肩。
努力仅一上，四顾心茫然。
乃知径路绝，更有洞壑研。
非荷导引情，孰免中道愆。
归来指前溪，密林叩新椽。
呼儿束茅茨，为客烹山泉。
向来履险危，默坐得所恬。
幽栖倘获谐，长日当大年。
奚烦炼丹液，辛苦求神仙。
朝从琳馆游，暮归梵宫宿。
故人遥相念，尊酒候林麓。
各言别离易，后会难可卜。
风尘走四方，茫茫焉托足。
谈笑意忘疲，闲寂神愈肃。
坐聆禅诵清，卧索溪泉沐。
晨兴礼空王，再拜述私祝。
嗟予揽初度，久矣怅形役。
言恋河阳舆，犹徇穷海禄。
他年寻踪迹，俯仰愧驰逐。

昔者无尽师，著书幽溪堂。
鬼神竟呵护，猛兽为潜藏。
於是陶谢流，来往庐山旁。
缅兹法外踪，颇增林岫光。
石洞姿奇幻，宝坊炫辉煌。
天工与人巧，结构何其良。
我来百年后，迹在人已亡。
空轩闭遗像，苔壁粘残霜。
岂无金缕衣，法乳演道场。
无著天亲偕，当时同翱翔。
徒感石火悲，莫聆潮音扬。
长啸岩壁下，响答增慨伤。
一望何苍苍，山空四无人。
日暖残雪映，露泫草色新。
忽惊寒篱侧，犬嗥声啙啙。
顾见采薇者，荷锄呼其邻。
殷勤前问之：石梁道何因？
去去度前岭，高峰错嶙峋。
悲风响林杪，夕阳渐西沦。
言寻灵怪踪，敢辞途路辛。
徒侣忽惊语：石梁今在兹。
俯视片石横，断涧悬流澌。
捷往就其侧，目眩惊歆危。
巍巍千尺崖，下峡深莫窥。
飞瀑日夕响，溅沫寒人肌。
乌鹊空中度，虹霓天外垂。
信哉混沌凿，陋彼蚕丛遗。

传闻古应真，时时现须眉。
我来无所觏，瞻眺良自悲。
胜地与梵刹，所在每间错。
七十二兰若，今兹半寂寞。
方广昙花亭，万年应真阁。
庄严始何代？雕制允奇卓。
云间踊狻猊，火边飞神鹊。
河沙万亿佛，围绕不可度。
或从海上来，鼋蛟驾腾跃。
峥嵘诸天神，貌状洵丑恶。
乍见磔毛发，再拜荡精魄。
灵性之所凭，奈何渐颓落！
大厦倾莫支，神工踵难作。
兼此沧海滨，啸聚竞剽掠。
游屐日萧条，资粮益衰薄。
数顷负石田，力耕无半获。
征徭况日烦，缁素远奔却。
喜兹东林公，锡飞近惊鹤。
绀宇藉振修，芜田渐恢廓。
所欣万年复，弥惜群山托。
我贫愧布金，矢愿力已索。
踟蹰吟此章，聊以劝脯爵。

叶　书　叶书，清临海县人。

　　三井下瀑布得摩崖甚多，作歌志喜。
瀑布旧称桐柏岭，石梁攫之不得逞。兴公赋中界道语，至今谁识此间景。滥觞源自玉霄来,女梭溪水何濛洄。三井蓄泄向此注,白日忽走空山雷。两崖翼护势幽隐,名以习养允宜哉。天台之观圮已久,但留龙蛇笔势镌满高崖限。《图经》失载邑志阙,铁划漶漫侵苍台。吁磋乎!自来时运有显晦,圣贤不遇同凡材。怀奇抱异且自惜,何虑泯没同尘埃。我为此瀑发三叹,摩挲镇日心花开。行当载笔补志乘,庶使千载之后此瀑此刻重得显奇瑰。

陈王谟 陈王谟,字虞佐,号东溪,清吴江(属江苏省)人。康熙进士。官至翰林院庶吉士。著有《退学斋集》行世。

冬日过桐柏山庄

家傍青山近钓矶,别开幽径冷斜晖。
竹疏剩有烟添密,梅瘦却因雪补肥。
岩畔鹿眠花影簌,林间犬吠月光微。
桃源咫尺人间路,莫怅津迷泛棹归。

过桐柏岭下

仙窟未经斧凿痕,翠微深处有乾坤。
放翁佳句堪移此,柳暗花明又一村。
路入琼台第几重,杳然流水白云封。
绿萝经雨新枝嫩,古柏凌风翠色浓。
万山回合晓云低,春树苍茫一望迷。
欲觅落花寻曲逕,桃源无路草凄凄。
岚烟横锁山千叠,苔径斜侵水一湾。
久坐浑忘身世事,不知何处是人间。

卢天骥 卢天骥,清代隐逸者。

金庭山

嵩高秀入洛川晴，鹤去云归冷玉笙。
霜白金庭今夜月，流风依约有遗声。

许岳英　许岳英，天台人。喜诗。

金庭山

金庭之山几千尺，上薄穹窿象纬逼。
云溶霞剥阴液升，造化锺灵神所惜。
天台雁荡相钩连，天昊屏翳精英骞。
危崖飂飀识动石，律令击搏江涛喧。
元精夜降净瑕秽，河鼓铿锵彻幽秘。
跟跄百怪归杳冥，仙迹丹房最奇丽。
右军之居竟渺茫，千年遗迹为仙乡。
吹笙子晋不知向，浮丘羽化缑山阳。
蛎珠脱壳影摇杌，疑是丹光照虚室。
崖间薜荔五色萦，涧底石泉清夜泣。
望美人兮贮青宫，翠眉丹脸世罕逢。
握瑾携瑜人孰与？猿俦鹤侣时相从。
翩然被发步虚旷，听得瑶华气清壮。
暮归不知山月高，撼郭潮声动虚幌。

汪沄　汪沄，字千波，清休宁（今安徽省芜湖市）人。康熙时进士。官至刑部郎中。

天台纪游

天台擅神秀，闻一名桐柏。
玄宰藏其奥，仙真潜窟宅。
曩读兴公赋，清梦驰灵越。
昨岁楢溪行，层峦现丹碧。
篮舆揽不穷，寥朗惊心魄。
劳役苦迅征，翠微未深索。
后跻雁宕巅，回望怅莫释。
同人兹再至，发愿践奇迹。
守见苟不之，夏虫嗤过客。
傍郭宿僧寺，呼僧访山途。
朋俦罔不行，逸兴群欢娱。
霞标近五里，横亘悬西隅。
出门溪路迷，几失此名区。
越陌度崇冈，丹丘映碧虚。
千寻城堞雄，隐约雾中舒。
苍松夹路稠，赤嶂峙且孤。
烂熳砂为骨，峥嵘绛作肤。
山文似石甓，蠛裂碎珊瑚。
峻岩尊佛像，翠竹护精庐。
诗篇传最久，胜辟义熙初。
国清亦古刹，碑列李邕记。
皮陆互题诗，瀑流爱未置。
迂回罗五峰，龙象郁盘势。
琳宫瞻宏敞，宝塔映壮丽。
大宋景德间，内殿多珍赐。
当阶群秀攒，列嶂万松翠。
岩泉入双溪，结构据幽邃。

寒山拾得流，飞锡依初地。
饭猿旧有台，菩提树生意。
小憩对香林，心空融妙义。
出寺迤东行，峻岭跻百折。
崎岖曲磴危，登顿屡一歇。
古藤道旁垂，寒涧山腰泄。
壁断遮其冲，崖欹乱响咽。
垠□纷破碎，片片各崩裂。
鳞皮郁苍柯，磊砢根蟠结。
攀陟十里馀，界高近天阙。
偃盖长童童，挺不畏霜雪。
直赴上方途，旁俯招提杰。
疲思饭青精，下绕投禅悦。
层岩蔽曲坞，四面环松篁。
逆风飘不至，和霭筵晴光。
翠绿竞纷披，冬无一叶黄。
高明辟古寺，胜迹翻经堂。
清晖爱雅构，定室生妙香。
云根三四片，大各十丈强。
天然叠宵洞，翠岫还相当。
幽居自太古，岂识世沧桑。
松间采露葵，饱罢闲徜徉。
观涛寻怪石，重步上山冈。
雁宕奇以峰，天台奇以石。
行经十数里，山体无完质。
缕脉不相融，玲珑尽分拆。
在山不觉山，惟见石离立。

洪纤万状怪，造化莫能测。
岂自秦鞭来，抑待初平叱。
翠长霞气侵，苔带松阴湿。
冈势渐以低，涧流穿岭侧。
潺潺响初细，愈下愈崩激。
□冲众壑归，仄险泻石级。
胜景怡心神，仙源何幸入。
日落射瑶林，远闻飞瀑急。
足下白云迷，昙花亭影出。
山深两泉会，陡下势飞奔。
蹦浪滚洪涛，层折争吐吞。
汹涌不可当，瞿唐赴荆门。
跨流石作梁，奇绝谁能言！
青龙隔岸横，孤挺无攀援。
其身厚尺许，其脊齿微痕。
左矗铜殿古，右瞻佛阁尊。
危桥凌险立，潭波万丈翻。
方广上下寺，钟梵静祇园。
林麓蕴灵秀，信入武陵源。
岩空万籁寂，腾瀑永朝昏。
释□卧山搂，愿脱尘浊烦。
晨趋万年寺，言寻优钵昙。
竹木映□□，寒云拥精蓝。
广庭贝座肃，秘阁藏经函。
八峰拱门户，双涧出巉岩。
晋时留老树，云际几松衫。
谡谡涛声起，万马驰风帆。

殿后方丈开，高空皓月涵。
僧徒时听法，尘柄启迷憨。
爱客陈山肴，禅栖留夜谈。
余亦素心迹，白业何妨参。
秉烛索题诗，依依别绪含。
平时示归路，竹下太平庵。
桃源华顶僻，孤筇惜未探。

仇兆鳌 仇兆鳌，字沧柱，清鄞县人。生于明崇祯十一年（1638），卒于清康熙五十二年（1713）。康熙时进士。官至吏部右侍郎。有盛名。少从黄宗羲游，讲求性命之学，恬淡自安。有《四书说约》、《杜诗详注》行世。

清风祠

陵谷推迁桐柏宫，西山二子委蒿蓬。
丹云岑寂寒云里，古像飘摇细雨中。
四面空怜环翠嶂，一椽谁与葺清风？
梭溪日夕滔滔去，鹤怨猿惊怅未穷。

张联元 张联元，字觉庵，清钟祥（属湖北省）人。康熙三十一年（1692）进士。历官台州知府（康熙五十一年至五十九年）、吏部郎中。在任注意民负，除积弊，宽丁役，兴水利，发展生产；建书院，办学校，提高当地的文化水平。编纂《天台山全志》一部。

清风祠

往日仙都事已非，堂堂遗像又安归？
北海□□甘遗世，西山抗志誓采薇。

百代谁无清节慕？九峰时有白云飞。
残碑蚀尽无从觅，应整轩楹配子微。

游丹霞洞

是地仙为宅，寻幽兴转加。
层城标赤巘，小洞启丹霞。
瀑拟惊雷下，岩犹拍手夸。
何人真采药？莫问使君家。

杂咏

朝真坛畔会仙亭，此日空从蔓草经。
烟雨不随陵谷变，朝朝仍抱九峰青。

自桐柏之琼台

台山上与台垣敌，中有福庭开桐柏。
泄为飞瀑溅珠寒，时为九峰凌天碧。
北指玉霄神璀璨，西望莲华光的烁。
凤笙吹下真人车，龙章驰入炼师宅。
金浆石髓闲作餐，芝草瑶花纷可摘。
沧桑一变羽人空，山灵不管烟霞癖。
当年封内禁刍荛，此日山中只砂砾。
降真朝真归蔓草，黄云白云空陈迹。
仙都虽惜巨幢沉，琼台犹喜中天辟。
危崖三面削干将，峭石行寻森越戟。
嶙峋恰有双阙环，诡异共惊巨灵擘。
摘星近与阊阖通，藏丹迥与尘凡隔。
平生多为名胜游，此景宇宙何从得！

清秋载赏明月夕,还招云汉青鸾翾。

登桐柏山谒夷齐像

蹑屐陟危岭,松阴夹苍翠。
曲磴纡千盘,巉岩耸无际。
仰盼层霄近,俯视幽林邃。
飞观白日寒,晴壁清泉渍。
古庙何瑰奇,须眉动瞻企。
云是首阳人,灵爽於兹莅。
高风杳难攀,旷怀如何跂。
申奠乏椒浆,褰裳惭薜荔。
缥缈西峰头,犹闻双鹤唳。

登桐柏岭

林麓郁且修,岩磴何迢递。
松风吹我襟,白云同摇曳。
旷哉千里目,怡情渺无际。
飞泉洒空中,蒙蒙花雨细。
已喜尘虑捐,尤欣玄妙契。
缅想丹台人,倚伏复延睇。

游国清之赤城记

……

  北与桐柏山不远,慨然司马子微之高风。在九峰缥缈中,其外危悬一瀑,界破青山,恍如中方广楼头瞻眺石梁。时即海上蓬莱、方丈,可望可即,予亦不以彼易此。兴公赋云:"赤城霞起以建标,瀑布飞流以界道。"形容尽致。始信台山胜概未易穷竟乃尔。

予数年奔驰，鹿鹿几无宁晷，至今始得穷千古岩壑之胜，恍涤面上尘埃三斗也。

王 槩 王槩，字征远，清钱塘县（今浙江杭州）人。康熙进士。

天台山咏

震旦东南山水奇，天台卓立沧海湄。
秋爽高朋偶相拉，笑策蹇卫更扶藜。
十里松阴团月色，冷翠寒花破岑寂。
八峰双涧景悠悠，当时饶舌丰干忆。
千尺银河挂石梁，飞珠喷玉落空苍。
僧闲却指昙华址，宰相空留偃月堂。
鸟道盘回陟修岭，天扉咫尺来华顶。
钱塘宛在眉睫间，回首乡园怅萍梗。
从容缓步入桃源，征见三春花事繁。
双姝肯向刘郎约，可惜仙缘半载沦。
道诠曾记金庭迹，仙人往往居桐柏。
摩挲择木韩公碑，矫矫直齐程邈力。
琼台双阙天中起，跌坐盘陀弄焦尾。
一弹再鼓声泠泠，鲛鱼潜听深壑底。
沼西又望赤城霞，玉京瑶草与琪葩。
却讶崚赠同绛蝶，山来此地烧丹砂。
昔人词笔称雄霸，梦游遥想殊增价。
我无竟病敢谐声，聊谱狂吟入诗话。

许君征 许君征，字以火，号云怡。生于明崇祯三年（1630），卒于康熙四十五年（1706）。天台人，著有《云怡诗话》、《枫林杂咏》、《松林斋文集》。

登金庭

登金庭兮山崖巍，长松落落兮覆青苔。拂白石兮独坐，听流泉兮岩之隈。风泠泠兮入袂，云澹澹兮飞来。鸟和鸣兮自乐，花含笑兮争开。弹清琴兮数阕，孤鹤当空而徘徊。怀子微兮步瑶阙，招子晋兮登仙台。呼葛洪兮问丹诀，拉浮丘兮邀蓬莱。餐流霞兮吸沆瀣，披云雾兮履琼瑰。视六合兮若呮，渺沧海兮如杯。驭虹龙兮遍九天而遐揽，更千秋万祀兮神光荧荧而弗衰。

梁文煊 梁文煊，字闇斋，号几汀，清奉天（今属辽宁）人。曾任浙东观察使。

琼台双阙

台山昔未登，琼台劳梦想。
及兹屹中天，兴欲穿云上。
缘崖通一线，峤路惟高仰。
有风起飒然，草木皆震荡。
凛乎住足难，心志觉惚恍。
险穷奇乃出，横纵地方广。
四围削青玉，几案平如掌。
呼吸帝座通，尊严百神享。
突见划双峰，壁立矗千丈。
华岳本一山，巨灵劈为两。
方舆传异迹，岩岩此相仿。
游屐几曾到？仙侣自来往。

当年蝉蜕去，指识气萧爽。
　　遥闻飘笙籁，是处满清响。
　　飞烟似可驾，宁复顾尘壤。
　　投老思结庵，丹蕊契真赏。

胡云客 胡云客，清浙江省德清县人。康熙时举人，曾任台州府教授。

　　夜宿桐柏宫
　　不惮攀跻远，来时寻桐柏。
　　夕阳千壑暝，归路万山丛。
　　到喜元关启，呼疑帝座通。
　　欣逢高踏士，下榻白云中。

潘　耒 潘耒，字次耕，又字稼堂，江苏吴江人。生于清世祖顺治三年（1646），卒于圣祖康熙四十七年（1708）。天资奇慧，读书数行并下。受业于顾炎武，群经、诸史、算术、宗乘无不通贯。康熙十八年以布衣试中"博学鸿词"，授翰林院检讨，参与编修《明史》，寻充讲日起居官注，纂修《实录》、《圣训》。又充会试同考官，称得士，名益盛。忌者颇众，坐浮躁，降调归。后康熙帝南巡，复职原官。大学士陈廷敬欲荐起之，力辞不就。性好山水，历游名胜，天台是其倾心仰慕之胜境，观赏特详，畅游一月有余，写下多章诗文。其登临怀古之作，名流多为折服。著有《遂初堂诗集》、《遂初堂文集》、《类音》并行于世。

游天台山记

……

又南十余里，得桐柏宫遗墟，是道家金庭洞天也。紫霄、华琳诸峰耸跃环抱，石髓、金浆、琪花、瑶草诸药物多产其中。自葛仙公、司马子微之徒居之，人主加以隆礼。而宸翰天章，照耀山谷；璇题霞栋，填溢涧阿，今皆鞠为茂草。唯存三清殿一间，雨淋天尊面，泪下苏苏。

有宦家张姓子，葬其旁。人言宫观之废，半由此。自人之惑于堪舆，贪得吉地也，而可以势力攘夺者，无所不为。乃至佛刹仙宫，亦公然掩取而埋其骨。罪之不？图福于何有？吾恶其贪，亦怜其愚耳！

此地有唐宋碑十余通，遍求之不可得。夷齐二石像俨然并坐，孤竹子何得在此。然像甚高古，有脱屣万乘之概度，非二君不能当。有疑为刘阮像者，妄也。

从桐柏西行。上小岭。山势一变，皆崚嶒骨立，拔地干霄。缘崖数转，樵苏路尽。忽见危峰四插，绝壑中开，则琼台、双阙在焉。琼台如一茎灵芝，单抽独立，唯峰腰有悬磴可度。但上下绝壁，一失足即堕九渊。

余贾勇而下，方山、人瞻继之。顶踵相摩，攀石自缒。既度危磴，复牵挽上琼台之巅。罡风蓬蓬，白云在下，恍偕化人而升中天之台矣。

台旁有马鞍石、仙人座，俯临绝壑。望双阙在对面，两峰对耸，灵溪在中，如龙门凿而伊阙开也。欲遂下谷底，循溪以出，而琼台上丰下削，非悬縆千寻不能到地。复寻故道。还岭头，由阙东山巅穿石罅以下。杖底有天，足前无地，直下万丈，得平坡而休。回望来途，但见青壁一片，宛从九天飞下矣！

……

出溪，与梦公别。即拟游寒明二岩，念双阙之胜未穷，意殊耿耿。乃复道瀑水岭，至百丈岙。循崖而行，杳无蹊径，崖断则走溪涧中，蹑石绝流以进。石或如剑棱，如菱角，平时万无著足理，兹乃腾跃过之。石穷取崖，崖穷取石，左穷取右，右穷取左，凿空辟路者五六里。疲极忘疲，险极忘险。则以奇峰纷来，应接不暇。或如金茎独耸，或如旌节对排，或仙掌招而佛臂舒，或横帆展而危樯立。愈入愈奇，必欲造琼台之趾而后已。无如溪路既绝，崖腹壅剖，飞瀑下注为龙湫，其深不测。一巨石斜压其上，欲落不落，则途穷于是矣。

遥望琼台，玲珑缥缈，迥在层霄。使非曾陟其巅，必谓仙都常居，非控鹤骖鸾不可至也。昨日之游，仙乎？人乎？世必有疑之者矣！双阙丽矣，自琼台俯观之尤佳；琼台奇矣，自双阙仰视之尤妙。益必再至而后其胜始尽，信游之不可以草草也。

……

吾今而后知台山之大也。吾足迹半天下，所见名山岳镇多矣，大率山自为格，不能变换。掩众美，罗诸长，出奇无穷，探索不尽者，其惟天台乎。华顶高旷，罗浮之飞云峰也；东苍秀润，泰山御帐坪也……桐柏之萧远，可以俪句曲。至若石梁飞瀑之雄奇巧妙，琼台双阙之灵异清华，吾遍拟之而不得也，则台山之独绝乎。台山能有诸山之美，诸山不能尽台山之奇。故游台山不游诸山可也，游诸山不游台山不可也。……

桐柏宫

我读《坐忘论》，十年怀子微。

如何桐柏路，不见彩鸾飞。

月浸丹泉冷，云埋药草肥。

金庭萧索甚，清泪湿天衣。

琼台双阙

琼台屹立中天孤，削成亭亭不用扶。
灵芝根茎苍雪肤，台山之心仙所都。
百神上下风雨俱，积高中央削四隅。
俯瞰绝壁临虚无，双阙岩岩夹云衢。
灵溪百转羊肠纡，绕溪秀矗千鞭萸。
云中之君朝香炉，玉女鹄立群真趋。
万玉璀璨万锦敷，老龙守户垂其胡。
灵湫百丈山腹刳，猿惊鹤悚无来途。
而我阑入心胆粗，高攀天梯扪天呼。
下搜云窟餐云腴，曷不少留作仙徒。
自顾落落难牵拘，仙班礼法恐有疏。
不如逍遥作凡夫，题诗问天恕狂愚。

琼台

崒嵂万山丛，高台峙碧空。
金屏双阙迥，玉座九霄通。
翠壁藤萝雾，丹崖松柏风。
飘飘明月夜，笙鹤下云中。

张　鳞　张鳞，字健亭，清钟祥（今属湖北省）人。

桐柏山

峰回桐柏梦曾经，迟日东风上翠屏。
危瀑千寻仍卷雪，樵人尚说溅珠亭。
幽谷何曾胜迹留？空山无复炼师游。
多情只有梭溪水，犹向仙都日夜流。

法　海　法海，字渊若，号悔翁，奉天（今属辽宁）人。康熙进士。官至兵部尚书。

　　　　　　游天台山
　　　仙人步月上琼台，星斗巍峨双阙开。
　　　别洞正当丹桂满，天风吹下异香来。
　　　挂冠何必又弹冠，退步难于进步难。
　　　今古迷途同未远，悔山留与悔翁看。

陈　溥　陈溥，字永叔，号南陔，清天台人。生于圣祖康熙元年（1662），卒于高宗乾隆十四年（1749）。康熙五十二年进士。补内阁中书，曾参修《万寿盛典》。后任湖南攸县知县，在职重文教，严法纪，有治绩。晚年隐居天台泳溪。著有《泳川文集》。

　　　　　　琼台夜月
　　　层台中峙玉为容，双阙周遮紫盖重。
　　　人到碧霄余晚照，月移清影上高峰。
　　　金波的皪云初敛，银海沧茫露正浓。
　　　坐断石龛呼子晋，九天笙鹤一相从。

王　平　王平，字亦均，清天台人。

　　　　　　题吕洞宾像
　　　客从何处来，流落在天台。
　　　沉醉街市上，袒腹酒数杯。
　　　忆昔通经史，头上一枝魁。
　　　自今首横剑，匿迹隐琼台。
　　　玉骨几时换，道服净尘埃。

手捧藤竹枝,明月共徘徊。
飞过洞庭月,三载洛阳回。
堪笑膏粱子,浊富耀其财。
文绣奚足贵,清修得意才。
飘然世外人,欲度到蓬莱。

陈　沆　陈沆,字太叔,清天台人。大约生活于康熙年间。著有《东园老人草》、《玉兰堂集》。

游桐柏

济胜年来五两轻,探奇历险迹还明。
仙宫此地旌幢冷,羽客离筵感慨生。
丹灶林间谁再热?白云天际若为情。
琼台尚有千秋月,更听山头子晋笙。

陈象曦　陈象曦,字曙升,清慈溪人。雍正拔贡生。

琼台双阙

造物有奇斧,惨淡琢天姥。
壁立作双崖,金阙壮旗鼓。
琼台居其中,锦翠相夹辅。
突兀插空虚,目骇不敢俯。
神奇叹巨灵,岭嶂任撮土。
恍惚香风吹,炉峰正当午。
万树灿奇葩,明月照三五。
对影自徘徊,飘飘欲遐举。
金浆调石髓,丹成倘我许。

刘阮亦空言，神仙岂足侣！
但闻飞瀑声，雷轰彻云坞。
悠然会心远，浩气撑肠肚。
万象更何有？开襟自栩栩。
会当此安居，深岩结茅宇。

齐周华 齐周华，字漆若，号巨山，又自号孤独跛仙，天台县城龙门坛人。生于清圣祖康熙三十七年（1698），卒于高宗乾隆三十三年（1768）。齐周华聪颖好学，弱冠考中秀才。他博学多才满腹珠玑，耿直豪爽，风骨峻峭。他是礼部侍郎齐召南的从兄。雍正八年（1730）十二月，朝廷锉尸吕留良，他愤愤不平，撰写《救晚村（吕留良号）先生悖逆凶悍疏》，与朝廷相抗衡。疏上县、省，却之不纳，竟徒步数千里直投刑部。浙江巡抚传令拘送杭州，严加锻炼，齐周华骨鲠如初，铮铮不屈。在狱中著文写诗，累积成《风波集》。乾隆元年（1736），遇赦出狱。之后道装打扮，漫游五岳，浪迹山水30年。乾隆三十二年十月，浙江巡抚熊学鹏至天台查仓，齐周华持《名山藏副本》初集请熊作序，又交上《为吕留良事独抒意见奏稿》。于是旧案复发，被押至杭，第二年年底被凌迟处死。生前所著书卷悉被查烧，惟留《名山藏副本》行世。民国期间，被奉祀杭州四贤祠。

台岳天台山游记

……

二十里而至桐柏，道书七十二福地之一，《真诰记》所云"越有桐柏之金庭"是也。周灵王太子晋主之。自古仙人于此修真得道者，吴有葛孝先玄，感太上老君同三真徐来勒等降授经诀，后为太极左仙公；唐有司马子微承祯，与李白、贺知章、王维、孟浩然辈为"仙宗十友",名纪丹台,后为东华上清真人;宋有张平叔伯端(一名用诚,号紫阳),得刘海蟾秘授,后为南宗仙祖,今封圆通禅仙紫阳张真人。此其最著者。历代相继敕建曰崇道观。此道家东南之祖庭也。有九峰、三井,玉梭溪流为福圣观瀑水,前有龟、蛇、印、剑诸山,肖甚。宫有黄云堂,以三椽茅屋当之。有夷、齐石像,背各有古篆,系宋王道士自京辇至,名九天仆射祠,后改"清风"。今张郡伯觉庵联元,请于抚宪高安朱可亭,复改"清圣"。旁塑司马子微。两庑以台郡名贤配之,如徐竹溪、潘子善、方正学、陈恭愍、鲁端毅、夏德树、先兵部源澄公辈,共二十九人。纂刻《清圣祠志》,以垂不朽。苦守香火者,道士范青云也。(雍正九年敕建崇道观,后奉部查辑桐柏宫道士范青云文集,并寒山子遗诗,惜无以应。)园有乾道二年白云昌寿观敕书碑刻尚在。南宋时,前后提举崇道观者二十三人,皆被空衔而已。至如朱子晦翁、陆放翁游,乃躬亲至观者,亦以之补配"清圣",为名山增色也。

西行三里许,曰琼台。台上有马鞍石、仙人座。俯临万丈之绝溟,觉魂悸魄动。见两岸峭崿峥嵘,翠屏壁立,状如大蜂窝,用鬼斧凿出,峰隙棱棱。先辈仅谓状如削瓜,没其灵窍多矣。所以予诗云:"高峰一曲见琼台,山结蜂房鬼凿开。仙或许知人不到,云曾留得鸟稀来。"知犹未尽其底蕴。复还故道,抵宫,宿黄云堂,却果黄云四塞。次日起,下道元岭。从瀑水岭下穿双阙,傍溪而进,即孙赋所云"过灵溪而一濯,疏烦想于心胸"是也。(东乡亦有灵溪,此谓西灵溪。)溪无直径,委曲雀跃而行,如潘稼堂所云:"崖穷取石,石穷取崖,左穷取右,右穷取左,疲极忘疲,险极忘险。"如是者五六里,瞻前顾后,应接不暇,如游石绿坑中。奇岩异石,或如巾箱,或如钟鼓,或如熊如黑,如虎如犀;或玉洞仙都,琪葩馥郁;或龙湫鬼穴,光怪陆离;或长萝悬樛木而缥缈,或青猿摇落叶而翻飞。苔斑石滑;阒其无人,鹤唳风清,谷其欲响。睹双阙之玲珑，恍剑门之方砺，仰琼台之突兀，似仙掌之孤标，真所谓"万绣开而锦夺，万玉剖而璧明"也。予诗云："双阙嶙峋峙剑门，灵溪有路蹑天根。经盘蛇虺随流曲，石化熊罴倚树蹲。斧劈画添千种翠，古潭云竖半行幡。赏心何待琼台月，自辟幽奇破晓昏。"于是扪碧眼，攀苍鬐，从倒樟树畔，步狐踪兔影，披荆而上。及登台，而目始与天见焉。（此景今尽为山樵所败矣。）复还宫中，寻炼丹灶、司马井、透锡泉。东访玄明宫，系唐徐灵府隐居处，亦号方瀛山。日已暮，还宿宫中。晨兴，出至桐柏岭。岭上曰洞门，由洞门内观，田庐一区，峰峦四绕，恍如平地；由洞门外观，始知在山上也。岭畔有老松最佳。下岭数里，访福圣观及瀑布寺故址。飞瀑千寻，直从三井下泄。松岩村落，迥异尘寰，即季重所称为"清新俊逸，居然道骨仙风"者也。昔宋贺允中获遇诗友刘知过，亦在于此（见《江东天籁序》中）。又《广舆记》及《灵异考》载：华亭王可交，以三月三日江行。忽见舟中两道士招之，食以栗，旋命黄衣送上岸，乃在天台瀑布寺前，已九月九日矣。所以昔人咸以瀑布岭下为仙都也。

齐召南　齐召南，字次风，号琼台，晚号息园，天台县城龙门坛人。生于清康熙四十二年（1703），卒于乾隆三十三年（1768）。幼称神童。强记博闻，有"一目十行，过目不忘"之誉。天才敏捷，为诗文出口成章。雍正七年（1729），乡试，名列副榜；十一年，以博学鸿词荐北上。乾隆元年（1736）廷试二等，为翰林院庶吉士，授检讨。次年，参修《大清一统志》。四年，充武英殿校勘经史官。又充《明鉴纲目》纂修官。六年，撰《外藩书》。八年，廷试翰詹各官，大考被录为一等一名，升中允，任日讲起居注官。迁侍读。十二年，升侍读学士，任《文献通考》副总裁。十三年，复试翰詹各官，名列首位，升内阁学士，命上书房行走，迁礼部右侍郎（从二品），并任皇子宏瞻师傅。十四年四月二十九日，自上书房回寓途中坠马头部触石。是年冬病休回乡。之后从事讲学著述，曾出任杭州敷文书院山长。三十二年，因齐周华案，以知情不报罪籍没家产十之六七，并被发配东横山鸡笼石。清乾隆三十三年（1768）病逝于天台家中，享年66岁。葬西乡大旗山麓花坑地方。主要编著有《大清一统志》、《会典》、《明鉴纲目》、《续文献通考》、《水道提纲》、《赐砚堂诗文集》、《宝纶堂集》、《历代帝王年表》、《史记功臣年表》、《尚书、礼记、春秋、三传考证》等。

葛玄歌

仙公职司太极左，芝盖霓旌森旗娜。
华顶长留茶圃云，赤城犹炽丹炉火。
当年朝斗拜经坛，老君下赉从仙官。
自从冲举跨龙去，山中猿鹤吟风寒。
愿随仙公游，襟怀一高旷。
图佩五岳形，翱翔九天上。

司马承祯歌

一

仕宦有捷径，神仙无俗尘。
高隐金庭上，悔作应诏人。
泥丸童子声振玉，广成数言帝三复。
拂衣径自归天台，身在赤城名丹台。
谢女求师泛海回，桂堂时见黄云来。
洗心诗，坐忘论，堪嗟十友居墉垒。
只有谪仙解赋鹏，惜哉骑鲸为酒困。

二

金庭清气隔尘氛,碑石人犹记景云。
敕为炼师修素业,堂开众妙写玄文。
坐忘自与三真接,悔出宁同十友群。
佳处此中无捷径,步虚声在半天闻。

张伯端歌

紫阳传金丹,神超形亦妙。
返本观乾坤,近取得二曜。
玄牝凝天真,大药非物料。
道成参如来,两鉴同一照。
潜观历劫尘,长存并海峤。
南宗分派公所辟,从《契论》中解《周易》。
云在山,月在天,寄语人人皆可仙,惟清惟静形神全。
未会《道德》五千字,请诵《悟真》九九篇。

题徐则法师隐真斋

辟谷潜深山,羞为时所荐。却忆真人言,不见晋王面。委蜕白日风萧萧,归去安知千里遥。旧山隐处呼弟子,揩眼看余度石桥。

三井飞流诗集李

玉女织天绅,银河濯不竭。
飞流挂碧山,冰雪耀日月。
气转盛夏寒,咸恒怒雷发。
上有三井深。玉池同皎洁。

琼台夜月

茅君何必候句容，夜蹑瑶台第一重。
双阙对衔天半壁，九秋高拥雪千峰。
笙吹白鹤风声细，桂傍银蟾香雾浓。
冲举由来称是地，可堪脱屣未能从。

清圣祠瞻石像诗

何时良匠选璘瑁，冰玉雕成古圣颜。
偶自羽流移艮岳，竟看仆射掌台山。
地当日月星辰会，人想黄农虞夏间。
俎豆年年荐薇蕨，逸民终古冠仙班。

桐柏岭头集阁帖字

信宿仙都觉坦夷，出山才见壁高危。
岭头身与层霄近，眼底云从下界移。
九折有松巢鹳鹤，千寻多石陈熊罴。
东西正合兴公赋，瀑布霞标列二奇。

琼台双阙

中天悬明月，垂光抱琼台。
含星动双阙，莲峰忽望开。
练练峰上雪，殷殷兼出雷。
窟压万丈内，雾里仙人来。
天上张公子，坐稳兴悠哉。
丹沙负前诺，自哂同婴孩。
只因与朋友，随意坐莓苔。
落落展清眺，倚杖更徘徊。

梦游天台歌呈张明府

伟哉！天台之山四万八千插汉起，正基灵越蠹星纪……琼台划鬼工，锦屏双阙开当中。坐啸一声响霹雳，掷地金声不数孙兴公。芳菲最是仙源好，眉黛髻鬟妆束早。珠帘掩映花含笑，碧树笙歌开懊恼。此时游袂方飘飘，驾车虎瑟多相邀。是谁控鹤下桐柏，九天玄弼名王乔。山中群仙剧欢会，共道后身金粟才垂髫。……

齐世觉 齐世觉，天台人。曾与齐召南、胡作肃等社会名流初夏同游桐柏景区。在憩息岭头青云子祠中时，三人依次用同韵作《三井飞流》诗相和。

三井飞流

翠壁界飞流，喷薄无时竭。
半空散真珠，一掬碎明月。
金庭有列仙，遄征向晓发。
白璧何年投，玉膏正澄洁。

胡作肃 胡作肃，字恭士，号卓亭，清天台妙山脚人。生于康熙四十三年（1704），卒于乾隆三十一年（1766）。雍正七年（1729）台州府拔贡生，雍正十二年（1734）被选任两淮盐场大使。晚年设馆课徒。善诗、词、曲、画。著有《种香诗草》、《秋水阁集》。

三井飞流

晓踏岭头云，颇嗟足力竭。
仙人王子晋，邀我弄明月。
仰视惊飞涛，坐待晨风发。
曾闻海水枯，井泉镇澄洁。

魏　源　魏源，字默深，清邵阳（属今湖南省）人。生于乾隆五十九年（1794），卒于咸丰七年（1857）。道光进士，历任东台知县、高邮知州。熟于掌故，尤精舆地之学。与仁和龚自珍齐名。晚年信佛。喜名山胜景，曾在道光二十年（1840）、咸丰九年（1859）两度游览天台山。著作有《古微堂文集》、《清夜斋诗集》、《海国图志》等行世。

琼台双阙

台顶尽旷夷，桐柏四襟带。
谁知逾一岭，千峭竞仙怪。
断为万仞墉，屹以双阙隘。
忽从绝壑底，中耸一台对。
大山挽小山，艮坎互成卦。
四面绝梯蹬，千翠环耿介。
其下雷回回，其侧云霭霭。
俯临绝壑淙，倒作九霄籁。
上帝觞百神，当年引觐会。
万灵拱天尊，光景递明晦。
久坐入混沌，冥神失人代。
地深天愈高，月出峡始大。
扪縆旋出险，喜别阴阳界。

阮　元　阮元，字伯元，号芸台，江苏仪征人。生于清高宗乾隆二十九年（1764），卒于宣宗道光二十九（1849）年。乾隆五十四年进士，改庶吉士。道光时官至体仁阁大学士，加太傅。所至以提倡学术自任，在浙江时，设立诂经精舍，校刊《十三经注疏》，汇刻《学海堂经解》，嘉惠士林。卒谥文达。著有《研经室集》、

《广陵诗事》、《定香亭笔谈》、《小沧浪笔谈》、《两浙金石志》、《经籍纂诂》、《十三经校刊记》等传世。

天台山纪游（节选）

金庭双阙不可攀，玉沙瑶草非人间。
曾记桃花古仙客，夜骑元鹤吹笙还。
七签空说子微悔，袁根柏硕今安在？
多为游人乏仙骨，割尽胡麻蹈东海。
昔登海阁望蓬莱，赤城又见霞标开。
羽人虽去洞天在，白日照耀金银台。

游天台桐柏宫观琼台双阙

逆流践飞瀑，峻岭九折通。
仙都豁然阔，峨峨桐柏宫。
神皋正平敞，圆抱千百弓。
一渡分三桥，四面环九峰。
岩峦谢险僻，云气何冲融。
金庭古洞碧，福地天光红。
司马暨杜吕，一一留仙踪。
玉笙栖子晋，丹灶居葛翁。
道书虽微茫，史传殊可宗。
所以俯仰间，神契孙兴公。
前台汲醴泉，西地逾卧龙。
境变五里外，琼台居悬空。
乃如巨鳌底，孤塔高巃嵷。
上有一道士，茅苙无春冬。
麋麕不敢到，魑魅无能逢。

毋乃清溪上，景纯昔所从。
其南夹双阙，阊阖来天风。
霞标出其间，倒影移西东。
何时明月夜，鸾凤鸣噰噰。
远人肯到此，气已超凡庸。
顷怀老聃言，顺物守以冲。
讵必参琅舆，直入玄天中。

洪亮吉 洪亮吉，字稚存，号北江，江苏阳湖（今并入武进县）人。生于清高宗乾隆十一年（1746），卒于仁宗嘉庆十四年（1809）。乾隆庚戌榜眼。授编修。督学贵州，教士以通经学古为先。为人慷爽有志节，秉性褊急不能容物。嘉庆时因上书批评朝政谪新疆伊犁。赦还，隐居读书，自号更生居士。于书无所不窥，尤精舆地学。诗文有奇气。著有《北江全集》行世。

游天台山记

天台山者，山水清深，灵奇栖止之所也。其径路迥殊，卉草亦别，霜霰异色，风霜态歧。

山最幽者为琼台。沉埋沧溟，凌历世宙。金碧之影现层霄之中，云霞之光衣九地之表。山花抽蓝，圆叶疑扇；林翼接翠，和声同琴。樵踪蛇纡，升降数十；石脊猱备，回皇半时。岩果润肺，作朝霞之红；灵泉清心，漾夕涧之绿。双阙峙其前，绝壑振其后。霜同剥藓，偶印来踪；云与昔贤，难停去影。登陟既疲，久坐石屋，作华佗五禽戏乃返。

……

（八）由奄奄一息到枯木逢春时期

——民国与人民共和国

清朝后期，在腐败无能的爱新觉罗氏独裁专制的长期统治下，在洋人洋枪洋炮的猛烈轰击下，中国那闭关锁国自给自足的封建社会逐渐演变为半封建半殖民地的社会。中国人民除承受封建头子的剥削外还要遭受入侵洋人的欺侮，从此被拖进了更加痛苦的深渊。进入民国时期，又加社会的一直动荡不安：先是推翻帝制的旧民主革命战争，接着是军阀争权夺地的混战，再接着是抗击日寇侵略的战争。战火连年燃烧，人民流离失所，国衰民穷，道教赖以滋养的经济基础被破坏到极限地步。一度繁荣昌盛的南宗祖庭桐柏观，也如经霜的鲜花一样，逐渐失去其固有本色，慢慢地凋零了。后来军阀又以道教是一种骗人邪术，借口破除迷信，下令没收道观土地、财产。道士们失去了生存的基本条件后，就逐渐流散或还俗，只有少数意志坚强从道特别虔诚的人，含辛茹苦坚守道场，勉强维持着道观的香火。人民共和国建立以后，人民政府在百废待兴的情况下，一时难以全面四顾，宫观羽人生活暂时个听自力更生。改革开放后，道教进一步得到恢复与发展，充满生机，日趋繁荣。桐柏宫迎来了它的大发展时期。

本时期的主要道士

林至霞 清德宗光绪十九年（1893），羊角洞道士林至霞，应师叔叶明仓宗师之召，偕师弟陈至贤北来天台，协助修整南宗祖庭桐柏宫观。第二年，在叶明仓主持下，林至霞偕师弟陈至贤、道徒袁理静一起，齐心勠力，攒劲合作，八仙过海似地各显神通，夜以继日为恢复昔日光辉祖庭而努力。他们除修好仅有的紫阳楼、大殿和清圣祠外，又于紫阳楼东面原迎仙楼基址新建客堂和厨房一座。祖庭坛宇修整一新以后，林至霞又在民国8年（1919），考虑到香客和山民上下桐柏岭时，无处遮风避雨，诸多不便，遂决心筹资在桐柏岭中段上下向阳风凉的适当地方路边，各建木石结构的凉亭一所，内置木头长凳多条，以供过客躲避风雨和中途憩息。上下群众齐声称颂。没料到殿宇、凉亭刚刚落成，林至霞却因积劳成疾，遽然羽化于桐柏，闻者无不叹惋。

袁理静 袁理静，天台县城人。清德宗光绪二十年出家于桐柏观，投拜林至霞为师，学习内丹功法。适值叶明仓道长主持重修桐柏观宇，于是全力襄助。在此次重修殿宇工作中，由于袁是县城人，且袁家在本地也算得上是一户略有财势的书香门第，亲朋好友遍布城乡，由他出面劝募筹资，采购五金砖瓦建材，动员工匠人力，无不得心应手左右逢源；甚至工程中的维持秩序，保障安全，排难解纷，只要他一出面，无不迎刃而解。袁理静本人一向热心向善，为恢复南宗祖庭殿宇殚精竭虑不遗余力，终于使殿宇得以顺利修复。民国8年（1919），又协助林至霞在桐柏岭半岭上下各建路亭一所。在袁理静呕心沥血鼎力襄助下，南宗祖庭修整一新，呈现出焕然的绮丽气象。不久，因积劳成疾，溘然仙逝。

叶宗滨 叶宗滨，温岭人。生于清德宗光绪二十二年（1896）。5岁，父母双亡；8岁，外出流浪。同年，乞讨至温岭羊角洞，被该洞道长收留为道童。

民国11年（1922）6月，27岁的叶宗滨为《名山记》所吸引，与伍止渊、朱宗涛等相约上桐柏山朝拜祖庭。年迈体衰为生活所牵累的桐柏观住持叶明仓与得力助手陈至贤两老道正穷于应付，见他们一行来到，都喜出望外，硬是要将他们留下来维持祖庭香火。他们则有感于千年祖庭,衰飒、昌盛今昔悬殊,身为道徒不忍漠然拂袖而去,也有意留下同振宗风。七月半,叶明仓、陈至贤告盟师真,将观务委与叶、伍、朱共同负责。未几,伍、朱辞归,观务重任由叶宗滨独力支承。叶宗滨在其师太王明峤鼓励下,在其师父林至味大师全力资助下,不畏艰难,勉力从事。在负责观务的10年中,仗仰观内仙辈齐心合力,共同披荆斩棘整理环境,依靠诸方善信随缘乐助,集腋成裘,鸠工修葺殿宇;又募资建造石桥,拓宽道路;还在桐柏宫东北面无偿划出地皮,在当地山民协助下,建造了一座校舍,创办了一所学校,用以提高当地群众的文化水平。随着殿宇的整修和经济来源的逐步稳定,道众也日渐增加,常住的发展到20余人。抗战开始后,叶宗滨专事修炼以强身,钻研医药以济民,叶宗滨于民国30年(1941)离开桐柏开始云游。后定居于平镇后村小庙中,边修道边耕作,自食其力,逍遥过日。2002年无疾而逝,享年107岁。

伍中堂 伍中堂是闵一得先生弟子,龙门派第十二代传人,上海大东门外盐瓜街人。当伍中堂得悉祖庭桐柏观房舍已墙倾柱摧破败不堪时,不胜忧悒,遂决意重新殿宇重振宗风。他不顾沪上工作繁忙自己身体欠佳,到处奔走呼吁,终于在上海各资本家处募集到大量资金,于民国23年(1934)携巨款来天台修缮桐柏观殿宇。经过整修粉饰后的殿貌观容让人有美轮美奂的感觉。出于对龙门第十代宗师高东篱的敬仰,又筹款为高宗师重新坟墓。伍中堂本拟再筹款建一所高祖殿,奈日本帝国主义者于1937年8月13日发动侵略战争大规模进攻上海,因而难以如愿。

闻理朴 比叶宗滨稍后来桐柏的还有闻理朴大师。闻生于光绪十八年(1892),永嘉人。民国21年任桐柏崇道观方丈,与叶宗滨一起设坛授戒。著有《朴庐集》、《烟霞吟草》。1997年羽化,世寿105岁。

伍诚鼎 伍诚鼎,字止渊,号陵源子,笔名寄庐主人。生于清德宗光绪十三年(1887),黄岩人。民国4年(1915),在宁波佑圣观出家。民国11年偕叶宗滨上桐柏山朝拜祖庭。民国25年,在湖北长春观考戒冠军,被授予"妙道大师"称号。回转桐柏后,被推选为该观监盟。民国31年,接替闻理朴为桐柏崇道观方丈。民国33年设坛授戒。抗战中期的1941年殿宇几度为敌机轰炸,凡像样的房子,被日本侵略者怀疑为抗日部队的住房或什么重要的机关办公地方,都被炸成断垣残壁。藏经阁中原版《道藏》亦被炸成飞蝶,道士死伤十数人。伍止渊以非凡的毅力收拾残局,募资修理。又以"施诊治病"、"传授养生内功"、"以各地分宫养总宫"等措施,艰难地维护观务和道统。民国36年离开桐柏宫,修炼于黄岩九峰山。伍长于内养功夫,曾静坐23天不下丹,人称"伍大师"。任新中国成立后的中国道教协会常务理事,曾参加过天安门国庆观礼。1966年8月羽化。著有《静坐却疾生理学》,阐明"全真导气,真息命蒂"机理,直指"知而不守,勿忘勿助"功诀。

李信辉 民国36年,伍止渊因种种原因要求离任,桐柏观方丈一职改由到观不久的李静尘继任。

李信辉,号静尘,天津人,大学毕业,因失意而"看破红尘"出家,成为龙门派第25代传人。他主张儒道结合。他瘦削颀长,雍容大雅,宽袖长须,风度翩翩,充分显示出一派道骨仙风的气质。解放初期,地方上百废待兴,人民政府暂时无精力照顾到道士的生活,而且施主、香客也一时绝迹了,因此崇道观中十来个道士的衣食只能靠自力更生设法解决。李静尘一个知识分子出身的人,不怕脏不怕累,带头下田躬耕。但因田地狭窄,僧多粥薄,难以糊口,他只得凭借自己交友广德望高的有利因素,勉为其难地外出募捐。有个上海资本家捐资500块银元委托修建"善利广济真人祠",李把节支的钱也移用到维持众道徒的生活上去。1951年再度去外地募捐后，就留居在上海，只不时汇些款子到天台接济道观内的道徒生活。1956年11月，在天津与中国道协会长全国政协委员陈撄宁等一起筹组中国新道教协会。1957年4月，中国道教协会成立，李当选为第一届理事会常务理事。李静尘留居外地后，崇道观宫务由其徒弟叶崇新负责。1958年，李静尘在上海仙逝后，桐柏观的住持工作改由谢崇根担任。

谢希纯 谢希纯，号崇根，宁波东乡人。他出生于清德宗光绪十七年（1891）年。光绪二十七年，当希纯还是一名11岁儿童的时候，即皈道于宁波北门佑圣观，拜该观道士葛信善为师，道号崇根，为龙门派第二十六代传人。光绪三十四年，出任佑圣观监院；民国11年（1922）年，升任该观住持，兼任宁波市道教协会理事长。他曾三上天台山，拜谒崇道观高道，得内丹功法。1954年，谢第四次登上天台山，为桐柏观挂单道士。1958年李静尘仙逝后，谢崇根接任该观观主。这一年的6月9日，福溪区各乡群众上山在三井上方开始筑坝建水库。1959年春开始蓄水，桐柏观遂逐渐陆沉库底。谢崇根主持将桐柏观内的法物、经卷、夷齐石像、碑刻，以及生产、生活用品移至玉泉峰鸣鹤观。1980年，由桐柏电站拨款修缮大殿和配房，为了节省开支，道士们亲自动手助力，一直修到1983年才修好，同时报请有关部门批准，将鸣鹤观改名"桐柏宫"。

谢老道潜修了六十年，他的内养功很深，然隐而不露，人莫知之，直到1980年始为人所发现。1981年10月，赴杭参加三省二市功法交流会时，作过闭息20多分钟的表演，惊动观众。会中受聘为浙江气功协会顾问。之后，积极弘扬内养功法，接受络绎而来的拜师门徒，对社会贡献很多。1983年成立桐柏宫气功研究小组，被举为副组长（县长蒋洪云为组长）。1984年7月，被选为中国人民政治协商会议天台县委员会常务委员。同年10月，在桐柏宫羽化，享年94。遗留宫务，由坤道叶高行主持。

叶秋梅 已仙逝的桐柏宫住持叶秋梅，法名叶高行，道号炼阴子，笔名一舟。民国36年（1947）7月，出生于浙江省美丽的东海岱山乍门村。

叶秋梅生性慈善，雏凤之年即歆慕祛病健身的气功，萌生向道之心。及长，学得一手救死扶伤的传统医疗技术，在家乡博施济众，为民行善积德。中年初志不改，云游四方访师求道。1978年乘风破浪渡海来天台，师从道教南宗祖庭桐柏宫住持、龙门派第26代传人谢崇根，学得南宗延年益寿的真传内功丹法。自此，她也成为全真道龙门派第27代传人。她向道之心非常坚决执著，戒行谨严。刚到天台时，她寄住在龙王堂，学道在桐柏宫，两地相距数十里，天天奔爬于岭高路险的山道上，风雨无阻。1980年入住桐柏宫，与道友董崇明、柴至一、孙菊青一起，协助住持做好宫务的维持工作。由于法事已经停止，香客早已绝迹，道众的生活仍基本仰赖县民政部门定下的每人几元补助费（注：1961年起每位道徒5元一个月，1969年起每位增加到8元一个月）过日子。于是大伙除了炼丹功外，就是上山打柴，垦荒种菜。生活虽然清苦，因大家都怀着一个共同的信念走在一起，过得尚称愉快。尤其朝夕与谢老道在一起，时刻亲聆指点教诲，如鱼得水自在自励进步迅速，更使她心悦神怡。

叶秋梅学道三年成绩显著。1982年，被指派到杭州建工医院，让她以气功为人治病。同时令她挤出三分之一时间进一步深究道学。1982年以后，代表谢道长留杭州道教协会工作。期间继续钻研气功和道学理论，各方面都更上一层楼。1984年9月谢老道羽化后，她临危受命回转桐柏宫主持观务。

谢老道仙逝后，地方上极个别的城狐社鼠乘宫里台柱摧折的机会，蜂起抢食唐僧肉。针对当时混乱的严峻局面，她在弘道的同时，一面向各有关领导汇报了情况，争取各方支持；一面亲自临场劝阻不法分子的破坏与霸占行为。当地少数败类欺她是个女流，居然对她谩骂污辱，她正气懔然岿然不动，不卑不亢刚毅无畏与之说理斗争。谁知个别不可以理喻的无赖，仍然我行我素。在忍无可忍的情况下，再度去各级领导机关反映情况，一直申诉到国务院宗教局。在这些斗争的日子里，她沉着坚定矢志不移，在各级领导的支持下，终于震慑住那些跳梁小丑，争回了观属权益。

为筹措资金整修观宇，她风里来雨里去摩顶放踵日夜奔波，她磨破嘴皮到处去游说。终于在桐柏电站等单位和个人的支持下，又将全部老房子彻底整修了一次，使道众们得以安心法事。她是个事业心很强的开拓型女黄冠，她永远不满足于现状，她继续多方筹资扩建房舍。88 岁的天台鹤楼乡美籍华人葛怀英慷慨捐资美金一万二千元，以之造了七间西厢房。她又在宫院东边新建了山门，在宫院周边修筑了院墙。还在院内修整了醴泉井、八角井，新挖了放生池。再筹资重塑元始天尊、王真君、紫阳真人等金身。在她的惨淡经营下，桐柏宫面貌焕然一新。

她恪守道规洁身自励，整肃宫纪刚正不阿，为恢复南宗祖庭的优良传统穷竭心计。为了进一步挖掘并发扬祖国传统的道家气功，1986 年她重组了桐柏宫气功研究小组，被推举为该组组长。在她的组织和推动下，几年来该组的气功研究工作成绩卓著。

她慈眉善目怜贫敬老关心群众疾苦，常组织研究会医疗队，到山村为广大贫病群众义务诊治疾病，深得群众好评。

叶秋梅还在社会上兼任天台道教协会会长，天台山道教研究会顾问，天台山南宗紫阳功法研究会名誉会长。为团结广大信奉道教或紫阳气功的同仁和弘扬道教事业提高人民养生健身延年益寿水平贡献了她的心力。

她拥护共产党，热爱祖国，在群众中享有一定的威信，曾被推选为县五届、六届政协委员。

1999年12月1日，她应邀赴美国传道。一到美国，立即召集美国和巴西等南北美洲精修道教南宗内功丹法的道徒，一起同修功法；同时商讨了"中国天台山桐柏宫美洲下院"等有关问题。特别是成立了"天台山桐柏宫基金会筹备会"，为恢复南宗祖庭，重振龙门派昔日辉煌历史跨出了稳健的一步。正当其他乡遇知音壮志待酬的春风得意时，突然在1999年12月14日1时48分因操劳过度导致脑溢血而羽化于美国。以张雪凌为首的美国佛罗里达州珊瑚泉城"中国天台山桐柏宫美洲下院"诸道友立即予以精心安排善后工作，将她全尸平安地航空运回祖国，葬于天台桐柏山之仙苑湖伴。

葛怀英 葛怀英，天台岳楼村人。童年上过学，读过"四书"。16岁去宁波进万信纱厂做学徒工。19岁与该厂资本家戴源长一起师从伍止渊学道。28岁任纱厂厂长。后偕戴源长远涉重洋到巴西。他俩在巴西购置了一座小山，在山中构建宫观专事练功修道。三年后移居美国。葛氏漂洋多年，始终不忘桐柏祖庭，大陆"大跃进"之前，年年派人到桐柏朝拜。美国总统尼克松访华后，他以中医师身份参加第一批访华团回国访问。以后又多次回国探亲，上山拜谒祖庭。88岁那年慷慨捐资美金一万二千元，为桐柏宫建造了西厢房7间。

梁炳贤 梁炳贤，号不言，祖籍广东，抗日战争时期随父定居香港。自办了一所画院。1985年，不言先生发动香港道教协会会长侯宝垣，组织了五名道友来天台朝拜祖庭并拟议筹资130万元人民币重建崇道观。1989年5月，在不言先生的影响下，他的朋友阮适庆先生偕夫人汪颖明女士慷慨捐赠《正统道藏》1部61册，拜托不言老师护送到桐柏宫收藏。不言先生还辞去大学教职，在桐柏宫整整修炼了半年。

本时期莅山名士

康有为 康有为,原名祖诒,字广厦,号长素,又号更生,广东南海人,人称"南海先生"。生于清文宗咸丰八年(1858),卒于民国十六年(1927)。光绪二十一年进士,受任工部主事。自光绪十四年(1888),至光绪二十四年间七次上书光绪皇帝,要求变法,以改变腐败积弱的政治局面。光绪二十一年第二次上书要求拒签"和约"时,参加签名的有赴京会试举人1300余。康有为又组织强学会、圣学会、保国会,办报纸,鼓吹改良主义。光绪二十四年依靠光绪皇帝发动变法维新运动,失败后出逃日本。之后,组织保皇会,反对民主革命。民国元年(1912),又组织孔教会,参与保皇复辟活动。民国十三年游天台,在桐柏观住过几天,并在琼台题了"琼台双阙"四字;在琼台庙题了一副对联:"千年松绕屋,八洞玉为天。"康有为著有《新学伪经考》、《戊戌奏稿》、《大同书》、《孔子改制考》、《中庸注》、《康南海先生诗集》等。

清风祠
桐柏金庭绕九峰,夷齐遗像自清风。
不必西山采薇蕨,琼台双阙有仙逢。

郁达夫 郁达夫,浙江富阳人。生于清德宗光绪二十二年(1896)。1911年起留学日本,曾就读于东京帝国大学。1922年9月毕业回国后主要从事散文与小说的创作,是现代的小说家、散文家,是创造社的主要成员之一。著有小说《沉沦》、《春风沉醉的晚上》、《薄奠》、《她是一个弱女子》、《出奔》,散文《达夫散文集》等。小说,大都具有爱国主义精神;散文,主要是文笔优美的游记。1923 年到 1926 年，先后在北京大学、武昌大学、中山大学任教，其间曾主编过《创造月刊》、《洪水》。1928 年，与鲁迅合编《奔流》。1929 年，与鲁迅、宋庆龄等人发起"民权保障自由大同盟"。1930 年，加入"左联"。1936 年，任福建省政府参议。1937 年开始，投身于直接的抗日工作。是年冬经香港去南洋，积极宣传抗日救国。1945 年 9 月，被日本宪兵队杀害于苏门答腊。

南游日记

……

二十六日（九月十九），星期五，晴暖。今日打算去自辟天地，照了志书地图，前去搜索桐柏宫附近的胜景。不坐轿，不用人做引导。上午八点，自国清寺门前，七如来塔并立处坐汽车到何方店。一路上看赤城山，颜色浓紫，轮廓不再象城，因日光在东，我们在阴面看去，所以与午后看时又觉两样。

自何方店向北偏东经何方村而入山，要过好几次溪。面前的一排山嶂，山中间的一条瀑布，是我们的目的地。山是桐柏岭，西接琼台与司马悔山；瀑布是"桐柏瀑"，瀑身之广，在天台山各瀑布当中，应称为王，"石梁瀑"远不及它的大。可惜显露得很，数十里外在官道上，行人就能望见瀑身，因此却少有人注意。从前在瀑布附近，有瀑布寺，有福兴观，现在都只剩下了故址。《灵异考》载有"华亭王某，于三月三日江行，忽见舟中两道士招之，食以粟；旋命黄衣送上岸，乃在天台瀑布寺前，已九月九日矣"。足见从前的人，对此瀑布的幻想，亦同在桃源岭下差仿不多。

由何方店起，行十里，就到桐柏岭脚的瀑布旁边，再上山五里，由桐柏岭头落北向西就是桐柏宫了。这一条桐柏岭，远看并不高，走起来可真有点费力。但一上岭头，两目总是疑神疑鬼的骇异起来；因为桐柏宫附近的桐柏乡，纵横将十里，尽是平畴，也有农村、田稻、溪流、桥梁、树林等的点缀,西北偏东的三面,依旧有高低的山峰围住;在喘着气爬上桐柏岭来的时候,谁想得到在这么高的山上,还有这一大平原的田园世界呢?又有谁想得到在这高原村落之上,更有比此更高的山峰围绕在那里的呢??

桐柏宫是一道观,西南静躺在桐柏乡正中的田野里。据说,这道观的由来,系因唐司马承祯子微隐居于此,故建(唐景云二年)。宋大中祥符元年,改桐柏崇道观,当时因宋帝酷信道教,所以在志书上的桐柏崇道观的记载,实在辉煌得了不得;明初毁于火,现在的道观,却是清雍正十三年奉敕所建,当时大约也规模宏大,有绝大之石磲、石基等存在,雕刻精绝。现在可真坍败不堪,只有一块御碑尚巍然屹立在殿前败屋中。还有菜地里的一块宋乾道二年四月"尚书省牒白云昌寿观文书"碑,字迹也还看得清。道院西边,有清圣祠,供伯夷、叔齐石像二座,系宋黄道士由京师辇至者,像尚完整,而司马子微之塑像,已经不在了。两庑有台郡名贤配享牌位。壁上游人题咏很多,这道观西面的一隅,却清幽得很。

我们在桐柏宫吃过中饭,就走上西面三里多地的山头,去看"琼台双阙"。路过五百大神祠,庙小得很,而乡下人都说是很有灵验的庙。

琼台风景,实在是奇不过。一条半里宽的万丈深坑曲折环绕,有五六里路至十里内外的长。两岸尽是峭壁,壁上杂生花草和矮树,一个一个的小孔很多,因而壁的形状愈觉得奇古。立在岩头,向对面一望,像一幅米襄阳、黄庭坚的大草书屏。向脚下一转眼,可了不得了,直削下去的黑黝黝的石壁,那里何止万丈,就说他千万丈万万丈,也不足以形容立在岩上者的战栗的心境。而这深坑底下,又是什么呢?是一条绿得变成蓝色的水。有两个潭,据说是无底的;还有所谓双阙的两座石山呢,是从谷底拔地而起,像扬子江中的焦山似地挺立在潭上;坑的中间,两阙相连,中间低落像马鞍。石山上也有草花、松树及几枝红叶的柏树、枫树，颜色配合的佳妙及峻险的样子，若在画上看见，保管你不能够相信。古来说双阙者，聚讼纷纭，有的说在仙人座的地方，两峰对峙，就是双阙；有的说，这深坑的外口，从谷底上望，两峰壁立，就是双阙。但这是无聊的名义，去管它作什么。我们在仙人座这面的岩头坐坐，更上一处像半岛似地向西突出在谷里的平面岩峰上爬爬，又惊异，又快活，又觉得舍不得走开，竟消磨了一个下午。循原路回到何方店，上车返国清寺的时候，赤城山上的日光，只剩得塔头的一点了。

……

干人俊 干人俊，字庭芝，号梅园，浙江宁海人。生于清德宗光绪二十七年（1901），卒于 1988 年。曾在省内外各著名中学（包括天台中学）担任文史教师，也主持过志书编写。善属文，著述丰富。

游琼台双阙记

去桐柏宫之西北四里，曰琼台双阙。双壁万仞，森倚相向。孙绰《天台山赋》"双阙云竦以夹道，琼台中天而悬居"，即此也。其奇险名天下，而游者罕有至焉。余旅台近三载，亦畏之而不能尽其胜。呜呼，以其险且僻，而使其奇不得售，殆兹山之不幸也！

甲戌之春，偕同事二，女弟子五，从赤城西北行。不十里，见绣壁间一瀑直飞，若匹练高悬，俗曰"桐柏瀑水"。循九曲径，盘纡五里，至山顶，田畴平旷，麦陇参差。此道书七十二福地之一。《真诰》所云"越有桐柏之金庭"是也。渡玉梭溪，入桐柏宫，满目残砖断碣，荒凉不堪。时有道士出迎，并云余二年前曾与严连长来此。略序旧事，不觉怅然。少坐，谒孤竹二逸民，石像苍古温润，云系宋黄道士自京师辇至。本名"九天仆射祠"，后改"清圣"。左塑司马子微，右配台郡名贤二十九人。壁间有隆庆六年番禺张延臣所撰《桐柏宫移祀夷齐像记碑》序其事甚详。

饭罢，一老者前导为琼台游。过小岭有田家七八。行里许，至一庙曰"琼台庙"。有古柏一本，穿瓦而上。枝叶扶疏，斜倚屋角旁。庙右为一小岗，荆棘漫山，无径可寻。由山洪遗迹，攀木而过，山势一变，皆青壁陡绝，下临百丈龙湫。数转樵苏路，忽见大壑之心，有岩突起，两崖夹抱，壁立千仞。老者曰："前即琼台双阙也。"复循崖唇，折南行，有岩平坦如掌，上有石兀立如碑碣，镌"台岩奇观"、"秀甲台山"诸字。复出，至岩檐，魂悸魄动，不可逼视。一生曰："有悬磴可度，何怯乃尔？"余贾勇而下，觉手无所攀，足无所履，真如齐巨山所云："措足于沙，沙先铤而走险；求援于草，草即起而捐躯。"予欲返者屡矣。呼曰："险绝，奈何？"一同事曰："不险，不奇。"稍下，险又倍之。不得已命老者引度沙流，踏其踵；岩凸，摄其手。如是者下五六丈，复度崖腰，援石罅而达琼台之顶。近视则绝壁森倚，峭崿峥嵘，远望则千层峰巘，若大海紫澜，蜂拥而来。二三子皆相顾而惊，不知身之在何处也。一同事叹曰："月夜游之，如何？"予曰："张亨钺月夜独踞台中，如铺金镂玉，闪烁人心，目众峰淡远，皆隐见空蒙杳霭间。数语已描写尽此中风味，不想可知。"

折南下，而蜂腰一线，藕断丝连，愈下愈险。左危崖，右流沙，且危蹬又隔四五尺一步，实无着足处。因又命老者挽牵，而至马鞍石。石二片，南北峙，高阔可丈许。一镌"琼台"，一镌"双阙"，康有为题。过马鞍石，有仙人座。形如佛座。相传为葛玄炼丹处，非驾鹤骖鸾，不可至也。予今何以至此，游耶？梦耶？仙乎？人乎？凝视久之，乃坐其上。

外望双阙高耸，掩护琼台，如众星拱北，如旌节围营，如双剑挺秀，白光万道欲破苍天者。屹然千仞，下为百丈坑，水从双阙而出。奇绝，险绝，天台山之雄深伟丽，万邦所瞻，而琼台之奇险尤甲全山。宜乎季重之所重也。潘稼堂曰："双阙丽矣，自琼台俯视之尤佳；琼台奇矣，自双阙仰视之尤妙。"妙哉，是言也！眺览良久，不忍去。已而日斜，取故道还。

潘天寿 潘天寿，本名天授。字大颐，自署阿寿、寿者、雷婆头峰寿者。1897年出生于浙江省宁海县。现代画家、美术教育家。1920年毕业于浙江第一师范。是夏丏尊、李叔同、经亨颐的高足。1925年经李叔同的推荐，进上海美术专门工艺学校教授绘画。在职期间，经吴昌硕、黄宾虹等大师的点拨后，画技日新月异更上一层楼，恩师吴昌硕满意地赠词："天惊地怪见落笔，巷语街谈总入诗。"自此长期从事绘画活动和美术教学。中华人民共和国成立后，担任中国美术家协会副主席、浙江美术学院院长。他长于写意花鸟和山水画，笔墨有金石味，融诗、书、画、印于一炉。亦长于指画。1958年来游天台山风景名胜，足迹到过桐柏景区，留下"长松流水"、"百丈岩古松"画卷。潘天寿1971年病逝。著有《中国绘画史》、《治印谈丛》等。

题《长松流水图》
一石一花尽奇绝，天台何日续行踪。
料知百丈岩前水，更润岩前百丈松。

题《百丈岩古松图》
一夜黄梅酣雨后，万山新绿涨雷风。
料知百丈岩前水，更润岩前百丈松。

三、桐柏的宫观庵院

桐柏山的宫观庵院很多,现择要简介如下。

(一) 桐柏观

异名:桐柏金庭观　桐柏宫　桐柏崇道观
地址:

桐柏观位于县城西北10公里的桐柏山上。屹处于半山腰盆地一碧平畴中心的桐柏观,四周九峰(卧龙、华琳、香琳、玉泉、玉女、紫霄、翠微、玉霄、莲花)拥抱,环若城郭。那里,峰峦起伏如猛虎腾踊,群山攒翠如苍鹰昂首。绿野方塘之间,晶莹的玉梭溪,屈曲如游龙忽隐忽现穿流而过,佳境豁然。唐崔尚称赞说"高居八重之一,俯临千仞之余。背阴向阳,审曲而势,东西数百步,南北亦如之。连山皆碧,茂树常青。大岩之前,横岭之下,双峰如阙。中天豁开,长涧南泻……鲜花灵草,春秋互发……总括奥秘,郁为秀绝。"

历史:

桐柏观历史,已近1800年时间了,早在三国吴大帝赤乌元年

(238)，太极左仙翁葛玄首先在此建炉炼丹，后来桐柏观中的朝斗坛即其遗址。第二年，孙权即为葛玄在此建观并"强名桐柏"。

随后，高道郑隐不远千里来观拜葛玄为师，向他学习《正一法文》和《洞玄五符》。晋伏波将军、关内侯葛洪追寻其从祖遗踪来到桐柏，并在此炼过金丹。王羲之的朋友高道许迈、许逊先后结伴在此游览、修炼。人称"山中宰相"的思想家陶弘景，自南齐武帝永明九年（491）起，在此修炼多年。征虏将军、东阳太守沈约，在南齐明帝永泰元年（498），弃官来到桐柏观当了一名道士，留下一篇脍炙人口的《桐柏山金庭观碑记》。齐东昏侯永元三年（501）春，为之勒石树碑于观前。南朝陈宣帝时（569－582），王远知隐居桐柏观炼丹多年，声名远扬京师，为当朝皇帝所嗟赏。

进入唐代，由于李氏皇朝崇道，桐柏观步入了黄金时期。叶法善修炼于桐柏时，被高宗李治召入京城问道，对答合意，皇帝非常赏识。弘道元年（683），诏台州府给桐柏山封岳，拨充40里内地方为桐柏观长生之地。高道司马承祯在桐柏观所建立的功绩最大，影响很深远。司马氏于高宗调露元年（679）来到桐柏山，先卓庵于玉霄峰，后移居桐柏观。睿宗景云二年（711），"天子布命于下，新作桐柏观"。此次构建的殿宇规模很大，纵横数百步。有黄云堂、元晨坛。司马自颂云："堂号黄云，俯荫真气；坛名元晨，仰窥清景。"元晨坛东边为炼形室，南边是凤轸台，西边是朝斗坛，北边是龙章阁。又有上清阁、钟楼。（钟楼下是葛仙翁炼丹井、炼丹灶。）又有众妙台，司马以篆、隶、八分三体写《道德经》于巨幢置台上，故名。——后梁龙德年间（921—923），罗浮山道士厉山木重写一本，藏于玉霄藏，宋郭忠恕的文字学著作《汗简》和夏英公的《四声韵》曾引用到它。——众妙台下有醴泉井，号透锡泉，泉水甘甜可治病。蜀华阳女道士谢自然，远寻蓬莱来到桐柏山，从司马承祯学道。太常博士贺知章，为求摄生之妙，负笈至桐柏求道,唐玄宗天宝三年(744),在此归天。李白的好友道士吴筠在唐玄宗与唐肃宗年间,两度来天台问道。

唐宪宗元和中(806—820),道士田虚应携弟子冯惟良、徐灵府、陈寡言来到桐柏观。唐文宗太和元年(827)至三年,桐柏观住持徐灵府在浙东观察使元稹的资助和师弟冯惟良、陈寡言的协助下,再修桐柏观宇。因上清阁、众妙台已为台风摧毁,又新建了上清阁、众妙台。接着,再新建降真堂、白云亭、翛闲亭以及厨房、仓廪等。大诗人元稹为作《重修桐柏观记》。

岁太和己酉(即公元829年)修理桐柏观事迄,道士徐灵府以其状乞文于余。曰:有葛氏子,昔仙于吴,乃观桐柏,以神其居。葛氏既去,复荒于墟。墟有犯者,神犹祸诸。实唐睿祖(指睿宗李旦),悼民之愚。乃诏郡县,历其封隅。环四十里,无得樵苏。复观桐柏,用承厥初。俾司马氏,宅是灵都。马亦勤止,率合其徒,兵执锯耜,独持斧铁。手缔上清,实劳我躯。棱棱巨幢,粲粲流珠,万五千言,体三其书,置之妙台,以永厥图。不及百年,忽焉而芜。芜久将坏,坏其反乎。神启密命,命友余徐(即徐灵府)。徐实何力,敢教俸馀。候用俞止,俾来不虚。曾未迄岁,免乎于于。乃殿乃阁,以廪以厨。始自础栋,周于墁圬。事有终始,候其识欤。余观旧志,极其邱区。我识全坯,孰烦锱铢。克合徐志,冯(冯维良)陈(陈寡言)协夫。

唐集贤院直学士郑仁规又专为上清阁的修成写了一篇《重建桐柏上清阁记》。

唐懿宗咸通元年(860),在官兵镇压裘甫起义军时,正月、四月两次大战于桐柏观,使这所刚修建的观宇遭受了一次惨重的劫难。战后,道士徐灵府、叶藏质立即集资予以重修。刘处静为之撰写了一篇《重修桐柏观记》。

在徐灵府担任桐柏观方丈期间，冯惟良对旧有《桐柏道藏》给以勘误、补充并重新编目装订。

咸通六年，叶藏质接任桐柏观住持。时道元院（前）高道应夷节的传人（即司马承祯的第五代传人）道门魁首杜光庭亦驻踪于桐柏观，依靠这里内容丰富的道藏，整理教理、教义及斋醮科仪。唐兴籍道人王文果、刘方瀛亦修炼于此，颇有成就。

后梁太祖朱温信奉道教向往桐柏观，曾给桐柏观丰厚赏赐，并在开平间（907—911）诏改桐柏观为桐柏宫。

后晋高祖天福年间（936—943），擅长丹青的台兴籍道士厉归真修炼于桐柏宫，颇得众望。

吴越王钱弘俶，在后汉高祖乾祐间（948－950），出资为道士朱霄外修建桐柏宫，赐金银字经200函，金、铜铸天尊像十身，铜铸三清神像三尊，檀香三清神像一龛，金、银、铜铸火焰台座一座，玉花八株，珍珠八颗。后周太祖广顺二年（952），住持道士朱霄外募资建造桐柏宫藏经殿一座。

宋太宗雍熙二年（985），朝廷下旨编修全国道藏，桐柏观遵命将录有桐柏历史、道经的《桐柏道藏》运送至余杭，编入《天宫道藏》（录自《桐柏道藏》的资料约占《天宫道藏》的三分之一）。随后，太宗遣使赐桐柏宫御书、御制53件。太宗端拱间（988—989），昭成太子赵元僖又遣使给桐柏宫送来圣帧40轴。桐柏宫住持道士将这些文物全供奉于宫内正殿。

宋真宗咸平二年（999），当朝皇帝遣使至天台桐柏宫设罗天大醮，台州知府曾会为撰《金箓斋记》和《设醮铭》、《灵宝斋投龙记》，以纪其一时盛况。景德末年（1007），真宗敕修桐柏宫道藏。事成，台州通判夏竦为之作记。大中祥符元年（1008），真宗再次遣使到桐柏宫设罗天醮。同时赐名"桐柏崇道观"（后仍沿称桐柏宫）。设醮事毕，真宗赏赐道袍四袭。道士不敢穿戴，连同太宗及其太子所赐物品，一起供奉于观内御书阁。真宗得悉高道张无梦修真于桐柏，又另赐金银以示优隆。

宋真宗咸平间（998—1003），邑人张伯端在此隐读，精研儒释道典籍，然屡试不第。后专攻丹经。宋神宗熙宁二年（1069）张氏云游蜀地时，遇异人刘海蟾，得金丹秘诀。丹成，返归桐柏宫，在传道授徒中写成万古丹经王《悟真篇》。张伯端遂成为内丹术的奠基人，被后人尊为全真道的南宗开派祖师。因张伯端的《悟真篇》成书于桐柏宫，故道教南宗又名道教天台宗；桐柏宫从而成为南宗祖庭。因张伯端是天台人，故道教紫阳派又称天台仙派。张伯端的弟子陈楠、白玉蟾亦曾修炼于桐柏观。

张无梦的徒弟、王安石的朋友陈景元，居桐柏宫十数年，累迁左右街副道箓。

宋神宗元丰五年（1082），桐柏观住持道士募资重修三真殿竣工后，句曲山道士王简竹撰《重修三真人殿碑文》，范子谂誊抄于碑石，薛如初篆额。

宋徽宗政和六年（1116），朝廷拨帑银扩建桐柏观。除修饰或重建司马承祯以来的黄云堂、元晨坛、上清阁、朝斗坛、众妙台、凤轸台、降真堂、龙章阁、炼形室、钟楼、白云亭、翛闲亭外，又新建了三真殿、御书阁、三元院、白云院、清虚院、经藏院、延宾院、浴院、斋堂、方丈楼、云堂、土地堂。为解决生活问题，再建了云厨、仓廪、水磨、水碓。最后，为当朝皇帝在小月山麓建造了一座一如东京宫殿般的元命殿。观宇建好后，在房子周遭筑了围墙，在围墙的正南面开上恢宏壮观的山门，在直南的桐柏岭头建造了一座坚固而玲珑的石质洞门。在玉梭溪上造了三座跨溪石桥。最上一座叫通幽桥；中间一座叫丹霞桥，又叫落马桥；最下游剑岩旁边的那座较高拱形大桥叫迎仙桥，又叫引仙桥，由于桥面是用卵石甃成花纹图案因亦名花桥，桥上有亭名会仙亭。迎仙桥西桥头建有一座小房子叫迎仙馆，用以招待过往香客。徽宗又给桐柏观拨田1619亩，山林1345亩，用以维持道观的日常开支。当时的桐柏观真所谓"琼楼杰宇之宏丽，云窗雾阁之高下，皆隐约于乔林翠霭之中，崇饰华丽无以加矣"。

宋徽宗宣和年间（1119—1126），桐柏观住持高道王茂端被召进京，医好了徽宗母亲的疾病。带回皇帝所赐原存于宫内的伯夷、叔齐二石像安置于福圣观中。

宋高宗绍兴十五年（1145），曹勋受朝廷派遣，提举天台桐柏崇道观，绍兴二十年捐俸修复山门。受其影响，桐柏观道士杨和、王存中一起在绍兴二十二年重修三清殿。绍兴三十年，曹勋又提举桐柏观，再倡导重新殿宇。除自己倾当年俸禄外，又奔走劝缘，得到各方的大力资助。在观门都监石庆端、道正厉永年、道副石葆璋协力经营下，于孝宗乾道三年（1167）正式动工。扩大殿基丈余，增高大殿栋柱过仞。维修徽宗六院，改建三清殿，重建上清阁、众妙台、经楼、钟楼、御书阁。新建三官殿、灵星门。扩大斋堂至可容千人同时就膳。拓展东西两客馆以待香客。对所有门窗柱栋墙壁一律涂漆髹彩，对神像也重新敷贴描绘。道士唐知章又倾私囊建藏经殿，用以珍藏钱氏金、银字道经。观内外遍植竹木。同时撤去所有俗客。乾道四年，大功告成。是年清明日，曹勋亲自撰《重修桐柏观记》。此次修建连同劝募历时六七年，费银上万两。宋代提举桐柏崇道观的除曹勋外，尚有曾几、陆游、朱熹（宋孝宗乾道九年即1173年到任）、赵师渊等。

绍兴年间，高宗将自己临摹的汉晋贴、《史汉事实》翰墨及高丽僧统所织经帘二帙赠送给桐柏观。

隆兴中（1163—1164）康寿殿产灵芝，当权者以为是祥瑞之物，孝宗遣使给桐柏观赐沉香二百两，以示酬神。

南宋乾道间，孝宗又诏令豁免观田、观山粮税，还勒石立碑于观前路北为凭。

宋代桐柏观道士中，还有编著《仙苑编珠》的王松年。

元初，桐柏观道士王中立，为元世祖忽必烈看重，被赐号"仁靖纯素真人"，又受赐金冠、宝剑、上真玉像、御香。

元顺帝至正二十七年（1367），朱元璋兼并方国珍之战中，难民拥进桐柏观，不慎火从中起，桐柏观所有房屋和文物宝藏，除远在西桥头的迎仙房和留在那里的一龛檀香像以及唐崔尚《桐柏观碑》外，全被化为灰烬。自此桐柏观元气大伤。

大火过后，观中道士金静观在提点吴惟敬的支持下，迎难而上挺身支撑，在朱元璋的限令到达前，迅速在原有观址上草草建起了几间房舍，恢复了桐柏观。到明成祖永乐十年（1412），桐柏住持鲍了静集资恢复了几间殿宇。

明宣宗宣德年间（1426—1435），龙门派第五代传人张无我受任主持桐柏观。明英宗正统间（1436—1445），留观道士积极整理桐柏的道经和发展史，以供朝廷编写《正统道藏》。明神宗万历间（1573—619），又支持朝廷编纂《续道藏》。

明世宗嘉靖七年（1528），龙门派第六代传人赵复阳（张无我弟子），接任桐柏观住持，他费尽心力与蚕食观产的人开展不懈的斗争。

世宗嘉靖三十六年，邑令钟钮又发动重修了一次，同时将瀑水下的福圣观移并入桐柏宫，将山下夷、齐两石像亦请入桐柏宫中门内。

清世祖顺治间（1644—1661），住持赵复阳勉为其难地维持观务，为了安全，筹资修复了山门。道士吴彦钦为此写了一篇《重修桐柏山门记》。

赵复阳羽化后，桐柏观的住持由他的弟子、龙门派第七代传人童清和继承。童自清圣祖康熙十六年（1677）至五十二年，前后36年担任桐柏观方丈并主持经坛讲席。期间，为维护观内外资产，他拚着老命与地头蛇进行不懈的斗争。但在当时的政治气候下，不仅无效反而愈演愈烈，到他仙逝后，竟至宫观房舍大部被夷为平地，三清殿基址被县城官宦之家张氏占为坟场；40里山林也由渐被蚕食发展为全被豪夺；少数几个维持香火的道徒也被次第赶向别处。

早在童清和在世的康熙四十四年，龙门派第九代宗师范青云仙游至此，观内道士要将他留下主持讲席，他因有自己的行动计划没有答应。但十二年后的康熙五十五年再爬上桐柏岭时，发现原先的桐柏观地方已是漠漠蓁蓁的一片坟场，不胜伤感。他即以龙门派传人身份，打出桐柏住持的名义，去县里、府里、省里状告张氏。不想官官相护，反以诬告罪几次被当堂打得死去活来。不得已，只好千里迢迢告到北京皇帝跟前。一个偶然的机会，大病初愈的清世宗开恩受理了范青云的诉状。出于对紫阳真人的崇敬，雍正九年（1731），皇帝敕令浙江布政司、台州府署、天台县衙迅速到场收回被侵占的屋基、田地、山场，恢复南宗祖庭桐柏观。旋即调拨台州六县当年应上缴国库的部分皇粮为资金，着两浙粮道布政使朱伦瀚负责重建。世宗敕建之桐柏观，计划宏伟规模壮阔，雕梁画栋如宫殿。中轴线自南而北自下而上为山门、灵官殿、真武殿、御碑亭、大殿、紫阳楼；西线自南而北为鼓楼、西道院、真君殿、众妙台、方丈楼；东线自南而北为钟楼、东道院、太极殿、会仙亭、迎仙楼；西边院墙外为西道寮、清圣祠；东边院墙外为东道寮、茹芝堂、云厨。殿宇和其他用房合计百余间。雍正十二年建设竣工。当年，世宗敕封张伯端为"大慈圆通禅仙紫阳真人"，敕封桐柏观为"桐柏崇道观"（后仍沿称"桐柏宫"）。同时，赐书"万法圆通"殿额和"敕建崇道观"碑文。

现摘录碑文如下：

性命无二途，仙佛无二道。求长生而不知无生，执有身而不知无相法身，如以箭射空，力尽还堕，非无上至真之妙道也。道祖云："外其身而身存。"岂非世尊无我而有我之旨乎？又云："观空亦空，空无所空。所空既无，无无亦无。无无既无，湛然常寂。"夫此湛然，岂非常乐我净之妙谛乎？彼夫滞壳迷封，痴狂外走者，乌能测知万一哉！大慈圆通禅仙紫阳真人张平叔，著《悟真篇》，发明金丹之要，自序以为是乃修生之术。黄老顺其所欲，渐次导之，至于无为妙觉，达磨六祖最上一乘之旨，则至妙之微，卒难了彻。故编为外集，形诸歌颂，俟根性猛利之士，因言自悟。於戏！若真人者，可谓仙佛一贯者哉矣。紫阳……焚修之桐柏崇道观，岁久，香火岑寂，特命发帑，遣官载加整葺。夫以真人灵源朗澈，决定无生，三界十方，随心转用，何有于蝉蜕之乡，更何有于尘楼之迹？特以朕景仰高踪，表其宅里，俾学道之士，人人知此向上一路。千涂同轨，非可强分区别，自生障碍，庶几真人救迷觉世之薪传，不泯于后也。

又为观置佃600多亩，以为香火开支。范青云在大功告成的雍正十三年，将桐柏观方丈的位置让给了自己的弟子、龙门派第十代宗师高东篱。后人为纪念范青云恢复南宗祖庭的功劳，特在桐柏岭头为他建祠立像。

高东篱受任桐柏观方丈后，就在高宗乾隆元年（1736），延引他的徒弟方一定、闵一得等数十人前来帮助。桐柏崇道观于是再度兴旺。

高东篱在高寿153岁的乾隆三十三年七月羽化前，选择龙门派第十一代传人沈轻云为桐柏崇道观方丈。之后，方一定亦曾主持过崇道观讲席。

雍正之后的乾隆年间，桐柏观颇有兴旺景象。可惜只是昙花一观,及至咸丰、同治间(1851—1864),农民根据太平天国《天朝田亩制度》"有田同耕,有饭同食,有衣同穿,有钱同使,无处不均匀,无人不饱暖"的精神,抗缴道观所拥有的地租。失去生活来源的道徒,于是逐渐走散。后来,虽然太平天国失败了,但因桐柏观香火已经断绝,天台县知事就将有文字为据的地租全拨给了文明书院。书院每年从中抽取40贯铜钱返还给桐柏观,用以雇佣一名老农常年给观里看守门户,继续供奉神像维持香火。

清德宗光绪十八年(1892),叶明仓宗师自羊角洞来桐柏朝拜祖庭,发现大部分殿宇已经倒坍,仅留下摇摇欲坠的大殿、紫阳楼与20多间东西道院破房子,非常伤心,遂决心留下重整祖庭。次年,又召弟子林至霞、陈至贤前来协理。来自天台县城的道徒袁理静,又自动出力襄助。经过四人十数年的艰苦经营,逐渐取赎了一部分观产,修理好了留下来的紫阳楼、大殿和清圣祠房子,又新建了客堂和厨房各一所,使桐柏香火勉强维持了下来。

民国8年(1919),林至霞又筹资在桐柏岭半岭上下路西向阳风凉的地方各建造了凉亭一所,以利上下行人憩息。

民国11年6月,叶宗滨偕师兄伍诚鼎来桐柏朝拜祖庭,被留下主持观务,募资修葺殿宇;建造石桥;为提高当地居民的文化水平,协助当地山民在观东北面划出地皮建造了一所小学。

民国21年,闻理朴开始担任桐柏崇道观方丈。

民国23年,龙门派第十二代传人伍中堂,从上海募集到较大的一批资金,投放桐柏修缮殿宇,又为高东篱宗师重新坟墓。伍中堂本拟再筹款建一所高祖殿,因抗击日本侵略的战争爆发而难以如愿。

民国25年,妙道大师伍诚鼎被推选为桐柏崇道观监盟。

民国30年,殿宇几度遭受日本飞机轰炸,原版《道藏》被炸成飞蝶,道士与俗客死伤十数人。

民国31年伍诚鼎接替闻理朴为崇道观方丈,勉力修复被炸殿宇。

民国36年龙门派第25代传人李静尘接替伍诚鼎为方丈。1949年上半年天台解放，人民政府暂时无精力照顾到道士的生活，香客施主也一时绝迹，十来名道士生活，全赖李静尘勉力从上海等地募资维持。1950年在上海募捐到500元银元，在琼台旁重建善利广济真人祠。后因李静尘长期在外，观务由其徒弟陈崇新负责。及李静尘在沪仙逝，住持一职改由龙门派第26代传人谢崇根继任。

为了蓄水灌田，1958年6月9日开始，福溪区群众在桐柏观前的烂污岗与高岩岗之间的玉梭溪出口处建造了一座底宽18米，高37米，顶长180米的拦水大坝，将桐柏观圈在桐柏水库之中。1959年秋冬间，在谢崇根带领下，董崇明、柴至一、孙菊青一起将桐柏观迁移至玉泉峰上仅三间大殿、八间生活用房的鸣鹤观。1960年7月，原桐柏观沉入了库底。自此桐柏观沉入了库底。自此桐柏观中4名留观道士的基本生活，由民政局按每人每月8元人民币补助解决。1980年，桐柏电站出资由谢崇根负责对鸣鹤观原有老房子大修了一次。1983年，经有关部门批准，将鸣鹤观正式更名为"桐柏宫"。

1984年7月谢希纯羽化后，桐柏宫的住持工作由谢的女弟子、龙门派第27代传人叶秋梅接任。她对外，争回宫属权益；对内，1990年新建了七间生活用房（资金由美籍华人葛怀英捐助），开挖了一口放生池，还建造起围墙和山门。时逢太平盛世，桐柏宫恢复唐宋时期的辉煌将指日可待。

（二）法轮院

异名：

降真台　降真坛　降真庵

地址：

位于剑岩北麓，西南距玉泉峰二里，东南距桐柏岭头一里，北距后来的桐柏观一里处。

历史：

据王简《行院记》和《历代真仙体道通鉴》载，汉灵帝光和二年（179）正月朔，太上老君敕侍经仙郎王思真、太极真人徐来勒、蔚罗翘等三真人前来降授《真一劝戒法轮妙经》等。葛玄因感三真人降授真经之德，在三国吴赤乌元年（238）真人授经处建降真坛（亦名降真台）。按太极图用砖石杂砌方32丈高一级的拜坛。坛西南一边的石上，有徐来勒字则真人用隶书刻记"诰使徐公醮坛授仙公经"字样。同时，葛玄又在坛旁立庵修炼，并在此义注法轮经。坛前有塘，名降真塘，中植荷荇。

后汉乾祐中（948—950），道士朱霄外卓庵于此，吴越王钱弘俶拨款为朱修建屋舍。房子修建好后，又为他雕造檀香像一百尊奉祀其内。宋真宗大中祥符元年（1008），因法轮经更名法轮院。元宁宗至顺间（1330－1332）又重修了一次，有翰林学士虞集写的重修记。

（三）鸣鹤观

异名：

王真君殿　王乔仙坛院　妙乐院

地址：

位于玉泉峰西南，东北距降真坛约二华里。

历史：

三国吴大帝赤乌二年（239），孙权拨帑银为高道葛玄建造了一座边长四丈八尺表面甃以光滑如砥的青砖一级方形祭坛，用以祭祀掌管天台山水旱的桐柏真人王乔的王真君坛。

唐中宗嗣圣元年（684），在王真君坛东边30步处建造了一座奉祀周灵王太子乔的太子庵。唐玄宗开元初年（713），朝廷为司马承祯拨款在真君坛东南20步处建了一座王真君殿，后在殿之左右增建了厢房。同时为王真君殿设置香火田，度道士七人住殿烧香礼真。又在王真君坛南悬崖边，建造了一座上真亭。该亭突兀玉立，下临万仞。升亭远眺，可以极目平陵。再在王真君坛西南边相距百步的冈阜处，也是后来仙坛院的西边，根据王子晋跨鹤吹笙的故事，筑了一座纪念王子晋的吹笙台。在王真君坛西五十步处，建造了一座祭天的朝斗坛。因王子晋是掌管天台水旱之神，所以该坛逐渐被地方官用作祈雨攘灾的祭坛。后又在王真君殿东20步处续建八角祭坛一处，号八角坛。又在王真君坛北20步处，建造了一所瀛峰室，祀王真君像。香火旺盛起来后，将王真君殿前的一眼石泉扩建为醴泉井。不够，再在王真君坛东南相距30步处，开挖并建造了一口八角井。后来，将围绕王真君殿的所有建筑称仙坛院。

宋真宗咸平二年（999），钦差来真君殿祭祀右弼真君，并在朝斗坛祈雨攘灾。

宋英宗治平三年（1066），改仙坛院为妙乐院。清光绪九年（1883）冯善信主持重建时，根据王乔在此跨鹤飞升的神话，又改妙乐院为鸣鹤观。1959年秋冬间，桐柏水库建成后，遂将桐柏观迁移到鸣鹤观，并以桐柏观之名为名。1983年，经有关部门批准，将桐柏观更名为桐柏宫。

附《重建妙乐院碑记》：

重建妙乐院碑记

邑西北二十里有妙乐院焉，处琼台之下，列桐柏之前，山对九峰，泉流三井，拍掌、丹霞分左右也。原建院之始，仙坛旧名。吴赤乌二年，别创殿宇。易名妙乐，因以妙乐院予之。溯吴迄今，相距千余年矣，此间兴废靡有常期，喜基址犹存，书之志乘间。尝考之殿前有泉名醴泉，泉之南有上真亭，去坛之东三十步有八角井、太子庵。坛之西五十步有朝斗坛，坛之南百步有吹箫台，坛之北二十步有瀛峰室。凭高西望则县城半角西乡一隅了如指掌。有识者共推胜地。自兹以下，唐铸铜钟宋题碑碣，降自元明，风雨剥蚀，栋宇倾圮，回思昔日建造之处而墙崩瓦裂，殊难言矣。是以国初志书仅记废址，弗及其详。有心人慨天地之菁华山川之灵气于斯已竭。古人有言，兴尽必败，败尽必兴，兴败两字实天地循环之运。至于今殿宇无存仅留片壤，荒烟蔓草，倍增客子之悲；断碣残碑，空留文人之迹。此皆败之以尽而无可如何也，虽然古今无终穷之理。兹妙乐院废弛有年，冯善信有心创举，非地方一大转机哉。光绪九年二月来商于余，以妙乐院为北山选胜之场，真王乔栖身之地，纵不必雕墙峻宇，即傍岩结构盖亦綦难。况地方开垦作为己业居多，白地兴工何由下手。善信则力挽在城绅士、县丞张君如潮，并商其子廪生燨，备叙本末。张君欣然色喜，首书银数五十四两，又助碑银六两。议赎大殿前后基地。纠合同志四人，张君又承其一。馀二股系信士袁德润、杨承修二人所署，内一股是余太祖吾俊公裔下赎回也。事经论定，善信恐独立难支，督同山上老成冯国松、冯善照、冯善安、王石屏、金宗雷、许则沛、杨承修、陈庸褒、何行旺、陈敏炼及何方家叔祖经邦，叔雨荣、与序等立时定议，择吉鸠工。先构大殿三楹，后宫五寝，中塑胡公神像。夫胡公灵显异常，有求必应，具大神通，皆由天地之精华所泄。所谓地灵者神亦显，此明征也。是事也，始于光绪九年六月吉日，至十七年冬告成。所用一千馀缗，全赖各董事苦心孤诣与张君极力同谋得以告竣。今既殿宇落成，若无住持得人，何以守香火而援后起？兹择温州府玉环州胡承诵为住持。承诵有志真修，光绪十四年春来山，未经数载构成窗壁。置买田园，妆成佛像，标样山场，此亦剥极思复，于地方有大转机也。今将各善信芳名并住持所置田石，综其巅末勒诸贞珉，永垂不朽云尔。是为记。

时维　光绪二十一年岁次乙未巧月吉旦立
堡下董事弟子生员王继序撰并书

（四）福圣观

异名：

天台观

地址：

在桐柏观南三井、瀑布岩左下方，今桐柏岭脚村西头。北靠玉泉峰王真君坛，南对灵溪水，西北是翠屏岩，东北近柳泌紫霄山居和葛玄丹霞洞。

历史：

三国吴赤乌二年（239），孙权为葛玄在此创建天台观。宋·李宗谔《天台图经》载："（福圣观）吴主孙权为葛仙公所创，最居形胜。"葛玄飞白书额，"天台观"三字深受晋书圣王右军的称赞。

南朝陈宣帝太建年间（569—582），徐则卓庵于观旁修炼号隐真。陈仆射徐陵为刻石立颂，名《天台山馆徐则法师碑》。

相传唐玄宗年间，纯阳子吕洞宾在天台布道时修炼于天台观，并留下《天台观》诗篇。

唐懿宗咸通十四年（873），台州刺史姚鹄在观侧为建造老君殿挖柱基时，诡称掘得玉简一枚，铭曰："海水竭，台山阙，皇家宝祚无休歇。"将它上呈给皇帝，僖宗非常高兴，除命付史馆宝藏外，下诏嘉奖。

五代时吴越王钱弘俶对天台观拨款重修了一次，钱弘俶亲撰《天台观记》，勒石树碑于观内。

宋真宗咸平二年（999），皇廷遣使到三井投龙，台州知州晋江人曾会为撰《灵宝投龙记》。北宋英国公夏竦作有《三井记》。大中祥符四年（1011），奉旨更名为福圣观。

宋仁宗天圣五年（1027），皇帝遣中寺到三井投金龙。事毕返京时，布衣孟合赋诗奉进，龙心大悦，遂下诏重新福圣观。宋神宗熙宁四年（1071），朝廷再次拨款重新福圣观。徐观为撰《天台观碑记》。孝宗隆兴二年（1164），道士杜有亭书碑。碑阴刻有赵抃、赵端彦、杨璠、张璹等的题字。徽宗宣和年间（1119—1125），福圣观道士重修老君殿，天台居士鲍嶷为撰《重修老君殿记》。孝宗隆兴二年（1164），松阳陈戒书碑。

南宋高宗绍兴四年（1134），在福圣观北隅瀑布岩左旁建造了一座石质瀑布溅珠亭，亦名喷雪亭。观内立有瀑布溅珠亭碑。不久，游茂先游览该亭后，又在碑阴镌刻"建安游茂先游福圣观溅珠亭观瀑布——宋绍兴四年九月题"字样。

宋高宗绍兴十一年，福圣观道士特为桐柏崇道观道士王茂端，在徽宗宣和间从京都抬来的伯夷、叔齐二石像，建造九天仆射祠一座奉招。明世宗嘉靖间，当地信民对九天仆射祠集资修理了一次。绍兴三十年，侍郎杨偰妻赵氏，将老君殿改建为三清殿，奉祀玉清元始天尊、上清灵宝天尊、太清道德天尊。

明穆宗隆庆间（1567—1572），观宇倾圮，所有神像连同伯夷、叔齐二石像一起移并入崇道观。

自古以来以天台观为载体的神话传说很多。八仙之一的吕洞宾，曾在唐中宗神龙（705）前后仙游到天台观，题诗于壁曰："欲度有缘人换骨，暂留踪迹在天台。"他状如乞丐，常背着他的老母到处游荡，口里喃喃重复着："两只口，两只口。"后掷其母于水，却是一只巨瓢，随即跨瓢升空而去。还有个以耕钓为生名叫王可交的人，有天在长江上打鱼，偶遇异人，被引到一处仙境上岸，举眼一看，观门额曰"天台观"。

福圣观周围的摩崖很多。

"飞瀑""苏舜元子翁口皇佑庚寅仲夏题"——位置在福圣观左壁。"皇佑庚寅"是宋仁宗皇佑二年（1050），苏舜元曾任大理评事，是文豪、三司度支判官苏舜钦的哥哥。

"瀑布泉""邑令郑至道　监征徐叔孚　元祐元年十月十四日同游徐琰书"。郑至道是宋哲宗元祐二年（1087）前后的天台县知县。

"瀑布岩""佥判口熙叟　巡检刘口叔　道正何法师　口口观主席法师昌寺僧正口禅同游　时崇宁三年正月十六日　南阳忠卿奉命题"——位置在瀑布岩下。忠卿姓诸葛。

"习养之瀑""知天台县事晋陵丁大荣"——位置在瀑布岩下。丁大荣是宋宁宗庆元六年（1200）到任的天台县知县，题词为宋嘉泰二年（1202）。

"天台瀑布"——位置在瀑布岩下，题词者已无从查考。

"桐柏瀑布"——位置在瀑布岩下。民国年间曾养甫题。

"隐吏""嘉靖癸巳九月　晋陵周振　莆田林人纪　钱塘章宗成　邑人陈拔　陈木　同游　山人陈册　陈达引入"——位置在瀑布岩左壁。字体小篆。

（五）丹霞洞

地址：

在福圣观东北150步以外的紫霄峰下，紧靠西南面的柳泌紫霄山居。旁有仙人拍掌岩。

历史：

东汉末年，葛玄仙翁曾炼丹于此洞。相传洞前拥有苍松翠杉，左右散满灵芝仙草。

（六）瀑布寺

地址：

在天台之西约一里处。左后有长达百丈状如垂蜺蔽崖而下的飞瀑，因名。寺院南对九垅山（后名九峰山）。可引灵溪水入香积厨。寺西北数百米处是百丈岩。

历史：

南朝宋文帝元嘉二年（425），僧法顺创建。

（七）洞天宫

异名：

玉霄峰居　华琳山居　玉霄山居　石门山居　玉霄宫

地址：

地处玉霄峰麓，有平地顷余，四山回合，邃若洞天。东南三里处有两石对峙如门扉，高可数丈，号小桐柏。

历史：

唐高宗调露二年（680），司马承祯刚到桐柏时，先结茅于玉霄峰麓，称"玉霄峰居"，自号"白云子"。

唐穆宗长庆初（821），陈寡言居此修真，筑庵号华琳山居，又号玉霄山居，他曾写了一首《玉霄山居》诗。

唐懿宗咸通五年（864），叶藏质来此创道斋号石门山居。咸通十三年，叶藏质重新道场，请唐名家为之绘制老君像。并在其左右建钟楼、经楼各一座。钟楼上高悬禹迹寺方丈赠送给叶藏质的禹钟（该钟高二尺，重百余斤，形如锋，上有36只状如伏虎的敔，有湘东李绾之的钟铭）。后禹钟失盗，又铸铜大钟一口填补之。经楼则置藏唐玄宗开元九年（721）由桐柏观道士编纂而成的700多卷《石洞琼纲》。该书是我国南方最早出现的大型道书。本藏于桐柏观藏经殿。唐懿宗咸通九年至十一年（868—870）间，叶藏质逐卷以订讹校正。书后均题上"上清三洞弟子叶藏质，为妣刘氏四娘造，永镇玉霄藏"的字样。因此经楼又号"玉霄藏"、藏书阁。规模既具，咸通十三年叶藏质就奏请懿宗准许，更名玉霄宫。唐僖宗乾符二年（875），殿中侍御史内供奉陆潜为之撰《玉霄宫记》。后梁末帝龙德间（921—923），罗浮山道士厉山木重写桐柏观众妙台上的三体《道德经》藏至玉霄宫玉霄藏。宋郭忠恕《汗简》、夏英公《四声韵》据此予以引用。

后周广顺元年（951），吴越王钱弘俶又为朱霄外在玉霄宫增建三清殿一座。

宋真宗大中祥符元年（1008），奉旨更名为洞天宫。宋高宗绍兴十八年（1148），大诗人陆游曾隐居此处读书、采药。后并入桐柏观。

（八）玄明宫

异名：

方瀛山居　元明宫

地址：

在桐柏观北五里许的虎头岩。背靠云盖峰，面对苍岑，西接琼台，东近华琳。秀山包绕中有顷余平畴和广约数亩的陂池。池中奇石耸立于水面，一如仙山瀛洲。

历史：

唐睿宗景云二年（711），司马承祯在此卓庵修炼，唐穆宗长庆元年（821），徐灵府定室于此，徐敬宗宝历元年（825），赐额方瀛山居。宋真宗大中祥符元年（1008），更名玄（元）明宫。之后，天台道士张云友、白玉蟾亦曾居此修炼。明代宫废。神宗万历二十八年（1600），释氏受行来此卓锡，道观从而成为僧寺。

（九）道元院（后）

异名：

佛窟寺　圣祖殿　昭庆院

地址：

徐灵府《天台山记》："自三井北上一峰约二里有僧院今道元观是也。前枕翠屏岩，北连桐柏大山。翠屏岩与玉泉峰中隔瀑布，两山双峙霄汉，半隐云表。翠屏岩上有亭子，极眺平陵。"

历史：

先是京兆（今陕西长安）人俗姓长孙的高僧遗则于唐代宗大历末年（779）南来天台，筑庵于桐柏三井之西峰，精研佛理大悟元旨，弘扬牛头宗禅法。唐宪宗元和中（806—820），遗则弟子可素为之重筑庐室，蔚为精舍。又自以为佛窟学，远近渐来拜师的络绎不绝，于是渐成法席。佛窟寺之名（就佛学讲、又有佛窟学之名）自此开始。高僧遗则于唐文宗太和四年（830）六月十五日坐化于该寺。据传，遗则高僧圆寂那夜，"人闻若山崩，旦望之，则彩云翔泊于岩上"。后弟子塔师全身于翠屏山佛窟寺旁。台州郡守郑仁弼为作《佛窟禅塔铭》。后又由韩口撰文，张抱元正书，勒石树"佛窟大师碑"于塔旁。唐武宗会昌五年（845）该寺于灭佛声中废毁。唐宣宗大中六年（852），道士刘处静又在废墟上创建圣祖殿。后奏闻皇庭，亦赐号道元。立"天台道元院记"石碑，秘书校书郎张仁颖撰文，仙都山道士叶璃秀书碑。唐懿宗咸通间（860—873），陈寡言居此，建造了一座摩天七星阁。

宋大中祥符元年（1008），诏改昭庆院。数十年后，所有建筑又在风雨中倾圮。

（十）紫霄山居

地址：

福圣观东150步。桐柏九折岭旁岭脚东岙村东北山岙中。南瞩苍岭，北移紫霄峰，东北连丹霞洞，左右皆列小山，迤逦为势。

历史：

唐宪宗元和十三年（818），皇帝李纯派道士柳泌"权知台州刺史"，来天台采集灵芝仙草合制长生不老药。柳泌到天台后，就在丹霞洞旁边构建别墅，号"紫霄山居"。内有"曲池环沼"、"灵葩修竹"和药室、丹炉。柳泌死后，他的坟就做在紫霄山居旁边。

（十一）栖瑶隐居

地址：

在华琳峰

历史：

唐宪宗元和十年（815），道士冯惟良创华琳峰栖瑶隐居。

（十二）道元院（前）

地址：

翠屏岩

历史：

唐武宗会昌三年（843），桐柏观上清大洞三征君冯惟良的弟子应夷节，为专心习研上清大法，在桐柏观西南翠屏岩另建净坛居住。越州观察使李褒时来问道，因为奏请院额，武宗赐号"道元"，拾遗张颖为记。应夷节的弟子杜光庭亦曾修炼于此。这就是后人所称的"前道元"，今已为民居。

（十三）纯素宫

异名：

白云庵　栖霞宫　白云昌寿观

地址：

桐柏观西北面，今塘里地方。

历史：

始建于唐宣宗大中六年（852），名白云庵。后圮。后晋出帝开运三年（946），台州刺史钱俶为朱霄外在白云庵基址上新建栖霞宫让朱居住。宋孝宗乾道四年（1168），内侍邝守宁弃官入道，请求改名，孝宗即颁诏赐号为"白云昌寿观"。宋孝宗乾道六年（1170）

尚书省又将"江州卢山田产三千亩拨充白云昌寿观供赡。"之后，镌刻《白云昌寿观敕牒碑》文字于《桐柏观尚书省帖碑》的背面。该碑高七尺广四尺。后移置于桐柏观，1958年后移置于玉泉山上的桐柏宫内。传说，当地山民曾企图毁灭铁证谋占观产抡锄狠砸石碑。当砸完四块将及《白云昌寿观敕牒碑》时，忽闻半空传来隆隆雷声，吓得砸碑的农民们赶紧拔腿就跑。元世祖至元间（1279—1294），桐柏观道士王中立被忽必烈宣授仁靖纯素真人，王道士遂于白云昌寿观基址建造了一所纯素宫。

（十四）香琳峰石室

地址：

桐柏香琳峰

历史：

大约唐宣宗、懿宗的时候，有个永嘉人叫左元泽的道士，居住在香琳峰的岩洞中修炼，也不设门户，常与野兽为伍，历时13年。

（十五）法莲院

异名：

莲峰道院

地址：

在琼台西北岩下夷村后。道院前有莲花岊。

历史：

唐懿宗咸通十三年（872）石门山居道士叶藏质创建，以该地后山群峰攒簇，状如莲花，因号莲峰道院。宋英宗治平三年

(1066)，改称法莲院。据传，道士毛洞元曾修炼于此。明初，朱元璋下令限制宫观及出家人数目后，住院道士裁并入桐柏观。随后，破败殿宇为缁流所利用。

（十六）善利广济真人祠

异名：
天庆观　元应真人祠

地址：
在原桐柏观西面二里许的琼台右边仙人迹旁。

历史：
原是建于唐代奉祀王乔的天庆观。因王真人是掌管天台水旱之神，故而每逢大旱年份，地方官常率领百姓到桐柏山求雨。自宋徽宗政和年间（1111—1117）开始，求雨累有灵效，徽宗因褒称善利。宋高宗绍兴九年（1134），台州又逢大旱，郡守遣通军州李汇再到桐柏山迎请王真人像到郡城祈祷，复获灵验。宋孝宗淳熙九年（1182），台州再遭大旱，知府唐仲友亲自上桐柏山求雨，再次有应。唐仲友为表示酬神诚意，遂将破败已久的观宇，筹资重行构建，重塑神像，并改额为"善利广济真人祠"。亦称之为"元应真人祠"。人民共和国建立以后的1950年秋，桐柏观方丈李静尘，从上海募得500银元，在元应真人祠废墟上再次重建。

元应善利广济真人祠记

　　雨旸晦明之夜，丰穰荒歉之数，皆系于阴阳，司于人物。非乘天地之正、御六气之辨者，孰能嘘吸变动、宰制役使之耶。岁已未夏六月，天台郡大旱，禾稼将槁，遍走郡望不应，民以怨嗟。郡请通军州事李汇，诣桐柏山崇道观，迎元应善利真人像入城祈祷。将至山，云气四合，风雷倏起，左右骇观。及境，雨泽沾足，遂获秋成。郡考核，自政和间始称之。因兼前后，累有灵效。上之朝，命褒称善利。郡人欢呼。愿书其事。按载籍，真人周灵王之子晋，乔或其字也。灵王有子三十八人，晋太子也。尝以谏疏陈川泽之说。后受飞解之道，去，入缑氏山，遗言将宾帝所。《图经》云，为右弼真人，登侍帝宸，司天台水旱。故一方之人敬事，且有期应也。陶隐居称桐柏山在会稽东海，内有金庭，诚不死之福乡。方圆四十里，常有黄云覆之。木则苏琅琳碧，泉则石髓金浆。其山尽五色金也。孙兴公《赋》云："天台盖山岳之神秀，玄圣之所游化，灵仙之所窟宅也"。陶隐居又称："越桐柏之金庭，吴句曲之金陵，养真之福境，成仙之灵墟"。其诗云："三宿丽天序，二金标地灵"。《真诰》载，真人往来吴越，栖宴两金。其说甚详。惟真人生能以阴阳事物之理，利害休戚之说告于王。厌世上宾，邈数千载，犹能以雨旸惠泽及于民。轻举远游，拥云气，跨飞龙，出乎六合之外，而灵通妙应，肹蚃之报，一皆曲应人衷。真人之道亦传矣。予所以考详而并载，非特宠兹上贶为一方之荣，盖欲夫为道啬精神，光德业，久而不替，可以赞化育，参天地，灵为星辰，妙为造化。而为吏为民者，知幽冥之间不可欺昧，天地鬼神鉴之在上，质之在旁。精诚之应，速于影响；善恶之报，显如黑白，如是之不可诬也。庸可以不书。

绍兴十一年三月初一日记

（十七）圣寿院

异名：

延寿院

地址：

桐柏观西边的翠屏山山麓。

历史：

后周太祖广顺元年（951）道士朱霄外建，名延寿院。宋英宗治平三年（1066），改名圣寿院。

（十八）琼台观

异名：

琼台庵

地址：

在琼台"秀甲台山"的题字岩之北。

历史：

宋真宗大中祥符中（1008—1016），山人张无梦在此结庵修炼，人称琼台庵。宋宁宗时期（1195—1225）高道白玉蟾亦曾居此修炼，亦有人称之为琼台观。元明宫道士张云友，根据白玉蟾的指点，亦移居于此，跟随白玉蟾学道。清世祖顺治十四年（1657）至清圣祖康熙五年（1666），龙门派第七代传人童融阳修炼于此。

摩崖： 琼台庵周围的摩崖较多，有清雍正二年（1724）台州刺史韩世德题写字径19厘米的正书"秀甲台山"，有雍正九年钱塘王志坦题写字径19厘米的正书"台岳奇观"。有民国13年（1924）伴随康有为、屈映光等同来观光的张有朽在马鞍石两块竖石上题写字径37厘米的"琼台、双阙"，还有无名氏题写的"蓬莱仙境"等。

（十九）桐柏仙踪坊

异名：

绰　楔

地址：

在九折岭（俗名桐柏岭）靠近洞门地方。

历史：

宋徽宗政和末年（1117），当岭头洞门建好后，再在洞门外建了一座彩雕的宫观牌坊。清高宗乾隆二十年（1755），桐柏观道士出资重修，台州郡守张逢尧手书"桐柏仙踪"于牌额，后人因称此处为"桐柏仙踪"坊。

（二十）善利亭

地址：

在九折岭（即俗称桐柏岭）岭头。

历史：

宋高宗建炎四年（1130），林松公建。祀王真人。内有一石臼，泉水注其中，久旱不竭。石上有一条题文："建炎四年，拱卫大夫博州防御使，前充高丽国信使韩衍记。"

（二十一）清圣祠

异名：

九天仆射祠　清风祠

地址：

宋高宗绍兴十一年（1141）奉招于福圣观侧；明中叶并入桐柏观。

历史：

宋徽宗宣和间（1119—1125），桐柏道士王灵宝在汴京皇宫中异来伯夷、叔齐二石像归天台。石质如白玉，背有伯夷、叔齐玉箸篆文，径二寸，镂刻高古，叩之铿然。徐宏祖看后说："夷齐二像，雕琢甚古，唐以前物也。"宋高宗绍兴十一年（1141）建祠于福圣观侧，据《众真记》载，"夷齐死为九天仆射，治桐柏"，题额为"九天仆射祠"。郡倅李汇撰《九天仆射祠记》，姑苏丁春书碑。明世宗嘉靖三十六年（1557），天台县令钟钮重修桐柏宫时，福圣观并入桐柏宫，暂移石像至山上，存放于后宫夹室间，不久在萧文清的建议下，择桐柏宫一块空地重建殿宇安置。台州知府谭纶题额"清风祠"，萧文清撰有《清风祠记》。时日一久，清风祠又坍塌为蒿莽，遂再移石像于桐柏宫之中门。明穆宗隆庆六年（1572），郡守张廷臣倡议，由知县方惟一主持，修理桐柏观破殿宇一间奉祀之。张廷臣撰有《移祀夷齐碑记》。明末，清风祠又圮，圣像再次没入茅茨中。康熙五十九年（1720）。台州知府张联元见状，详请于桐柏观玉清殿旧址重建一祠，崇祀二圣，旁塑司马承祯从祀。请巡抚朱可亭（名高安）改题祠额为"清圣祠"，并为拨田置祠产春秋祭祀。康熙六十一年，张联元择举台郡名贤、忠清孝义足以廉顽立懦者，自宋至明28位台州乡贤徐大受、潘时举、范理、夏鍭、鲁穆、齐汪、徐庭筠、王玨、郑华、陈选、徐中行、陈良翰、邵囦、陈忠逸、方孝孺、卢原质、章朴、张山古、林升、郑公智、黄叔英、杜范、郑恕、应昌士、赵时栗、卢迥、吴时来、谢铎等人神牌配享。后再补配躬亲提举崇道观的陆放翁、朱晦翁。连同司马子微为29人。东庑从祀15位，西庑从祀14位。张联元亲自为撰《清圣祠志》勒石立碑于旁。后来历城人、本旗副都统朱伦瀚在祠内高悬"百世兴起"匾额。雍正十二年（1734），重建崇道观时，迁址于观西侧围墙外。请本县人齐其仪题刻"首阳片石"四字于壁上。清高宗乾隆间下旨列入保护单位。1958年，桐柏宫没入水库时，移二石像于鸣鹤观（今改为桐柏宫）。1966年"文化大革命"中，石像遭到破坏，仅留下残石数块。

附：《清风祠记》、《移祀夷齐像记》、《清圣祠记》

《清风祠记》

萧文清（江西人，嘉靖间〈1555—1558〉台州推官）

余游天台桐柏宫，入法堂，见夹室有二石像，衣冠甚古，叩其石甚坚致，背有古篆字，拂尘视之，一曰伯夷，一曰叔齐。予问所从来，道童曰：相传赵宋时，宫有道士者，知医。宣和天子召治母后疾。疾愈，官之，辞；赐之金帛，辞；独乞此二像载以归。余闻喟然叹曰：有是哉。《史记》载，夷齐逊国谏伐多激诡，殊非圣者事，似出子长附会。然避世海滨，饿死首阳，孔孟称述，不可诬也。故孟子以为圣之。清风可以廉顽立懦。古之好事者，岂以为言不如像，故复琢此石以风世耶。宣和间，敛天下之石以建艮岳，甚殆以顽石视之也。是故黄道士悲焉。载入宫历数百年无特室以藏，殆又以常石视之也。是故予又悲黄道士之意焉。乃入道童室后求隙地，得二丈余，高明爽垲，松筠交荫，可作室以庇像。顾予力又弗能也。至色以语钟令，令欣然从事。归郡又白太守，谭公曰："此有关世教，子盍记焉。吾将题其门曰'清风祠'，并刻记于石。"谭公名纶，宜黄人；钟令名钮，字吉，永丰人。

桐柏宫移祀夷齐像记
张廷臣（明　台州知府）

伯夷、叔齐饿于首阳之下，夫子称曰，古之贤人也。司马子长作传，文词阂邃，学者类能诵习，然思见夷齐而不可得。共祠特祀于孤竹故墟，列郡罕闻。天台县旧有桐柏宫，凤擅神秀。余守台三年始至。崇山峻岭，苍翠环矗，观宇就荒，其中门置二石像，后篆刻"伯夷、叔齐"，字甚古。询所由来，无知之者。考《赤城》旧志，载夷齐殁为九天仆射，治天台山。宋绍兴间建祠于兹，或其遗与？嗟乎，名贤委地，土木神像，享丹艧之崇，瞻玩太息，徘徊移时不忍去。乃纵步庙侧。有厅基宇轩敞，了无凤设，若有待者。及至县，以语方令惟一。令慨然曰："是诚不可已也。"进卜吉庀工，略加修葺，移二贤像而崇祀之。庙貌有翼，气象惟新，虽清风高节，不视此为重轻。然表先贤，励来学，实守令事也。嗟乎，琼台双阙，岩谷奇观；孝先子微，栖息冲举，游桐柏者能道之。岂知夷齐芳躅，凛凛乎高并埃峘，迥出羽化耶。昔记严陵祠云："廉顽立懦，大有功于名教。"顾夷齐为百世之师，奚但桐江垂纶已哉。镌记岁月，以诒诸后，或谅余心之不愧夷齐，当有闻风兴起者。

隆庆六年五月初吉前进士番禺张廷臣撰。

碑高一尺五寸，广三尺六寸。行书，二十九行，行十四字，字径八分。

清圣祠记　张联元（清台州知府）

余寻桐柏观旧址，旁有茅舍一间，供奉伯夷、叔齐二大石像，中空外润，背篆分明高古，端严凛凛有生气。道书载，伯夷、叔齐为九天仆射，治桐柏山。宋时，建九天仆射祠；至明改建清风祠。今制府满公以桐柏山系祀古贤名胜之区，亟宜修建。大中丞朱公改题清圣祠。旁以司马承祯。

（二二）仁靖宫

异名：
冲嵩庵

地址：
在桐柏观之西。

历史：
宋高宗绍兴十五年（1144），太尉曹勋提举桐柏观，当年在该观左后方创建了一所别墅。高宗得悉，书赐"冲嵩"两字，遂以"冲嵩"为庵名。元世祖至元十八年至二十八年（1281—1291）间，桐柏道士王足庵取信于忽必烈，被宣授仁靖"纯素真人"，遂在曹开府冲嵩庵基址构建仁靖官。

（二三）卧云庵

地址：
在琼台旁刀剑塆山麓。

历史：
元世祖至元间（1264—1294），道士周正中建。传说宋张无梦曾在此卓庵修炼。

代后记

长歌为《桐柏仙域志》作

兴南子

  2011年夏秋两季，我两次访道桐柏宫，见到桐柏宫的主持张高澄道长正为新建桐柏宫忙碌，新观依山面水，风景佳绝，诚修真之福地，实风水之奇观。当时，高三十三米的紫阳殿已经完工，只剩下塑像彩绘了，经过一年的努力，如今神像肃穆，道气氤氲。道长之功德大矣。道长为人低调谦和，他给我的信中说："贫道所做所为极端有限，完全仰仗道祖垂悯，依赖四海感通，方才有些小可成就。后面的事情还非常艰巨困难。贫道有一个感触就是：一个道教的千年古宫，经常是失而复得，虽然这次钱花的不多，事情不大，绝非小可之事。没有自然大道的妙用，没有大道文明的真境，没有道家文化作为背景文明，这样的宫观并不容易恢复起来。"道长一开始就注重道家思想文化的发扬与传承，当时我在桐柏宫看到道长印行的一系列道教古籍如《南宗丹诀集》、《修道五十关》、《周易》、《道德经》拼音读本，以及其他一些宣传天台山的书，包括一本印刷精美的《桐柏春秋》，就是现在的这本《桐柏仙域志》，我去年详细阅读过，非常受益，非常推许。如今，高澄道长把《桐柏春秋》更名为《桐柏仙域志》出版，为的是发扬道家历史文化，至少能使天下好道者看到天台山悠久的道教历史和道脉道风，以及历代帝王将相、文人墨客的道缘道情。

《桐柏仙域志》乃天台学者赵子廉编著，从周朝王子晋、三国葛玄、晋代郑隐、葛洪、唐代司马承祯、吕洞宾、宋代张伯端、元代张雨、明代伍冲虚、清代范青云到近代闻理朴、现代叶秋梅等近百位高道，以及历代来桐柏宫的文人墨客如孙绰、李白、白居易、苏东朱熹、陆游坡、康有为、郁达夫、潘天寿等百余名士，三国东吴以来的帝王将相与天台山桐柏宫的道根道心，按历史发展的脉络，以人物为主线，梳理了近三千年来浙江天台桐柏宫的道教历史人物、文献、传说，介绍了当地的宫观、风物，描绘了天台道教史特别是桐柏宫的道教史，收录了很多历代道人、文人描写天台桐柏山川风物的优美诗文，脉络清晰，文献真实，言语简练，议论有据，是一部学术功底深厚的地方仙道史志，对研究道教文化有重要参考意义，对修真访道者也有引领作用。这样好的地方仙道志，全国罕见。今年九月桐柏宫为新建桐柏宫紫阳殿圣像开光，天台亦有"道教文化周"活动，《桐柏仙域志》顺缘由中央编译出版社出版。兴南子校阅之时感慨再三，而作长歌，以志贺也。壬辰岁乃高澄道长花甲之年，顺祝道长道成德就，大愿得成，功德圆满，圆证道果。同时，感谢中国社会科学院文学所的蒲宏凌博士参与校对，并检索本书中的一些文献，订正了一些文字疏漏。兴南子歌曰：

> 昔年曾游天台山，隐见山中舞青龙。
> 青龙原是灵冥炁，盘旋变化在太空。
> 再看青龙护仙山，山中有人炼玄功。
> 花甲道人名高澄，远祖曾是天师公。
> 发心求道复弘道，游学西洋学贯通。
> 海外传道洋人惊，始知中华大道宏。

因见古观道脉衰，回我天台兴南宗。
南宗能兴大道兴，金庭福地真仙洞。
琼台千古仙人迹，名士名诗焕彩虹。
高澄来此兴土木，百废待兴气象宏。
艰苦十年具规模，殿宇辉煌湖畔耸。
我说高澄愿力大，气象高古如苍松。
道理道术藏于身，大易君子待时动。
法门兴盛诸缘集，能担大任是豪雄。
我常赞叹复兴者，艰苦风神吾当从。
以此精神成事业，岂有事业不成功？
多少天下好道客，能于此地觅仙踪。
今古兴衰原无定，愿大功深感天公。
有缘有德大力人，鼎力相助心愿宏。
道济天下圣真事，道场得建道风隆。
花甲道人山顶立，长啸一声道炁融。
道人吹箫仙子来，凤舞天台鸣嗡嗡。
灵山秀水真福地，祖师道脉兴浙东。
王子葛仙与司马，伯端悟真天道通。
右军来此学书法，李白得句华顶诵。
诗家词宗留篇什，名赋首推孙兴公。
更有帝王屡投龙，玉璧宝物示高崇。
此观原名崇道观，崇道之人古今众。
人到仙山求清静，能远名利超凡庸。
三教合一非虚言，真人胸怀万法容。
我今作歌纪盛典，桐柏仙域丹辉珑。
花甲道人成此事，一粒金丹炉鼎红。
愿我中华如龙腾，九天麟翔跃碧空。

愿我道脉传万古，如日照耀遍苍穹。
愿我道师与道徒，个个成真如青龙。
东方仙翁张伯端，一封丹书贺玄同。
更谢学究赵子廉，经史仙传万卷通。
仙山有路书为径，引君直入仙苑中。
仙苑亦在人间世，翻越苍岭又几重。
一路但观山峰险，四季能见翠色浓。
春过杜鹃红似锦，冬来冰雪白如琼。
登高望海观蓬瀛，诗思道气自喷涌。
古猿为友梅作侣，山月伴我鹤相从。
夜静遥听步虚声，疑是三清降此宫。
道人神思入九天，丹光冲霄映穹窿。
历事能练道人心，入世何妨岁峥嵘。
丹炁能凝碧玉浆，精神可化黄芙蓉。
能换凡骨神丹炼，可通仙路道气冲。
吕公剑术传何人？郑隐道法付葛公。
道人高澄居此山，佳山佳水为我用。
道观道堂道学院，一一修建志祖龙。
老子犹龙孔子叹，道学得传天下从。
道流且莫执道法，悟道修德莫放松。
精进有为法时修，淡然无弦琴常弄。
旧传伯夷叔齐居，贤德淑世畅高风。
不事王侯高尚志，道人羡此远尘纷。
试看今日桐柏宫，红墙碧瓦绿树丛。
修真于此有神助，仙凡易通因高功。
紫气东来圣祖恩，海山奇遇东王公。
东方原是长生方，青龙白虎玄气融。

伯阳紫阳望沧海,丹经参悟千古重。
名山隐修欲先尽,玄门潜炼理尚穷。
惭愧我诗少仙气,难使读者清心胸。
仙域志中名篇多,闲读凡心顿时空。
今修殿宇塑仙容,睹像涵咏道风中。
世世无常世世建,见物思道证圆通。
但来此山朝仙圣,诸君自然忘红尘。
飞瀑可洗愁结肠,灵溪能濯尘劳身。
可藏名山可传世,桐柏仙域志仙宗。